기출을 재해석한 **기본 심화** 이론

기심론
구문

넥스트스터디

Preface 머리말

■ 공무원 시험에 있어 '영어'의 중요성

공무원 강사로 영어를 가르치면서, 특히나 저에게 많은 학생분들이 상담 신청을 해오셨습니다. 모두 인사 다음으로 저에게 건네는 공통적인 첫마디가 있습니다. 바로 "제가요~ 영어가 너무 약해서요…."입니다.

다른 과목들처럼 암기하는 대로 문제를 보자마자 답을 골라낼 수 있는 과목도 아닐뿐더러, 어휘의 경우 휘발성이 강하며, 독해는 나름 한다고 하는데 잘하고 있는 건지 알 길이 없고, 문법은 생소한 용어, 생소한 규칙을 회독하고 암기하다가 쉽게 지치는 모습을 실제로 꽤 많이 볼 수 있습니다.

공무원 합격의 당락을 결정짓는 과목은 '영어'라고 알려져 있고, 실제로 공무원 시험의 성패는 '영어'에 달려 있다 해도 과언이 아닙니다. 그만큼 만만치 않은 과목인 것도 사실이지요.

이 글을 읽고 계실, 이제 막 공무원 시험을 준비하는 초시생, 다시 도전하는 재시생 등 2026년 시험을 목표로 하는 우리 수험생분들에게 말씀드립니다.

"사실 영어는 걱정할 만한 과목이 아닙니다!"

■ 자신의 현재 위치를 제대로 파악하고 방향성만 제대로 잡으면 영어는 오히려 전략 과목이 됩니다!

"뭐부터 하면 될까요?"라는 물음에 저는 "제일 먼저 현재 위치를 파악해 보세요."라고 말씀드립니다. 개개인마다 생김새와 성격이 모두 다르듯, 영어 또한 개개인마다 차이가 존재합니다. 따라서 스스로가 현재 어떤 위치에 있는지 파악하고 이에 맞춰 앞으로의 학습 계획을 세우는 것이 중요하답니다.

자가진단을 하실 수 있도록 진단고사를 만들어 두었으니, '진단고사 & 합격전략' 강의 혹은 네이버 카페(cafe.naver.com/taeenglish100)나 넥스트공무원 사이트를 통해 꼭 활용하시기 바랍니다.

현 위치를 파악했다면, 이제 출발선에서 학습 방향성을 제대로 잡아야겠지요.
모든 수험생들이 원하는 길은 빙빙 돌지 않으면서 가장 빠르게, 가장 확실하고 정확하게 가는 지름길일 겁니다. 안타깝게도, 특히나 영어에 있어 잘못된 공부 방향임을 인지하지 못하고, 그저 스스로를 탓하며 주변을 계속해서 헤매고 맴도는 경우를 흔치 않게 볼 수 있습니다.

영어 각 영역별로 학습 방법만 확실히 알고 있다면, 많은 양의 영어 공부가 불필요할 수도 있습니다.

■ 합격을 Rebooting하다, 조태정 영어

구문은 문법에서 배운 주어, 동사, 수식어구 등을 알아보고 끊어 읽는 연습을 통해 독해의 기본을 다질 수 있는 단계입니다.

2026 기심론 구문편은 문장의 올바른 해석의 가장 기초가 되는 문장구조 이론 단계와 끊어 읽어야 하는 주요 포인트를 세분화하고, 이에 맞추어 공무원 영어 시험의 기출 지문을 직접 손으로 끊어 읽고 해석해 볼 수 있는 손독해 단계로 구성되어 있습니다. 따라서 이후의 구문과 연관된 기출학습의 시간을 단축시킬 수 있습니다.

2026 기심론 구문편은 공무원 시험에서 요구하는 방향성을 제대로 알려주고, 공무원 시험이 필요로 하는 내용을 확실하게, 올바르게 그리고 즐겁게 학습할 수 있도록 제작되었습니다. 본 교재가 여러분의 합격에 많은 도움이 되길 바랍니다.

수험생 여러분의 합격을 기원합니다.

조태정

Guide 우리말과 영어의 차이

■ 우리말과 영어의 차이를 이해하는 것이 중요합니다.

구분	조사	각 요소의 위치에 따른 의미
우리말	O	×
영어	×	O

우리말은 영어와 달리 조사가 발달하여, 문장 내에서 조사가 각 단어의 역할을 결정합니다. 그래서 각 문장 요소의 어순이 크게 의미 차이를 만들어 내지 않습니다.

☑ 뱀<u>이</u>　소녀<u>를</u>　물었다.
　= 뱀<u>이</u>　물었다　소녀<u>를</u>.
　= 소녀<u>를</u>　물었다　뱀<u>이</u>.
　▶ 주격 조사 '은/는/이/가'와 함께 쓰인 '뱀'은 위치와 상관없이 주어이고, 목적격 조사 '을/를'이 붙어 있는 '소녀'는 목적어입니다.

반면, 영어에서는 문장 내에서 조사 대신에 각 단어의 위치(자리)가 그 단어의 역할을 결정합니다.

☑ <u>A snake</u>　bit　<u>a girl</u>.
　주어 자리　동사　목적어 자리
　▶ 주어 자리에 놓인 A snake가 주어이고, 목적어 자리에 놓인 a girl이 목적어입니다.

☑ <u>A girl</u>　bit　<u>a snake</u>.
　주어 자리　동사　목적어 자리
　▶ 주어 자리에 놓인 A girl이 주어이고, 목적어 자리에 놓인 a snake가 목적어입니다.

■ 우리말과 영어의 차이에서 기본을 배웁니다.

이렇듯 영어에서는 각 단어의 어순에 따라 그 문장의 의미가 달라집니다. 그러므로 각 단어의 위치를 제대로 보는 것이 문장의 구조를 파악하는 데 있어 가장 중요합니다.

따라서, 영어 공부를 한다는 것은 영어에서 각 단어의 위치를 우리말 조사로, 우리말 조사를 영어 단어의 위치로 바꾸어 생각하는 것이라고 할 수 있습니다.

우리말 '조사' ▶ 영어 '단어의 자리'

한편, 이 같은 영어 문장에서 자리(위치)의 기준이 되는 것은 동사로, 각 문장에서는 동사를 중심으로 하여 문장 내에서 각 단어의 역할이 무엇인지 생각해야 합니다.

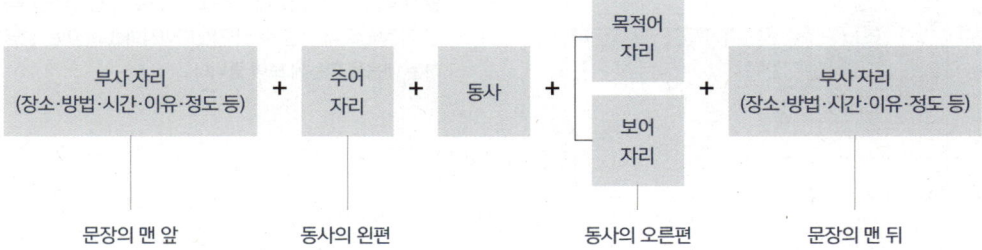

Construction & Features 이 책의 200% 활용법

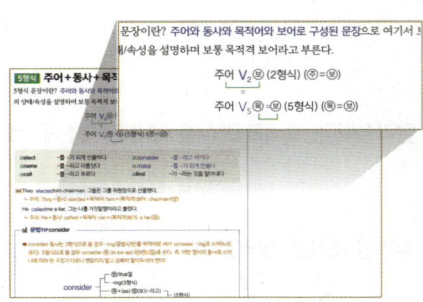

이미지로 쉽게 이해하는 분석

어려운 문법 용어 등을 통해 말로 하는 긴 설명보다는, 도형이나 간단한 기호 등을 활용하고 있습니다. 이렇게 시각적인 이미지로 구문을 분석하다 보면, 더 쉽고 빠르게 문장을 이해할 수 있을 것입니다.

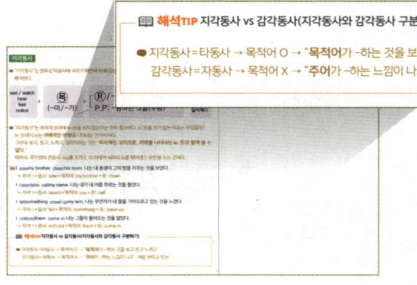

보다 깊이 있는 내용을 담은 Tip

각 챕터에서 자칫 놓칠 수 있는 내용, 이전에 학습한 것과 비교할 내용, 특히 강조할 내용 등을 Tip으로 구성하였습니다. 이 또한 기억에 오래 남을 수 있도록 이미지화했고, 이는 설명하고자 하는 내용을 한눈에 보여 줍니다.

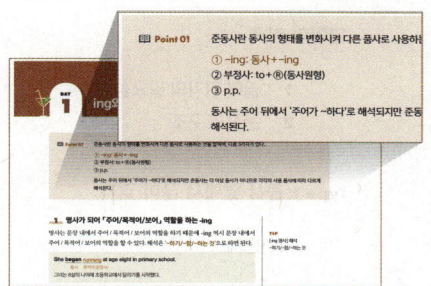

손독해 연습

구문 독해 교재이지만, 시험에서 중요시되고 있는 영문법 포인트를 수록하여 영문법의 기본을 확실히 숙지할 수 있게 하였습니다. 더불어 각 문장에서 끊어 읽어야 하는 포인트들을 세분화하고 기출 문장 및 문제들을 활용해 직접 손독해하며 스스로 어떤 포인트를 놓치고 있는지 확인하고 정확한 해석을 할 수 있게 하였습니다.

Contents & Self test list 차례 & 자기 진단 목록

PART 1 구문 이론	
Type 1 문장 구조의 이해	014
Type 2 문장 접속의 이해	034
Type 3 Wh- 연구	054
Type 4 관계사의 이해	058

PART 2 끊어 읽기 8 원칙 기출로 연습하기	
영어의 이해	070
1 끊어 읽기의 필요성	070
2 문장의 구조	071
Type 1 동사 앞에서 끊어 읽기	072
확인문제	074
Type 2 접속사 앞에서 끊어 읽기	082
확인문제	086
Type 3 전치사 앞에서 끊어 읽기	098
확인문제	100
Type 4 that 앞에서 끊어 읽기	110
확인문제	112
Type 5 Wh- 앞에서 끊어 읽기	132
확인문제	134
Type 6 동주동(접속사 that 생략) 끊어 읽기	144
확인문제	146
Type 7 명/주동 끊어 읽기	156
확인문제	158
Type 8 명/형+α 끊어 읽기	168
확인문제	170

이 책은 다음 순서로 공부하고, 회독 횟수 및 취약 여부를 스스로 체크해 보세요.

PART 3 손독해 연습

Day 1 ing와 to ⓡ의 올바른 해석 연습 … 192
    Step Up Sentence … 194

Day 2 준동사 부사의 올바른 해석 연습 … 202
    Step Up Sentence … 204

Day 3 다양한 형태의 준동사 해석 연습 … 212
    Step Up Sentence … 214

Day 4 동사 알아보기 … 222
    Step Up Sentence … 228

Day 5 복잡한 주어 해석 연습 … 232
    Step Up Sentence … 234

Day 6 수식을 받는 주어 연습 … 242
    Step Up Sentence … 244

Day 7 목적어/보어 해석 연습 … 248
    Step Up Sentence … 250

Day 8 등위접속 … 258
    Step Up Sentence … 260

Day 9 종속절 ① 명사절 … 268
    Step Up Sentence … 270

Day 10 관계사절 해석 연습 … 274
    Step Up Sentence … 276

Day 11 부사절 해석 연습(시간, 조건, 이유) … 280
    Step Up Sentence … 282

Day 12 부사절 해석 연습(양보, 목적, 결과) … 286
    Step Up Sentence … 288

Day 13 That / Wh-의 다양한 해석 연습 … 292
    Step Up Sentence … 296

Day 14 비교표현과 가정법 해석 연습 … 308
    Step Up Sentence … 312

Day 15 도치 구문 해석 연습 … 324
    Step Up Sentence … 326

Day 16 기타 특수 구문 해석 연습 … 334
    Step Up Sentence … 336

Day 17 삽입, 동격, 양보 … 344
    Step Up Sentence … 346

Study plan 5회독을 위한 8주 완성 학습 계획

학습계획표에 따라 1회독은 8주, 2회독은 4주, 3회독은 3주 내로 복습을 마무리하여 최종 5회독에서는 1주 내에 기본서를 완독하는 것이 중요합니다.

	DAY	PAGE	학습내용	1회독	2회독	3회독	4회독	5회독
week 1	1	~						
	2	~						
	3	~						
	4	~						
	5	~						
	6	~						
	7	~						
week 2	1	~						
	2	~						
	3	~						
	4	~						
	5	~						
	6	~						
	7	~						
week 3	1	~						
	2	~						
	3	~						
	4	~						
	5	~						
	6	~						
	7	~						
week 4	1	~						
	2	~						
	3	~						
	4	~						
	5	~						
	6	~						
	7	~						

작성예시	DAY	PAGE	학습내용	1회독	2회독	3회독	4회독	5회독
	1	018 ~ 028	CHAPTER 1 동사의 유형	1시간				
	2	038 ~ 050	CHAPTER 2 조동사					

	DAY	PAGE	학습내용	1회독	2회독	3회독	4회독	5회독
week 5	1	~						
	2	~						
	3	~						
	4	~						
	5	~						
	6	~						
	7	~						
week 6	1	~						
	2	~						
	3	~						
	4	~						
	5	~						
	6	~						
	7	~						
week 7	1	~						
	2	~						
	3	~						
	4	~						
	5	~						
	6	~						
	7	~						
week 8	1	~						
	2	~						
	3	~						
	4	~						
	5	~						
	6	~						
	7	~						

PART 1
구문 이론

TYPE 1 문장 구조의 이해

동사는 한 문장에 하나씩!

우리가 영어 문장의 구조를 배우기 전에, 이 문장의 구조를 왜 배워야 하는지부터 알 필요가 있다.

> **우리말**
> 뱀이 소녀를 물었다. (뱀 > 소녀)
> 소녀를 물었다 뱀이. (뱀 > 소녀)

우리말 문장 "뱀이 소녀를 물었다."라는 문장에서는 누가 누구를 물었는가? 뱀이 소녀를. 그럼 뱀과 소녀의 위치를 바꿔서 "소녀를 물었다 뱀이."라는 문장에서는 누가 누구를 물었는가? 뱀이 소녀를.

이처럼 우리나라 말에서는 말의 순서를 바꿔도 의미가 변하지 않는다. 그럼 같은 문장을 영어로 써 보자.

> **영어**
> A snake bit a girl. (snake → girl)
> A girl bit a snake. (girl → snake)

영어로 "A snake bit a girl."이라는 문장에서는 누가 누구를 물었는가? 뱀이 소녀를. 그럼 이전과 마찬가지로 소녀와 뱀의 위치를 바꿔보면 "A girl bit a snake."라는 문장이 된다. 그렇다면 이 문장에서는 누가 누구를 물었는가? 소녀가 뱀을 물어버린 엽기적인 상황이 된다.

우리말에서는 뱀과 소녀의 위치를 바꿔도 의미의 변화가 일어나지 않았다. 하지만 영어에서 뱀과 소녀의 위치를 바꾸면 "소녀가 뱀을 물었다."라는 다소 엽기적인 의미의 문장이 되어버린다.

그럼 왜 이런 변화가 일어났을까?

우리나라 말에는 말에 순서가 정해져 있지 않다. 즉, 말의 위치나 어순이 중요하지 않고, **"은/는/이/가"와 같은 조사가 중요하다.** 이 조사 덕분에 단어의 위치를 어디에 놓아도 의미의 변화 없이 의사소통을 할 수 있는 것이다. 이와 반대로 영어에서는 조사가 없고 **어순** 즉, **자리/위치가** 이 역할을 한다. 따라서 영어에서는 어순이 바뀌면 의미가 완전히 바뀌게 된다.

즉, 영어에서는 말의 자리나 위치가 매우 중요하다.

영어에서는 **말의 자리/위치가 중요하다!** 하지만 어떠한 것의 자리/위치를 정하려면 기준이 필요하다. 그리고 영어에서는 그 **기준이 되는 것이 동사**이다. 그렇다면 기준은 몇 개가 있어야 할까? 기준은 반드시 하나여야 한다. 결국 한 문장에 동사는 무조건 하나여야 하고, 이런 이유로 영어에서는 동사가 중요하다.

영어 문장의 구조와 간단한 용어의 정리

다음의 그림을 머릿속에 꼭 기억해둔다. 즉, 영어에서 중요한 것은 **"자리 /위치"**이고, 이 자리 위치의 기준인 **동사**를 중심으로 모든 요소들을 **파악한다**.

문장의 구조도

(부사 / 장소 / 방법 / 시간 / 이유 / 정도) , S / V (타동사) O ← 명사 / 대명사 / 기타 (자동사) C ← 명사 / 형용사 , (부사)

1) **주어**: 동사의 왼편에 위치한 것(명사/대명사/기타)을 우리는 주어로 파악한다.
2) **자동사와 타동사**: 동사의 의미에 "을/를"을 붙여서 말이 잘 되는 경우 타동사/말이 안 되는 경우 자동사로 본다.

· 예시

타동사		자동사	
evaluate	평가하다	become	~이 되다
kill	죽이다	remain	~로 남다
emphasize	강조하다	be	~이다/~가 있다
show	보여주다	seem	~처럼 보이다

3) **목적어**: 타동사의 뒤에 쓰인 것 (명사/대명사/기타)
4) **보어**: 주어/목적어의 상태나 속성/직업 등을 설명하는 말 (동사의 오른편에 위치함)
5) **부사**: 문장의 맨 앞/맨 뒤에 쓰인 장소/방법/시간/이유/정도를 나타내는 말

문장의 5형식

영어에서는 "동사의 의미"에 따라 5가지 패턴으로 나뉘며 그 개념은 다음과 같다.

영어 문장은 딱! 5가지 형식!

영어 문장은 동사의 의미에 따라 5가지 형식으로 쓰인다.

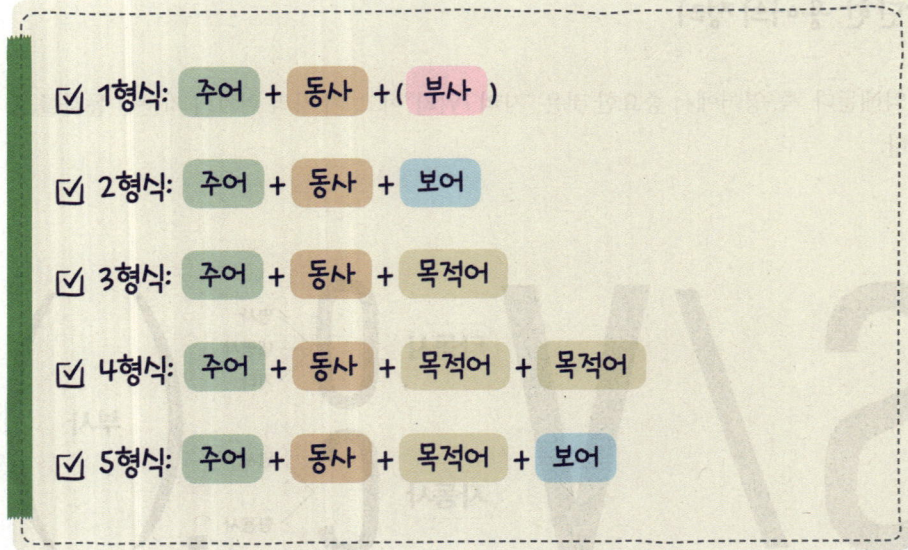

1형식 주어 + 동사 + (부사)

1형식 문장이란? **주어와 동사로 끝나는 문장**으로 주로 [장소, 방법, 시간, 이유, 정도]를 알려주는 부사를 붙여 쓴다. 1형식 동사들의 종류는 다음과 같다.

💡 1형식은 주어와 동사만 있어도 끝나는 문장을 의미한다. 다시 말해서 동사의 뜻 자체로 문장이 끝남을 의미한다. 그리고 그 뒤에 더 설명하고 싶은 것들이 있다면 부사를 붙여서 설명한다.

- "–가 있다"류의 동사

  ☑ be –가 있다   ☑ sit 앉아 있다   ☑ stand 서 있다   ☑ lie 놓여있다/눕다
  ex He sits in a low chair. 그는 낮은 의자에 앉아 있다.
  ↳ 주어: He + 동사: sits + 부사: in a low chair

- 왕래발착 동사

  ☑ go 가다   ☑ come 오다   ☑ leave 떠나다   ☑ arrive 도착하다
  ex We arrived in Sydney. 우리는 시드니에 도착했다.
  ↳ 주어: We + 동사: arrived + 부사: in Sydney

- "살다/죽다"류의 동사

  - live 살다   - die 죽다   - exist 존재하다
  - ex They live in a converted barn. 그들은 헛간을 개조한 곳에서 산다.
    - ↳ 주어: They + 동사: live + 부사: in a converted barn

- "증가하다/감소하다"

  - increase 증가하다   - decrease 감소하다   - rise 오르다
  - ex The population has increased. 인구가 증가했다.
    - ↳ 주어: The population + 동사: has increased

- "발생하다" 동사

  - occur 발생하다   - happen 발생하다   - take place 발생하다
  - ex This must never happen again. 이런 일이 다시는 일어나선 안 된다.
    - ↳ 주어: This + 동사: must (never) happen + 부사: again

- "다르다", "중요하다" 동사

  - differ 다르다   - vary 다르다   - matter 중요하다
  - ex French and English differ in this respect. 프랑스어와 영어는 이 점에서 다르다.
    - ↳ 주어: French and English + 동사: differ + 부사: in this respect

2형식 주어 + 동사 + 보어

2형식 문장이란? 주어와 동사와 보어로 구성된 문장으로, 여기서 보어는 '주어의 상태/속성'을 설명해주기 때문에, 보통 주격 보어라 한다. 따라서 2형식의 문장은 주로 정의나 명제를 나타낸다. 2형식 동사들의 종류는 다음과 같다.

💬 2형식은 주어, 동사, 보어로 이루어진 문장을 말한다. 여기서 보어란 상태나 속성을 설명해주는 말인데, 2형식 문장에서 보어는 **주어**의 상태나 속성을 설명해주기 때문에 흔히 주격 보어라고도 부른다.

- be, become

  - be -이다   - become -이 되다
  - ex He is innocent. 그는 결백하다.
    - ↳ 주어: He + 동사: is + (주격)보어: innocent(형)

- remain

  - remain -로 남다
  - ex Their motives remain a mystery. 그들의 동기는 수수께끼로 남아 있다.
    - ↳ 주어: Their motives + 동사: remain + (주격)보어: a mystery(명)

· 감각동사

- look/seem/appear - smell - taste - sound - feel
  ex This ladder doesn't seem stable. 이 사다리는 안정되어 보이지 않는다.
  ↳ 주어: This ladder + 동사: doesn't seem + (주격)보어: stable(형)

💬 감각동사는 우리말 해석상 "-하게"로 해석돼서 뒤에 부사를 쓸 것 같지만, **부사를 쓰지 않고 형용사를 쓴다는 것이 포인트이다.** 우리말로 자연스럽다고 영어도 그럴 것이라고 판단하는 것은 절대 금물! 출제하는 사람들은 이런 "자연스러운 것들"을 포인트로 삼아서 출제한다는 것을 알고 있어야 한다.

3형식 주어 + 동사 + 목적어

3형식 문장이란? **주어와 동사와 목적어로 구성된 문장**으로 우리가 가장 흔하게 볼 수 있는 구조이다. 3형식 동사들의 종류는 아래와 같다.

💬 3형식은 주어, 동사, 목적어로 이루어진 문장으로 우리가 영어에서 가장 흔하게 보는 문장 구조이다. 따라서 3형식 동사를 외운다는 것은 불가능하고 무의미하다! 다만, 우리말 해석상 목적어를 안 쓸 것 같은데 목적어를 써야 하는 3형식 동사들을 외워두고 헷갈리지 말자!

- face	face it	- marry	marry me
- answer	answer my question	- mention	mention it
- approach	approach him	- resemble	resemble my father
- discuss	discuss the matter	- survive	survived the accident
- emphasize	emphasize it	- await	await him
- great	great me	- accompany	accompany him
- leave	leave town	- reach	reach the point
- meet	meet the needs		

4형식 주어 + 동사 + 목적어 + 목적어

4형식 문장이란? **주어와 동사와 간접목적어(人)와 직접목적어(物)로 구성된 문장**으로, "간접목적어"에게 "직접목적어를 해 주다"로 해석하고, 간접목적어에는 사람(人)을 쓰고, 직접목적어에는 사물(物)을 쓴다.

- 4형식은 주어, 동사, 간접목적어와 직접목적어로 이루어진 문장이다. 간접목적어에는 보통 「사람(人)」을 쓰고, 직접목적어에는 보통 「사물(物)」을 쓴다.

☑ give	주다	☑ lend	빌려 주다
☑ send	보내 주다(보내다)	☑ build	지어 주다(짓다)
☑ show	보여 주다	☑ buy	사서 주다(사다)
☑ cook	요리해 주다	☑ tell	말해 주다(말하다)
☑ bring	가져다주다(가져오다)	☑ ask	물어봐 주다(묻다)
☑ offer	제공해 주다(제공하다)	☑ teach	가르쳐 주다
☑ make	만들어 주다(만들다)		

ex He **cooked** me dinner. 그는 나에게 저녁을 요리해줬다.
 ↳ 주어: He + 동사: cooked + 간목(人): me + 직목(物): dinner

I **asked** him his name. 나는 그의 이름을 물었다.
 ↳ 주어: I + 동사: asked + 간목(人): him + 직목(物): his name

MEMO

5형식 주어 + 동사 + 목적어 + 보어

5형식 문장이란? **주어와 동사와 목적어와 보어로 구성된 문장**으로 여기서 보어는 목적어의 상태/속성을 설명하며 보통 목적격 보어라고 부른다.

$$\text{주어 } \underline{V_2 \ \text{보}} \ (\text{2형식}) \ (\text{주}=\text{보})$$

$$\text{주어 } V_5 \ \underline{\text{목}=\text{보}} \ (\text{5형식}) \ (\text{목}=\text{보})$$

☑ elect	-를 -가 되게 선출하다	☑ consider	-를 -라고 여기다
☑ name	-를 -라고 이름짓다	☑ make	-를 -가 되게 만들다
☑ call	-를 -라고 부르다	☑ find	-가 -라는 것을 알아내다

ex They elected him chairman. 그들은 그를 위원장으로 선출했다.
↳ 주어: They + 동사: elected + 목적어: him + (목적격)보어: chairman(명)

He called me a liar. 그는 나를 거짓말쟁이라고 불렀다.
↳ 주어: He + 동사: called + 목적어: me + (목적격)보어: a liar(명)

> **📖 문법TIP** consider
>
> ● consider 동사는 3형식으로 쓸 경우 -ing(동명사)만을 목적어로 써서 consider -ing로 쓰며(to ⓡ 금지), 5형식으로 쓸 경우 consider (목) (to be/as) (보)(명)/(형)로 쓴다. 즉, 어떤 형식의 동사로 쓰이냐에 따라 뒷 구조가 다르니 헷갈리지 말고 정확히 알아두어야 한다!
>
> consider ┬ 명/that절
>   ├ -ing(3형식)
>   ├ (목) + (as) 명(보)(-라고) ┐ (5형식)
>   └ (목) (to be) 보 ┘
>
> ■ 3형식 consider
> **ex** He will consider coming again. 그는 다시 올 것을 생각할 것이다.
> ↳ 주어: He + 동사: will consider + 목적어: coming + 부사: again
>
> ■ 5형식 consider
> **ex** Harry considers himself (to be) lucky. Harry는 스스로 운이 좋다고 생각한다.
> ↳ 주어: Harry + 동사: consider + 목적어: himself + (목적격) 보어: lucky(형)

📖 해석TIP make의 4형식/5형식 구분하는 방법

💬 make 동사의 경우, 앞에서 4형식 수여동사로 쓰인다는 것을 배웠다. 하지만 5형식 동사로도 쓰인다. 4형식으로 쓸 경우, "make+간목(人)+진목(㋀)" 형태로 쓰며, 5형식으로 쓸 경우, "make+(목)+(목적격) 보어" 형태로 쓴다. 그럼 우리가 생각해 보아야 할 것이, 4형식으로 쓰였을 때 진목에는 "명사"를 쓸 것이 분명한데, 5형식으로 쓰이면 보어에는 "명사" 혹은 "형용사"를 쓸 수 있기 때문에 만약 여기서도 보어에 명사를 썼다면 이게 4형식으로 쓴 것인지, 5형식 쓴 것인지 헷갈릴 수 있다는 것이다. 따라서 이를 명확히 알아볼 수 있어야 한다. (* 만약 목적어 뒤에 ⑱이 있다면 이건 무조건 5형식으로 쓴 것이다.)

ex My mother made me a doll. 엄마는 나에게 인형을 만들어 주었다. (4형식)
   ↳ 주어: My mother + 동사: made + 간목: me + 직목: a doll(명)

💬 이 문장을 보면, 직목에 a doll이라는 명이 쓰였고, 이것이 간목인 me와 다르다면 4형식으로 쓰인 것이다. 왜 그럴까? 5형식에서 보어는 "목적격 보어"이니 목적어의 상태나 속성을 설명해 주어야 한다.
하지만 이 문장을 보면 a doll이 목적어인 me의 상태나 속성을 설명하는가? 아니다. 내가 인형이 아니기 때문이다. 따라서 이건 "5형식이 아닌 4형식으로 쓰였구나."라고 생각해야 한다.

My mother made me a doctor. 엄마는 나를 의사가 되게 만들었다. (5형식)
   ↳ 주어: My mother + 동사: made + 목적어: me + (목적격)보어: a doctor(명) (나=의사)

💬 이 문장을 보면 a doctor이라는 명이 쓰였고, 이것은 목적어인 me의 상태/속성을 설명하는 것이기 때문에 목적격 보어로 쓰였음을 알 수 있으며 이런 경우 make가 5형식 동사로 쓰였다는 것을 생각할 수 있어야 한다.

준동사의 해석

준동사란? 동사를 활용하여 다른 품사로 쓰는 것.
즉, 동사를 재료로 활용하여 동사에 **[to] [-ing] [ed(=p.p.)]**를 붙여 다른 품사로 쓰는 것이다.

동사를 그대로 쓸 경우 문장의 실제 동사와 헷갈릴 수 있기 때문에 모양을 "Ⓡ(동사원형)"으로 고정해서 쓴다. 따라서 준동사는 [to Ⓡ] [Ⓡ-ing] [Ⓡed(p.p.)]이다.

- **준동사의 모양**
  to Ⓡ, Ⓡ-ing , P.P
- **준동사의 쓰임**
  준동사는 문장 중에서 **명사, 형용사, 부사**의 역할을 한다.

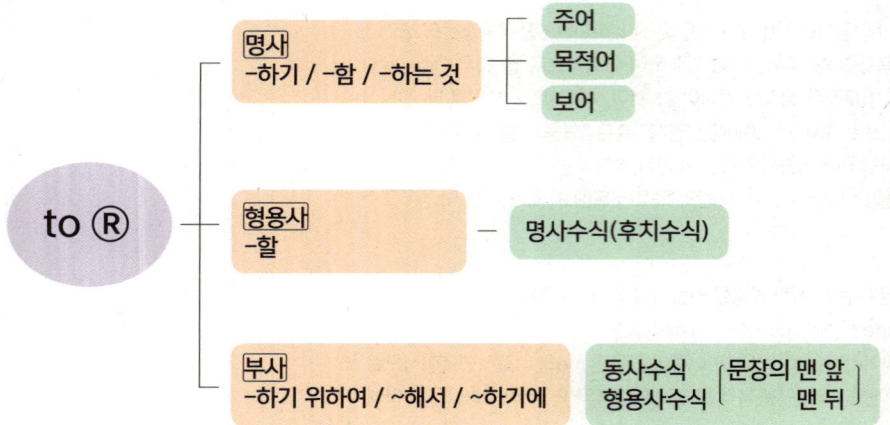

to ⓡ은 더 이상 동사가 아니라 문장에서 **명사·형용사** 혹은 **부사**로 쓰인다.

1) 명사는 동사를 기준으로 동사의 앞/뒤에 위치할 수 있으므로 **to ⓡ** 또한 동사의 앞/뒤에 위치하여 주어와 목적어 역할을 할 수 있으며, "**-하기/-함/-하는 것**"으로 해석한다.

To do my homework / is my duty. 숙제를 하는 것은 나의 의무이다.
→ 준동사 to do가 동사 is 앞에 위치 = 주어 (명사 역할)

I / like to do my homework. 나는 숙제하는 것을 좋아한다.
→ 준동사 to do가 동사 like 뒤에 위치 = 목적어 (명사 역할)

2) 형용사는 동사를 기준으로 **2형식 동사의 뒤**에 위치하거나 **명사 바로 뒤**에 위치하므로, to ⓡ 또한 **2형식 동사 뒤**, 또는 **명사 바로 뒤**에 위치하며 "**-할**"로 해석한다. 더불어 to ⓡ은 기본적으로 다소 "**미래적인 의미**"를 갖고 있다는 것도 참고하는 것이 좋다.

다소 미래적인 to ⓡ

The best way to solve the problem / is to avoid it.
문제를 푸는 최고의 방법은 그것을 피하는 것이다.
→ 준동사 to solve가 명사 way 뒤에 위치하여 명사를 수식 = 형용사 역할
→ 준동사 to avoid가 동사 is 뒤에 위치 = 형용사 역할

3) 부사는 문장의 맨 앞이나 맨 뒤에 위치하므로 to ⓡ 또한 **문장의 맨 앞, 맨 뒤에 위치**하여 "**-하기 위하여**"로 해석한다.

To do my homework, I / came back home early. 숙제를 하기 위해서, 나는 집에 일찍 왔다.
→ 준동사 To do my homework이 문장 앞에 위치 = 부사 역할

(to부정사(to ⓡ)는 문장에 따라 쓰임이 다르기 때문에 정해져 있지 않다는 의미로 to부정사라고 부른다.)

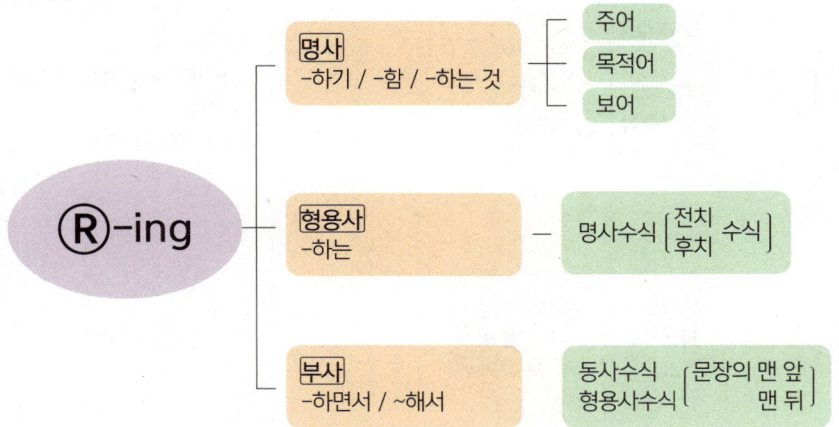

ⓡ-ing은 이제 더 이상 동사가 아니라 문장에서 **명사·형용사 혹은 부사**로 쓴다.

1) 명사는 동사를 기준으로 동사의 앞과 뒤에 위치할 수 있으므로 ⓡ-ing 또한 동사의 앞뒤에 위치하여 **주어와 목적어 역할**을 할 수 있으며, "**-하기/-함/-하는 것**"으로 해석한다.

Watching movies is my hobby. 영화 보는 것은 내 취미이다.
→ 준동사 Watching movies가 동사 is 앞에 위치 = 주어 (명사 역할)

I enjoy watching movies. 나는 영화 보는 것을 즐긴다.
→ 준동사 watching movies가 동사 enjoy 뒤에 위치 = 목적어 (명사 역할)

2) 형용사는 동사를 기준으로 2형식 동사의 뒤에 위치하거나 명사 앞/뒤에 위치하므로, ⓡ-ing 또한 **2형식 동사 뒤, 명사 앞/뒤에 위치**하며 "**-하는**"으로 해석한다. 더불어 해석으로 인해 **현재와 지속하는 의미**를 갖고 있다는 것도 참고해야 한다.

That running boy is my son. 저기 뛰고 있는 소년이 내 아들이다.
→ 준동사 running이 명사 boy 바로 앞에 위치 = 형용사 역할

That boy running on the ground is my son. 운동장에서 뛰고 있는 소년이 내 아들이다.
→ 준동사 running (on the ground)가 명사 boy 바로 뒤에 위치 = 형용사 역할(명사 후치수식)

3) 부사는 문장의 맨 앞이나 맨 뒤에 위치하므로 ⓡ-ing 또한 **문장의 맨 앞, 맨 뒤에 위치**하여 "**-하면서/-해서**"로 해석한다.

Walking along the street, I met an old friend. 길을 걸으면서 내 오랜 친구를 만났다.
→ 준동사 Walking along the street이 문장 앞에 위치 = 부사 역할

현재·지속의 의미인 ⓡ~ing

TIP
to ⓡ과 ing의 명사로서의 해석은 같다.

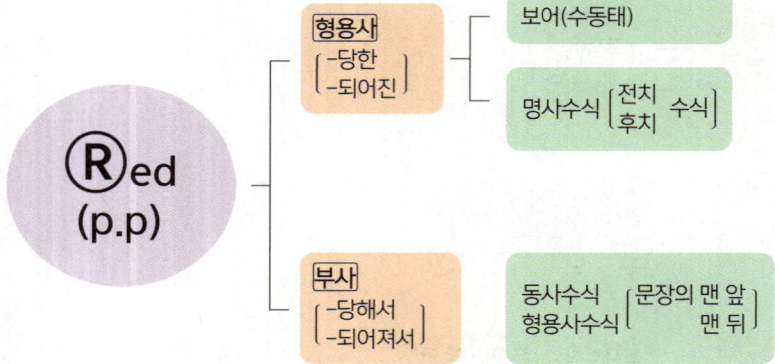

· to ⓡ / -ing: 명사, 형용사, 부사
· p.p.: 형용사, 부사

Ⓡed는 형용사 혹은 부사로만 쓴다. (명사로 쓰지 않는다.)

1) 형용사는 동사를 기준으로 2형식 동사의 뒤에 위치하거나 명사 앞/뒤에 위치하므로, Ⓡed(p.p.) 또한 2형식 동사 뒤, 명사 앞/뒤에 위치하며 "-당한/-되어진"으로 해석한다.

The murdered man was rich. 살해당한 저 남자는 부자였다.
→ 준동사 murdered이 명사 man 바로 앞에 위치 = 형용사 역할

The man murdered in his own house was rich. 본인 집에서 살해당한 저 남자는 부자였다.
→ 준동사 murdered (in his own house)가 명사 man 바로 뒤에 위치 = 형용사 역할(명사 후치수식)

2) 부사는 문장의 맨 앞이나 맨 뒤에 위치하므로 Ⓡed 또한 문장의 맨 앞, 맨 뒤에 위치하여 부사로 쓰이며, "-당해서/-되어져서"로 해석한다.

Killed in the war, he could not come back home.
전쟁에서 전사하여, 그는 집에 돌아올 수 없었다.
→ 준동사 Killed (in the war)가 문장 앞에 위치 = 부사 역할

주요 5형식 동사의 구조와 해석법

유도동사

allow cause order get encourage enable	+	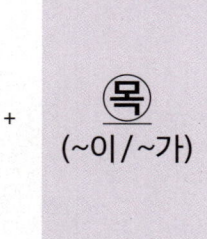 (~이/~가)	+	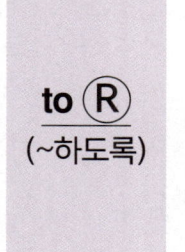 (~하도록)	+	허용하다 유발시키다 명령하다 시키다 북돋다 / 용기를 주다 가능하게 하다
persuade force advise						설득하다 강요하다 충고하다

💬 유도동사는 뒤에 ㈜을 쓰고 그 뒤에 to ⓡ를 쓴다.
해석을 할 때는 "㈜가 -하도록/되도록"이라고 해석을 한다.
우리는 일반적으로 ㈜을 해석할 때 "-을/를"을 붙여서 해석한다.
하지만 유도동사를 해석할 때는 "㈜가 -하도록/되도록", 즉 **목적어 뒤에 "-이/가"를 넣어서 해석한다.**
왜냐하면 여기서는 이 목적어가 to ⓡ에 대한 주어가 되기 때문이다.
이를 형태상으로는 목적어이지만 해석상으로(의미상으로) 주어가 된다고 해서, [의미상의 주어]라고 부르기도 한다.

ex His parents won't **allow** him **to stay** out late.
그의 부모님은 그의 늦은 귀가를 용납하지 않는다.
↳ 주어: His parents + 동사: won't allow + 목적어: him + to ⓡ: to stay

Banks actively **encourage** people **to borrow** money.
은행들이 사람들에게 돈을 빌리도록 적극 권장하고 있다.
↳ 주어: Banks + 동사: encourage + 목적어: people + to ⓡ: to borrow

사역동사

make have let help	+	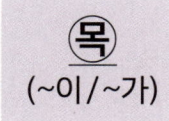 (~이/~가)	+	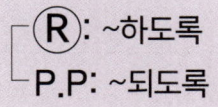 ⓡ: ~하도록 P.P: ~되도록	+	만들다 / 시키다 시키다 시키다 돕다

💬 "사역"이라는 말 자체가 "일을 시키는 것" 또는 "시킴을 받는 것"이라는 의미이다.
즉, 사역동사는 말 그대로 무언가를 시키는 동사이므로 이 동사들의 뜻은 전부 "시키다"로 해석하면 된다.
사역동사의 경우 뒤에 ㈜을 쓰고 그 뒤의 구조가 동사마다 다르지만 확실한 것은 목적격 보어에 **to ⓡ을 쓰지 않는다는 것이다.** 따라서 "사역동사는 let it go" 정도의 예시로 외우는 것이 좋다. 각 동사마다 어떤 구조가 오는지를 확실하게 알고 있는 것이 중요하다.

■ make

| make | 목 | [목적격 보어] ⓇR: 목이 -하도록(능동) p.p.: 목이 -되도록(수동) | 만들다/시키다 |

ex [목적격 보어: 능동]
She always makes me laugh. 그녀는 항상 나를 웃게 만든다.
↳ 주어: She + 동사: makes + 목적어: me + Ⓡ: laugh

[목적격 보어: 수동]
I made the food cooked as soon as possible.
나는 그 음식이 가능한 한 빨리 요리되도록 시켰다.
↳ 주어: I + 동사: made + 목적어: the food + p.p.: cooked

> **문법TIP** 사역동사 make를 수동태로 쓰는 경우
>
> 💬 사역동사 make 자체를 수동태로 쓸 경우에는 "be made to Ⓡ"의 형태로 쓴다는 것을 알아두어야 한다. 여기서 포인트는 Ⓡ이 아니라 to Ⓡ이라는 것!
>
> **ex** I was made to clean the room by mother. 나는 엄마 덕에 방을 청소하게 됐다.
> ↳ 주어: I + 동사: was made to clean + 목적어: the room + by mother

■ have

| have | 목 | [목적격 보어] Ⓡ/-ing : 목이 -하도록(능동) <-ing는 진행의 의미로 사용> p.p.: 목이 -되도록(수동) | 시키다/요청하다 |

ex [목적격 보어: 능동]
I had the waiter bring some water. 나는 웨이터로 하여금 물을 가져오도록 요청했다.
↳ 주어: I + 동사: had + 목적어: the waiter + Ⓡ: bring

[목적격 보어: 수동]
I had my car repaired. 나는 내 차를 수리했다.
↳ 주어: I + 동사: had + 목적어: my car + p.p.: repaired

> **have 관련 팁: 목적격 보어로 -ing를 쓰는 경우**
>
> 💬 사역동사 have가 진행의 의미일 때는 목적격 보어로 -ing를 쓴다.
>
> **ex** He had us laughing all through the meal. 그는 식사 중 내내 우리를 웃겼다.
> ↳ 주어: He + 동사: had + 목적어: us + Ⓡ-ing: laughing

■ let

| let | 목 | [목적격 보어] Ⓡ: 목이 -하도록(능동) be+p.p.: 목이 -되도록(수동) | 시키다 |

ex [목적격 보어: 능동]
They let their kids run riot. 그들은 아이들을 마구 날뛰도록 놔둔다.
↳ 주어: They + 동사: let + 목적어: their kids + Ⓡ: run

[목적격 보어: 수동]
She let herself be swept along by the crowd.
그녀는 사람들 무리에 휩쓸려 가는 대로 가만히 있었다.
↳ 주어: She + 동사: let + 목적어: herself + be + p.p.: be swept

■ help

[목적격 보어]
help   ⊕   ⓡ/to ⓡ: ⊕이 -하도록   돕다
              <-ing를 쓰지 않는다>

ex Games can help children learn to form letters.
게임은 아이들이 글자 만드는 것을 배우는 것에 도움이 될 수 있다.
↳ 주어: Games + 동사: can help + 목적어: children + ⓡ: learn

지각동사

😀 "지각동사"는 분류상 타동사에 속하기 때문에 뒤에 ⊕을 쓰고, "⊕가 -하는 것을 보고/듣고/느끼는 것"으로 해석한다.

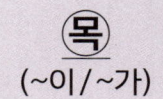 + ⊕(~이/~가) + ⓡ/-ing: ~하는 것을(능동) / P.P: ~당하는 것을(수동) + 보다 듣다 느끼다 알아채다

😀 "지각동사"는 목적격 보어에 to ⓡ을 쓰지 않는다는 것이 중요하다. to ⓡ을 쓰지 않는 이유는 무엇일까?
to ⓡ에서 to는 미래적인 방향을 나타내는 전치사이다.
그런데 보고, 듣고, 느끼고, 알아차리는 것은 "즉각적인 것이므로, 미래를 나타내는 to ⓡ과 함께 쓸 수 없다."
따라서, 즉각성의 준동사 -ing를 쓰거나, 이 미래적 의미의 to를 떼어내고 ⓡ만을 쓰는 것이다.

ex I saw my brother clean his room. 나는 내 동생이 그의 방을 치우는 것을 보았다.
↳ 주어: I + 동사: saw + 목적어: my brother + ⓡ: clean

I heard you call my name. 나는 네가 내 이름 부르는 것을 들었다.
↳ 주어: I + 동사: heard + 목적어: you + ⓡ: call

I felt something crawl up my arm. 나는 무언가가 내 팔을 기어오르고 있는 것을 느꼈다.
↳ 주어: I + 동사: felt + 목적어: something + ⓡ: crawl up

I noticed them come in. 나는 그들이 들어오는 것을 알았다.
↳ 주어: I + 동사: noticed + 목적어: them + ⓡ: come in

📖 해석TIP 지각동사 vs 감각동사(지각동사와 감각동사 구분하기)

😀 지각동사=타동사 → 목적어 O → "**목적어가 -하는 것을 보고 듣고 느끼고**"
감각동사=자동사 → 목적어 X → "**주어가 -하는 느낌이 나고 -처럼 보이고 하는**"

MEMO

 TJ Says

준사역동사 help와 관련된 출제 포인트는 "-ing를 쓰지 않는다!"라는 것.
ⓡ과 to ⓡ 모두 쓸 수 있으나, -ing는 쓰지 않는다는 것을 꼭 기억해두어야 한다.

동사 알아보기

영어의 문장 구조를 알아보기 위해서 제일 중요한 것은 동사이다.
따라서 영어 문장에서 동사를 알아보는 것이 매우 중요하며, 만약 문장에서 아래와 같은 형태가 보이면 그것을 동사로 알아보아야 한다.

동사용 접미사

동사의 모양을 결정짓는 **접미사**들이다. 다만 영어는 우리말과 달리 규칙성이 매우 떨어지므로 이 접미사들은 참고만 하고 개별 단어를 많이 외우는 것이 중요하다.

- **-ize** ~하게 되다, ~와 같아지다
  apologize 사과하다, realize 깨닫다, criticize 비판하다, 비난하다, memorize 기억하다
- **-en** ~하게 만들다
  deepen 깊게 만들다, strengthen 강화하다, enlarge 확대하다, sharpen 날카롭게 하다
- **-fy** ~화 하다
  satisfy 만족시키다, unify 통일하다, 단일화하다
- **-ate** ~를 주다, ~하게 만들다
  communicate 의사소통하다

be 동사의 변화 형태

'~이다 / ~가 있다'의 의미로 1형식, 2형식으로 쓸 수 있는 **be 동사의 변화 형태**가 나오면 무조건 동사로 간주한다.

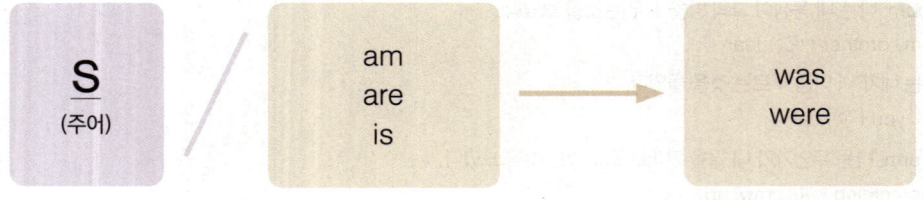

조동사 + ⓡ

조동사는 뒤에 ⓡ을 써서 **한꺼번에 동사**를 만든다. 영어의 조동사란 동사의 일종으로서 뒤에 항상 준동사(보통 ⓡ)를 함께 써서 의미를 완성하는 동사들이다. 자주 쓰이는 조동사로는 will / shall / can / may / must 등이 있고 다음의 의미로 쓴다.

현재			과거	
will	• ~할 것이다(미래) • ~하려고만 한다(고집 / 의지)	➡	would	• ~할 텐데 / ~일 텐데(현재 / 추측 / 가설) • ~하곤 했다(과거 습관) • 시제일치(will 과거형)
shall	• ~하리라 / ~할지어다	➡	should	• ~해야만 한다(현재 / 의무 / 권고)
can	• ~할 수 있다(가능) • ~할 수도 있다(추측)	➡	could	• ~할 수 있다
may	• ~일지 모른다 • ~해도 좋다(허락) • May I~? / You may~?	➡	might	• ~일는지 모른다
must	• ~해야만 한다(의무 / 강제) • ~임에 틀림없다(must be + ⓗ)	➡		

- He / must be crazy to say so. (must be가 동사)
  ⓢ   ⓥ   ⓒ
  그 남자는 미쳤음에 틀림없다. 그렇게 말하다니

- This exhibition will give you an opportunity to explore the life of the artist. (will give가 동사)
  이번 전시회는 당신에게 그 예술가의 삶을 탐험할 수 있는 기회를 제공할 것이다.

기타 조동사
- used to: ~하곤 했다(= would)
- have to: ~해야만 한다(= must, should)
- had better: ~하는 편이 낫다
- ought to: ~해야만 한다(= should)

} + ⓡ

- Vendors <u>used to bring</u> small boxes filled with ice cakes. (used to bring이 동사)
  (상인들은 아이스케이크로 가득 찬 작은 박스들을 갖고 오곤 했다.)

- I <u>had better do</u> the dishes before 12 o'clock. (had better do가 동사)
  (나는 12시 정각 이전에 설거지를 하는 편이 낫겠다.)

시간 표시

① V-ed (과거)

'V-ed' 모양으로 되어 있는 것은 **동사**로 사용된 것으로 간주한다.

- water**ed** ~에게 물을 주다, 군침 돌다
- plac**ed** 두다
- schedul**ed** 계획하다
- experienc**ed** 경험하다

- They watered the garden.
  그들이 그 정원에 물을 주었다.

- 10 participants experienced the strange phenomenon in the room.
  10명의 참여자가 방 안에서 그 이상한 현상을 경험했다.

- They placed the earbuds in their ears directly.
  그들은 그들의 귀에 직접 이어폰을 집어넣었다.

② be + -ing (진행시제: ~하는 중)

'be + -ing'의 모양을 **진행시제**라 부르고 '**~하는 중**'이라고 해석한다.

이 진행시제는 'be + (부사)-ing' 전체를 그 자체로 동사로 본다.

(참고로 -ing만은 **준동사**이고 be + -ing 전체를 **진행시제**라 부른다.)

- Minowa is watching TV now. (is watching이 동사)
  Minowa는 지금 TV를 보고 있는 중이다.

- He was driving his car when she called him. (was driving이 동사)
  그녀가 전화했을 때 그는 운전 중이었다.

- The zookeeper is taking good care of the baby bear. (is taking good care of가 동사)
  사육사가 아기곰을 잘 돌보고 있는 중이다.

- Things are going from bad to worse. (are going이 동사)
  사태는 점점 악화되어 가고 있다.

③ have (has / had) + P.P (완료시제)

have + p.p로 쓰인 것은 **완료시제**라 부르며, 완료시제로 나온 것은 동사로 본다.

> **해석TIP** 완료시제의 해석
>
> 완료시제로 등장한 동사는 동반한 부사에 따라, 아래와 같이 해석을 달리한다.
>
> ① **~해 버렸다** (just: 막 / already: 이미 / yet: 아직)
> - He / (has just finished) his homework.
>   Ⓢ   Ⓥ   Ⓞ
>
> ② **~해 본 적 있다 / 없다** (ever: 여태껏 / never: 결코 ~않다 / once: 한 번 / twice: 두 번)
> - He / (has never played) the piano.
>   Ⓢ   Ⓥ   Ⓞ
>
> ③ **쭉 ~해왔다** (since: ~이래로 / for: ~동안 + 시간)
> - He / (has studied) English <since 2000> <for ten years>.
>   Ⓢ   Ⓥ   Ⓞ

(완료시제의 해석은 반드시 반복적으로 연습해 두어야 한다.)

be + P.P(수동태)

be + P.P의 형태를 **수동태**라고 부르며 '**~당하다 / ~되어지다**'의 의미로 해석한다.
수동태의 모양이 주어지면 동사로 본다.

- When Tom arrived home, he was arrested by a policeman.
  Tom이 집에 도착했을 때, 그는 경찰에 의해서 체포되었다.

- Jack was elected chairman.(by them)
  Jack이 (그들에 의해서) 의장에 선출되었다.

- The problem should be solved.(by us)
  그 문제는 (우리에 의해) 해결되어야 한다.

- He was shot by a gangster.
  그는 갱에 의해 총을 맞았다.

- My cat went out and was run over by a car on street.
  내 고양이는 밖으로 나가 길에서 자동차에 의해 치었다.

> be + -ing: 진행시제
> be + p.p: 수동태
> have + p.p: 완료시제

(용어가 혼동되면 공부에 크게 방해가 되므로 반드시 암기하고 간다.)

TYPE 2 문장 접속의 이해

접속이란?

문장의 접속을 배우기 위해서는 "접속"이라는 말의 정확한 뜻을 아는 것이 중요하다.
접속이란, 문장과 문장을 연결해주는 것이며, 접속사란 문장과 문장을 연결해주는 말이다.

앞서 배운 것에 따르면, **영어의 한 문장에서 동사는 반드시 1개여야 한다.**
하지만 우리가 앞으로 독해를 하면서 만나게 될 문장들은 한 문장에 하나의 동사만 있는 단순한 구조의 문장들이 아닌, 하나의 문장에 동사가 2개 혹은 3개까지도 있는 복잡한 구조의 문장일 것이다. 따라서 글이 쓰인 원리를 알고 정확히 해석하는 것이 중요하다.

그렇다면 어떻게 한 문장에 동사가 여러 개 쓰였을까? 그 답은 접속사에서 찾을 수 있다.

아래 그림을 살펴보자.

$$1(S+V) \ \text{접} \ 2(S+V)$$

위 그림에서 동사가 몇 개 있나? 2개가 있다. 접속사는 몇 개인가? 1개이다.
즉, 동사가 두 개이면 반드시 접속사가 하나 있어야 한다.
이를 쉽게 말하면 동사의 개수에서 "−1"를 해주면 그것이 접속사의 개수랑 동일한 것이다.

$$V-1 = N(\text{접})$$

동사가 2개 있으면 접속사가 몇 개 있어야 할까? 1개.
동사가 3개 있으면 접속사가 몇 개 있어야 할까? 2개.

자, 그럼 접속사 뒤에는 어떤 것을 쓰는 것일까? 반드시 주어-동사 문장을 쓴다.

따라서 접속사를 보게 되면 그 뒤에 **"주어-동사(문장)"가 이어질 것을 예측할 수 있어야** 한다.

그리고 이 접속사는 "문장과 문장을 연결해주는 말"이니 당연히 문장과 문장 사이에 쓰인다. 그리고 문장 맨 앞에도 쓸 수 있다. 하지만 문장 맨 뒤에는 쓸 수 없다는 것 또한 참고로 알아두어야 한다.

MEMO

$$S+V \text{ 접 } S+V$$
$$\text{접 } S+V+S+V$$
$$S+V+S+V \text{ 접 } \rightarrow (X)$$

동사의 개수와 접속사의 개수는 영어 문장 구조 파악을 위해 항상 선행되어야 하는 작업이니, 어떤 문장을 마주하든 가장 먼저 **동사와 접속사를 파악하는 습관을 들여야 한다.**

접속의 종류 3가지

우리는 앞서 접속사의 의미와 기본적인 정보들을 배웠다. 그럼 이제 구체적으로 접속사에는 어떤 종류가 있고, 각 종류의 특징은 무엇인지 알아보자.

등위접속

접속의 종류 첫 번째로 "등위접속"이 있다.

💬 "등위"라는 말은 "같은 위치"를 의미한다.
따라서 등위접속으로 연결된 문장들은 "같은 위치"이므로 어떤 문장이 더 중요하고 어떤 문장은 덜 중요하다라는 중요도 차이가 없다. 단순히 문장을 나열시킨 역할을 하는 것이 전부이다.

■ **등위접속의 쓰임**

대표적인 등위접속사로는 and, or, but, nor, for, so가 있다.

💬 이런 접속사들로 이어진 문장들은 "**중요도에 차이가 없고, 나열되었구나~**"라고 생각하면 된다.

· 대표 등위접속사

☑ and	그리고	☑ or	혹은
☑ but	그러나	☑ nor	-도 아니다
☑ for	-이니까	☑ so	그래서

ex I enjoy playing tennis **and** I enjoy playing baseball.
나는 테니스를 좋아한다, 그리고 나는 야구를 좋아한다.
↳ 주어: I+동사: enjoy+목적어: playing tennis **and**(등위접속사)
↳ 주어: I+동사: enjoy+목적어: playing baseball

■ **등위접속사와 생략**

· I enjoy playing tennis **and** I enjoy playing baseball.
↳ I enjoy playing tennis. **and**(등위접속사) I enjoy playing baseball.
↳ I enjoy playing **반복 → 생략함**
↳ I enjoy playing tennis **and** baseball.

💬 위의 문장을 보면 1) I enjoy playing tennis.라는 문장과 2) I enjoy playing baseball.이라는 두 개의 문장을 확인할 수 있다. 그리고 이 두 개의 문장이 등위접속사 and로 연결되어 있다.

그런데 누구든, 말을 하는 사람은 하나라도 덜 말하려는 경향이 있고, 이걸 "게으름의 법칙"이라고 한다!
게으름의 법칙 = 반복/뻔한 것들은 생략하고 말을 하려는 법칙!
위의 문장을 보면 1)과 2)에서 공통적으로 I enjoy playing이 반복된다는 것을 알 수 있다.
I enjoy playing이 생략되고 I enjoy playing tennis **and** baseball.이라는 문장이 남게 되는 것이다.
이렇게 되면 등위접속사를 중심으로 양쪽에는 같은 형태(tennis ⑲과 baseball ⑲)가 남게 된다.
이를 정리해 보면 아래와 같다.

A		B
⑲	and	⑲
⑲	or	⑲
⑭	but	⑭
㉙⑲	:	㉙⑲
-ing	:	-ing
to Ⓡ		to Ⓡ

* 생략 구조

등위접속사 and, or, but 등이 나오면 이를 중심으로 앞뒤에는 같은 요소가 남아야 한다. 그리고 생략된 구조가 무엇인지 해석을 통해 정확히 확인해야 한다. 이는 문장의 해석에서 매우 중요한 부분으로 비단 해석뿐 아니라 문법에도 그대로 적용되므로 반드시!
1) 동일 구조의 확인 2) 생략 구조의 유추를 습관화해 둔다.

, and(3개 나열)

- ",and"를 통해 3개 이상이 나열되었다는 것을 알아볼 수 있어야 하며, "A, B, and C"로 쓴다.
  여기서의 ,(콤마)는 and를 의미하며 위에서 배운 것처럼 A, B, C의 형태는 동일해야 한다.

> 📖 **해석TIP** ,(콤마) 사용의 5원칙
>
> ■ **부사 자리**
>   Once opened, this product should be kept refrigerated.
>   이 상품은 일단 개봉한 후에는 냉장고에 보관해야 한다.
>
> ■ **나열(A, B, and C)**
>   I bought apples, oranges, and kiwis.
>   나는 사과, 오렌지 그리고 키위를 샀다.
>
> ■ **동격(A, B)**
>   I want to introduce Sam, the well-known doctor. (Sam = doctor)
>   저는 유명한 의사인 Sam을 소개하고 싶어요.
>
> ■ **삽입구**
>   Croissants, for example, are delicious with coffee. (콤마와 콤마 사이 부사 따위를 삽입)
>   예를 들어, 크로아상은 커피와 먹으면 맛있다.
>
> ■ **작은 단위 - 큰 단위**
>   The Musee D'Orsay is an art museum in Paris, France. (Paris 작은 단위, France 큰 단위)
>   오르세는 프랑스 파리에 위치한 미술관이다.

 TJ Says

등위접속 and, or, but에 유의한다. 반드시 그 뒤에선 생략이 발생하므로 이 생략 구조를 찾아 해석을 올바르게 할 수 있어야 한다. 이를 문법적으로도 출제하는데 이는 올바른 해석 여부를 측정하는 것으로 같은 목적이라 할 수 있다.

등위상관접속

접속의 종류 두 번째로 "등위상관접속"이 있다.

- 여기서 "상관"이라는 의미는 "쌍/짝"을 의미한다. 즉, "어떤 말이 어떤 말과 같이 다닌다."라는 의미이다. 등위상관접속에서 배울 말들은 꼭 그 말과 함께 다니는 "짝을 알고 있어야 하는 것"이 핵심이다.

■ 등위상관접속의 쓰임

대표적인 등위상관접속사로는 아래의 4가지가 있다.

- 각각이 어떤 말과 짝을 이루고 있는지, 그리고 각각 접속사의 정확한 뜻과 주어를 알고 있어야 한다.

· 대표 등위상관접속사

| ☑ both A and B | A, B 둘 다 | ☑ neither A nor B | A도 B도 아닌 |
| ☑ either A or B | A와 B 중 하나 | ☑ not A but B | A가 아니라 B |

· both A and B: A, B 둘 다

- ☑ 짝: both – and
- ☑ 뜻: A, B 둘 다
- ☑ 주어: 둘 다(복)
- ☑ 동사: 복수

- both는 "and"와 짝으로 쓴다.
  뜻은 "A와 B 둘 다"이므로, 주어는 복수이다. 따라서 동사 또한 복수 형태로 써야 한다.
  (다만, "둘 다"의 의미이므로 복수로 쓰되 2개념까지만 쓸 수 있고, 3 이상의 개념은 쓸 수 없다.)
  앞에서 배웠듯, and는 등위접속사로 A와 B의 형태는 같아야 한다는 것도 알아두어야 한다.

  ex Both savorite and emerald are green. 사보라이트와 에메랄드는 모두 녹색이다.
  ↳ 주어: Both savorite(명) and emerald(명) + 동사: are + 보어(형): green

· either A or B: A와 B 중 하나

- ☑ 짝: either – or
- ☑ 뜻: A와 B 중 하나
- ☑ 주어: 불분명
- ☑ 동사: B와 수일치

- either는 "or"와 짝으로 쓴다.
  뜻은 "A와 B 중 하나/둘 중 하나"이므로, 주어는 A인지 B인지 알 수 없다.
  이렇게 주어가 불분명한 경우 동사는 "근자일치의 원칙"이라고 동사와 가까운 것에 수일치한다.
  앞에서 배웠듯, or은 등위접속사로 A와 B의 형태는 같아야 한다는 것도 알아두어야 한다.

  ex Either you or I am wrong. 네가 아니면 내가 잘못이다.
  ↳ 주어: 알 수 없음 + 동사: am(동사에 가까운 것 = I) + 보어(형): wrong

- **neither A nor B: A도 B도 아닌**

  - ☑ 짝: neither – nor
  - ☑ 뜻: A도 B도 아닌
  - ☑ 주어: 불분명
  - ☑ 동사: B와 수일치

  💬 neither는 "nor"와 짝으로 쓴다.
  뜻은 "A도 B도 둘 다 아닌"이므로, 주어는 A인지 B인지 알 수 없다.
  이렇게 주어가 불분명한 경우 동사는 "근자일치의 원칙"이라고 동사와 가까운 것에 수일치한다.
  앞에서 배웠듯, nor은 등위접속사로 A와 B의 형태는 같아야 한다는 것도 알아두어야 한다.

  ex Neither he nor I **was** there. 그도 나도 거기에 있지 않았다.
  ↳ 주어: 알 수 없음 + 동사: was(동사에 가까운 것 = I) + 부사: there

- **not A but B (B as well as A): A가 아니라 B**

  - ☑ 짝: not – but
  - ☑ 뜻: A가 아니라 B
  - ☑ 주어: B
  - ☑ 동사: B와 수일치

  💬 not은 "but"과 짝으로 쓴다.
  뜻은 "A가 아니라 B"이므로, 주어는 B라는 것을 명확히 알 수 있다. 따라서 동사 또한 B에 수일치해서 쓴다.
  앞에서 배웠듯, but은 등위접속사로 A와 B의 형태는 같아야 한다는 것도 알아두어야 한다.

  ex Not He but I **was interested in** the game. 그가 아니라 내가 게임에 관심이 있다.
  ↳ 주어: I + 동사: was + 보어: interested + 전명구: in the game

- **not (only) A but (also) B: A뿐만 아니라 B도**

  - ☑ 짝: not only – but also
  - ☑ 뜻: A뿐만 아니라 B
  - ☑ 주어: B
  - ☑ 동사: B와 수일치

  💬 not (only) A but (also) B는 "A뿐만 아니라 B도"라는 의미이다.
  뜻은 "A뿐만 아니라 B도"이므로, 주어는 B라는 것을 명확히 알 수 있다. 따라서 동사 또한 B에 수일치한다.
  앞에서 배웠듯, but은 등위접속사로 A와 B의 형태는 같아야 한다는 것도 알아두어야 한다.
  "A뿐만 아니라 B도"라는 의미를 위해서 only, just, merely와 also를 넣어 쓰는데 여기서 also는 생략이 가능하고, but을 :(세미콜론)으로 처리해서 쓰는 경우도 있으니 이 부분도 알아두어야 한다. (독해 빈출!)

  ex Not only me but also my friends **have** similar problems.
  나뿐만 아니라 내 친구들도 비슷한 문제를 가지고 있다.
  ↳ 주어: my friends + 동사: have + 목적어: similar problems

- **not because A but because B: A 때문이 아니라 B 때문에**

  - ☑ 짝: not because - but because
  - ☑ 뜻: A 때문이 아니라 B 때문에
  - ☑ 주어: B
  - ☑ 동사: B와 수일치

💬 not because A but because B는 "A 때문이 아니라 B 때문에"라는 의미로, 뜻은 "A 때문이 아니라 B 때문에"이므로, 주어는 B라는 것을 명확히 알 수 있다. 따라서 동사 또한 B에 수일치해서 쓴다.
앞에서 배웠듯, but은 등위접속사로 A와 B의 형태는 같아야 한다는 것도 알아두어야 한다.

ex **Not because** I don't want to, **but because** I'm afraid.
내가 하고 싶지 않아서 그러는 게 아니라 두려워서 그래.

MEMO

문장의 구조

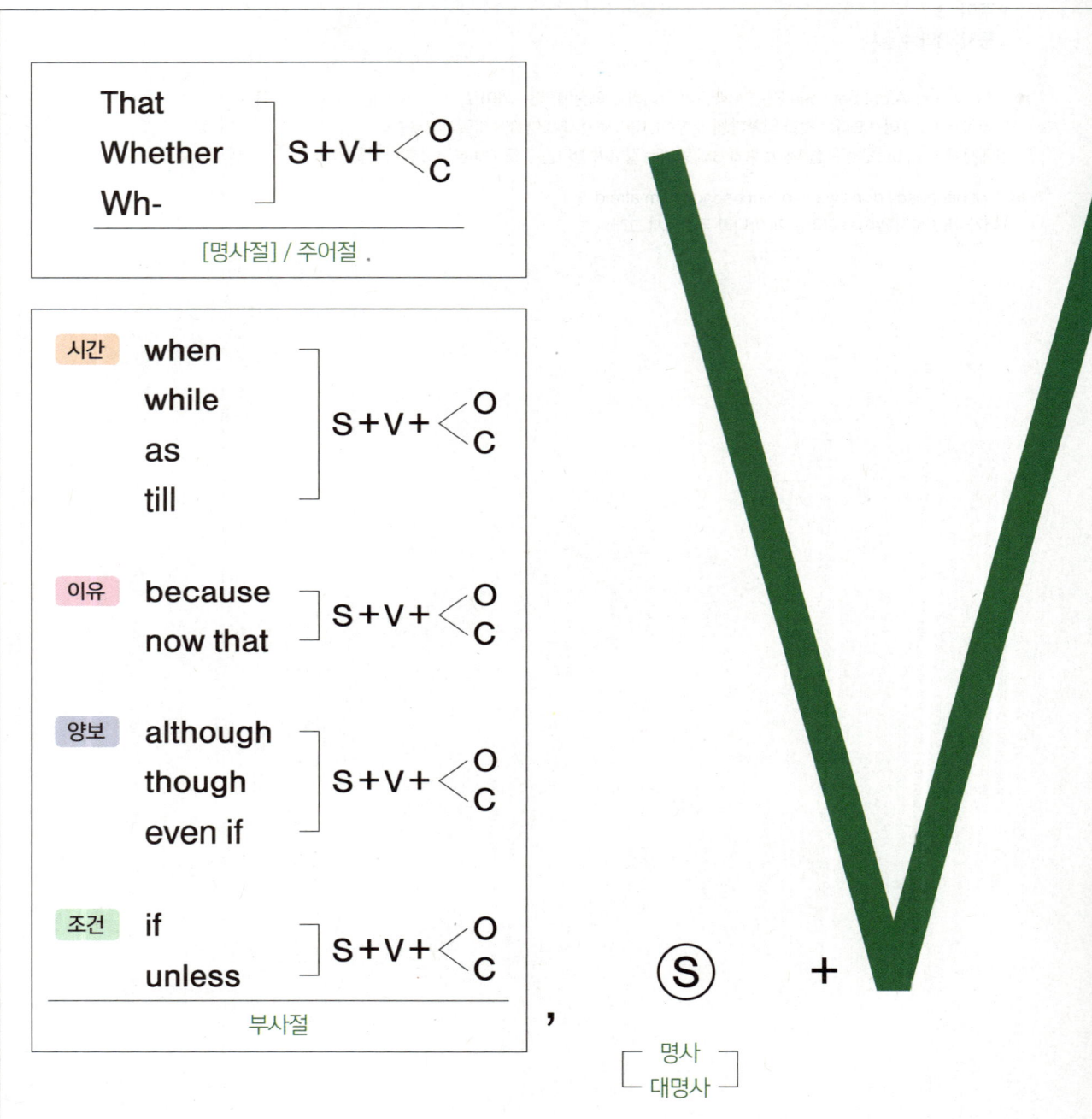

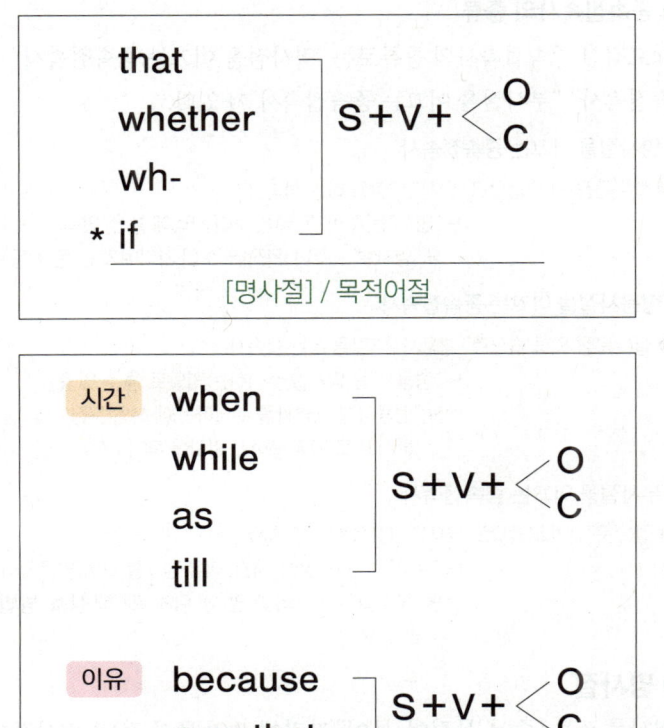

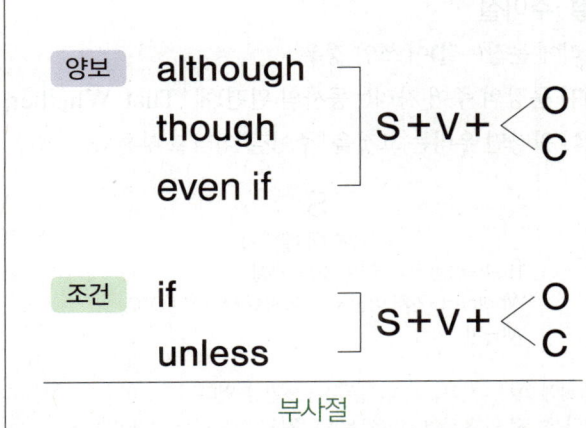

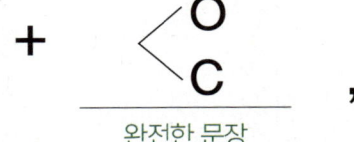

종속접속

접속의 종류 세 번째로 "종속접속"이 있다.

💬 여기서 "종속"이라는 의미는 문장이 문장의 일부가 되어 "쏙! 들어간다"는 것을 의미한다.
('종쏙접속사'라고 기억하기!)

■ 종속접속사의 종류

대표적인 종속접속사의 종류로는 "명사절을 이끄는 종속접속사", "형용사절을 이끄는 종속접속사", "부사절을 이끄는 종속접속사"가 있다.

· 명사절을 이끄는 종속접속사

💬 절(=문장)의 모습으로 "명사" 역할을 하는 접속사
　　↳ "명사"는 주어, 목적어, 보어 자리에 쓸 수 있음
　　↳ "명사절" = 주어, 목적어, 보어 자리에 쓰인 문장(동사를 중심으로 앞뒤에 위치)

· 형용사절을 이끄는 종속접속사

💬 절(=문장)의 모습으로 "형용사" 역할을 하는 접속사
　　↳ "형용사"는 명사를 수식하는 역할로 쓸 수 있음
　　↳ "형용사절" = 명사를 수식하는 데 쓰인 문장
　　　(명사 바로 뒤에 쓰여서 명사를 후치수식)

· 부사절을 이끄는 종속접속사

💬 절(=문장)의 모습으로 "부사" 역할을 하는 접속사
　　↳ "부사"는 장소, 방법, 시간, 이유 정도를 보여줌(문장의 맨 앞, 맨 뒤에 위치)
　　↳ "부사절" = 문장의 맨 앞, 맨 뒤에 위치해 **장소, 방법, 시간, 이유 정도**를 설명하는 문장

■ 명사절

명사를 쓰는 "**주어, 목적어, 보어**" 자리에 쓰인 문장(절)을 명사절이라고 한다.

· 명사절-주어절

주어 자리에 문장(=절)이 쓰인 경우.
만약 어떤 문장의 주어 자리(=동사의 왼편)에 "That, Whether, Wh-" 접속사로 시작하는 문장이 왔다면 우리는 그것을 "주어절"이라고 부른다.

$$\underline{S} \qquad\qquad V$$
명/대/기(절/구)
That(-라는 것/한다는 것) – 사실
Whether(-인지 아닌지) – 불확실 + S + V + O/C
Wh-어

💬 주어 자리에 명사, 대명사, 기타(절/구)가 쓰일 수 있다.
즉, "기타-절"로 인해 주어 자리에 문장이 쓰일 수 있다는 의미이다.
그런데, 주어에 명사절이 쓰일 경우 한 문장에 동사가 2개가 되므로 문법적으로 틀린 문장이 된다.
↳ 한 문장에 동사는 1개여야 하므로, 동사가 2개이면 반드시 접속사 1개가 필요하다.
위와 같은 이유로 "That, Whether, Wh-어"와 같은 종속접속사가 필요하다.

MEMO

TIP
· 명사절: 주어, 목적어, 보어 자리에 쓰임
· 형용사절: 명사 바로 뒤에 쓰임
· 부사절: 문장 맨 앞, 맨 뒤에 쓰임

- **ex** <u>That</u> she is rude <u>is</u> true. 그녀가 무례하다는 것은 사실이다.
  ↳ 주어: That she is rude + 접동사: is/전체 동사: is (that -하다는 것/-라는 것)

- **ex** <u>Whether</u> I believe you or not <u>is</u> irrelevant now. 내가 당신을 믿고 안 믿고는 이제 상관없다.
  ↳ 주어: Whether I believe you or not + 접동사: believe/전체 동사: is (whether -인지 아닌지)

- **ex** <u>What</u> I need right now <u>is</u> only milk. 지금 당장 나에게 필요한 것은 오직 우유이다.
  ↳ 주어: What I need + 접동사: need/전체 동사: is (what -한 것)

📖 **해석TIP** 주절-종속절 구분하기

That she is rude is true. 그녀가 무례하다는 것은 사실이다.

↳ 주어: That she is rude + 접동사: is/전체 동사: is

💬 위의 문장을 보면 That she is rude가 주어가 되는 문장이다. 즉 "주어절"이라고 말할 수 있다.

That she is rude = 주어절

↳ 주어가 될 수 있는 것; 명/대/기(대도 어차피 명이니까 명으로 취급)
결국 주어 자리에 오는 것은 명이라고 생각할 수 있음

↳ 그럼 That she is rude는 명으로 썼다고 이해할 수 있음
왜? 주어가 되었으니까! 그리고 주어에는 명을 쓰므로
That she is rude = 명사절

↳ 그리고 That she is rude는 주어 자리로 "쏙" 들어왔으므로
That she is rude = 종속절

정리해 보면 That she is rude는 주어절, 명사절, 종속절이라고 부를 수 있다. 그리고 <u>전체 문장에서 이 종속절을 제외한 절을 주절이라고 한다.</u>

전체 문장-종속절(접 바로 뒷 문장)=주절

문장 구조 파악을 위해서 주절과 종속절을 구분할 수 있어야 한다. (이는 습관화하는 것이 중요하다.)

• 명사절-목적어절

목적어 자리에 절(=문장)이 쓰인 경우.

만약 어떤 문장을 봤는데 그 문장의 목적어 자리(=동사의 오른편)에 "That, Whether, Wh-, if" 등의 접속사로 시작하는 문장이 왔다면 우리는 그것을 "목적어절"이라고 부른다.

V   O
명/대/기(절/구)
That(-라는 것/한다는 것) -사실
Whether(-인지 아닌지) -불확실 +S+V+O/C
Wh-어
if

💬 목적어 자리에 명사, 대명사, 기타(절/구)가 쓰일 수 있다.
즉, "기타-절"로 인해 목적어 자리에 문장이 쓰일 수 있다는 의미이다.
그런데, 목적어에 명사절이 쓰일 경우 한 문장에 동사가 2개가 되므로 틀린 문장이 된다.
↳ 한 문장에 동사는 1개여야 하므로, 동사가 2개이면 반드시 접속사 1개가 필요하다.
위와 같은 이유로 "That, Whether, Wh-어, if"와 같은 종속접속사가 필요하다.

- **ex** We know <u>that</u> pilfering goes on. 우리는 물건 빼돌리기가 계속되고 있다는 것을 안다.
  ↳ 주어: We + 동사: know + 목적어: that pilfering goes on/접동사: goes

ex We don't know whether he's alive or dead. 우리는 그가 살아 있는지 죽었는지(를) 모른다.
　↳ 주어: We + 동사: don't know + 목적어: whether he's alive or dead/(접)동사: is

ex He asked where I lived. 그는 내가 어디 사는지(를) 물었다.
　↳ 주어: He + 동사: asked + 목적어: where I lived/(접)동사: lived

ex I asked him if he wouldn't mind calling later.
　내가 그에게 나중에 전화를 해 주는 것이 괜찮은지(를) 물었다.
　↳ 주어: I + 동사: asked + 목적어: if he wouldn't mind calling later/(접)동사: wouldn't mind

if

> ☑ 타동사 뒤: "-인지 아닌지"로 해석 (주어나 보어 자리에는 쓰일 수 없으며, whether을 쓴다.)
> ☑ 기타 자리: "만약 -라면"으로 해석

ex I don't know if he is a doctor. 나는 그가 의사인지 아닌지 모른다.
　↳ 주어: I + 동사: don't know + 목적어: if he is a doctor
　● if가 타동사 know 뒤에 목적어로 쓰였으므로 "-인지 아닌지"로 해석한다.

ex Put a tick if the answer is correct. (만약) 답이 맞다면 체크 표시를 하시오.
　↳ 명령문: Put a tick
　● if가 목적어 자리를 제외한 기타 자리에 쓰였으므로 "만약 -라면"으로 해석한다.

if vs whether

● if는 "-인지 아닌지"를 의미할 때, 목적어절 자리 이외에서는 쓸 수 없다.(출제 포인트이니 꼭 기억!)
　주어와 보어 자리에서 "-인지 아닌지"를 쓸 경우에는 whether을 쓴다.

구분	if	whether
목적어절	O	O
주어절	X	O
보어절	X	O
+ or not	X	O
+ to ⓡ	X	O

ex I don't know if or not I'll have the time. 내가 시간이 있을지 없을지 나는 모른다. (X)
　↳ if는 or not과 함께 쓰지 않기 때문에 whether로 고친다. (if → whether)

• 명사절-보어절

보어 자리에 절(= 문장)이 쓰인 경우이다.
만약 어떤 문장을 봤는데 그 문장의 보어 자리(be동사 뒤)에 "That, Whether, Wh-, if"
등의 접속사로 시작하는 문장이 왔다면 우리는 그것을 "보어절"이라고 부른다.

ex The surprising thing is that he is only 15 years old. 놀라운 것은 그가 15살이라는 것이다.
　↳ 주어: The surprising thing + 동사: is + 보어: that he is only 15 years old
　● that he is only 15 years old가 be동사 is 뒤에 보어로 쓰였다.
　　즉, 그가 15살이라는 것이 주어인 The surprising thing의 상태/속성을 나타내는 보어이다.

ex The reason why I can't go is that I'm busy. 내가 가지 못하는 이유는 바쁘다는 것이다.
　● that I'm busy가 be동사 is 뒤에 보어로 쓰였다.
　　즉, 내가 바쁜 것이 주어인 The reason의 상태/속성을 나타내는 보어이다.

that절의 생략

● 목적어절(보어절), 즉 동사 오른편의 접속사 that은 주로 생략된다. (뒤의 part 2의 끊어 읽기에서 조금 더 연습할 수 있다.)

■ 동주동

ex The surprising thing is that he is only 15 years old.
↳ 이 문장에서는 "that he is only 15 years old"가 보어절로 쓰였다.
↳ The surprising thing is he is only 15 years old. (접속사 that 생략)
We know that pilfering goes on.
↳ 이 문장에서는 "that pilfering goes on"이 목적어절로 쓰였다.
↳ We know pilfering goes on. (접속사 that 생략)

영어에서 접속사 that이 목적어절, 보어절에 쓰이면 생략이 가능하다.
이는 말하는 사람 입장에서는 당연히 한 마디라도 덜 하려고 하기 때문에 나타나는 현상이다. 결과적으로, that을 생략하면 V+(that)+S+V(동주동) 구조가 된다.
그러니 동주동 구조를 보게 되면 "접속사 that이 생략되었구나~"를 알아볼 수 있어야 한다!

> **MEMO**
> TJ Says
>
> 목적어절(보어절)에서의 접속사 that은 생략될 수 있다.
> → V/S V 구조를 만든다.

■ **형용사절(=관계사절)**

명사를 수식하는 역할을 하는 형용사처럼 쓰인 문장을 형용사절이라고 한다.
대표적인 형용사절로는 관계대명사절과, 관계부사절이 있다.
(관계사 part에서 원리 및 쓰임을 자세히 다룬다.)

■ **부사절(=부사 자리에 있는 문장)**

문장의 맨 앞, 맨 뒤에 쓰인 문장으로, 문장의 내용이 [장소, 방법, 시간, 이유] 등을 설명해 주는 문장을 부사절이라고 한다.

· 부사절-시간의 부사절

☑ when	-때, 바로 그때에	☑ since	-이래로, -한 이후로
☑ before	-하기 전에	☑ whenever	-할 때마다
☑ as		☑ til/until	-까지(계속)
☑ while	-하는 동안(동작성O)	☑ as long as	-하는 한
	- 반면에(동작성X)	☑ after	-한 후에
☑ as soon as	-하자마자	☑ by the time	-할 때까지는
☑ once	일단 -하면, -하자마자	☑ the last time	지난번에 -했을 때
☑ the next time	다음에 -할 때		
☑ the moment	-하는 바로 그 순간		

ex She smiles <when you praise her.> 당신이 그녀를 칭찬할 때 그녀는 언제나 미소를 짓는다.
↳ 주어: She + 동사: smiles + 부사절: when you praise her
↳ 주절: She smiles + 부사절(=종속절): when you praise her

ex I'll be back <before you can blink.> 눈 깜박할 새에 돌아올게.
- ↳ 주어: I + 동사: will be back + 부사절: before you can blink
- ↳ 주절: I'll be back + 부사절(=종속절): before you can blink

ex David rang up <while you were out.> 네가 나가 있는 동안 데이비드가 전화했었어.
- ↳ 주어: David + 동사: rang up + 부사절: while you were out
- ↳ 주절: David rang up + 부사절(=종속절): while you were out

ex The dogs ran off <as soon as we appeared.> 우리가 나타나자마자 그 개들은 흩어져 달아났다.
- ↳ 주어: The dogs + 동사: ran off + 부사절: as soon as we appeared
- ↳ 주절: The dogs ran off + 부사절(=종속절): as soon as we appeared

ex It's not difficult <once you get the hang of it.> 일단 이해만 하면 그게 어렵지는 않다.
- ↳ 주어: It + 동사: is not + 형용사: difficult + 부사절: once you get the hang of it
- ↳ 주절: It's not difficult + 부사절(=종속절): once you get the hang of it

ex Your changes will take effect <the next time you login.>
다음에 로그인하면 변경된 내용이 적용된다.
- ↳ 주어: Your changes + 동사: will take effect + 부사절: the next time you login
- ↳ 주절: Your changes will take effect + 부사절(=종속절): the next time you login

ex I want to see him <the moment he arrives.> 나는 그가 도착하는 그 순간에 만나고 싶다.
- ↳ 주어: I + 동사: want to see + 목적어: him + 부사절: the moment he arrives
- ↳ 주절: I want to see him + 부사절(=종속절): the moment he arrives

ex He's had a car <since he was 18.> 그는 18세 이후로 줄곧 자기 차가 있었다.
- ↳ 주어: He + 동사: has had + 목적어: a car + 부사절: since he was 18
- ↳ 주절: He's had a car + 부사절(=종속절): since he was 18

ex <Whenever she comes,> she brings a friend. 그녀는 올 때마다 친구를 데리고 온다.
- ↳ 주어: She + 동사: brings + 목적어: a friend + 부사절: Whenever she comes
- ↳ 주절: she brings a friend + 부사절(=종속절): Whenever she comes

ex I waited <until they were all fast asleep.> 나는 그들이 모두 깊이 잠들 때까지 기다렸다.
- ↳ 주어: I + 동사: waited + 부사절: until they were all fast asleep
- ↳ 주절: I waited + 부사절(=종속절): until they were all fast asleep

ex We'll go <as long as the weather is good.> 우리는 날씨만 좋으면 갈 것이다.
- ↳ 주어: We + 동사: will go + 부사절: as long as the weather is good
- ↳ 주절: We'll go + 부사절(=종속절): as long as the weather is good

ex I felt so lonesome <after he left.> 그가 떠나고 난 뒤 난 너무 허전했다.
- ↳ 주어: I + 동사: felt + 형용사: lonesome + 부사절: after he left
- ↳ 주절: I felt so lonesome + 부사절(=종속절): after he left

ex <By the time we arrived> the meeting was over.
우리가 도착했을 때쯤에는 그 모임이 끝이 났다.
- ↳ 주어: the meeting + 동사: was over + 부사절: By the time we arrived
- ↳ 주절: the meeting was over + 부사절(=종속절): By the time we arrived

ex You've grown since <the last time I saw you!> 지난번 봤을 때보다 많이 컸구나!
- ↳ 주어: You + 동사: have grown + 부사절: the last time I saw you
- ↳ 주절: You've grown + 부사절(=종속절): the last time I saw you

MEMO

as

- **접속사 as + S+V**
  : -할 때, -하면서, -이니까, -만큼
  ex As I closed the door, My phones rang. 내가 문을 닫을 때, 휴대폰이 울렸다.
  ↳ As=접속사+I(S) closed(V) the door(O)

- **전치사 as+명**
  : -로서, -처럼, -같이
  ex I work as a lawyer. 나는 변호사로(서) 일합니다.
  ↳ As=전치사+a lawyer(명)

- **부사 as+형/부=as(부) 형/부 as(접)**
  : 꽤 -만큼
  ex The final exams was not as hard as I thougt. 기말고사는 생각보다 어렵지 않았다.
  ↳ As=부사+hard(형)

  💬 부사로서의 as는 주로 as 형/부 as 형태로 쓴다. 다만 뒤의 as는 "-만큼"으로 해석한다.
  이전에 as가 접속사로 쓰일 때 "-만큼"으로 해석한다고 했다. 따라서 뒤의 as는 접속사이기 때문에 뒤에 주어-동사 문장을 쓴다.

· 부사절-이유의 부사절

☑ because	-때문에, 왜냐하면 (직접적 이유/주로 주절 뒤)	☑ since	때문에, -므로/-여서/-이래로 (간접적 이유/주로 주절앞뒤)
☑ now that	-이므로	☑ considering that	-이므로, -를 고려하면
☑ as		☑ in that	-라는 점에서
☑ seeing that	-이므로, -를 고려하면	☑ given (that)	-를 고려하면

ex I did it <because he told me to.> 나는 그가 하라고 했기 때문에 그렇게 한 것이다.
↳ 주어: I+동사: did+목적어: it+부사절: because he told me to
↳ 주절: I did it+부사절(=종속절): because he told me to

ex The sports fans are leaving <now that the game is over.>
시합이 끝나서 스포츠 팬들이 경기장을 떠나고 있다.
↳ 주어: The sports fans+동사: are leaving+부사절: now that the game is over
↳ 주절: The sports fans are leaving+부사절(=종속절): now that the game is over

ex <Seeing that his voice is shaking,> he must be worked up.
목소리가 떨리는 것으로 보아 그는 흥분한 것 같다.
↳ 주어: he+동사: must be worked up+부사절: Seeing that his voice is shaking
↳ 주절: he must be worked up+부사절(=종속절): Seeing that his voice is shaking

ex <Since I haven't much money,> I can't buy it. 나는 돈이 많지 않아서 그것을 살 수 없다.
↳ 주어: I+동사: can't buy+목적어: it+부사절: Since I haven't much money
↳ 주절: I can't buy it+부사절(=종속절): Since I haven't much money

ex The car is all right <considering that it's used.>
차가 사용된 걸 고려하면(=중고차인 걸 고려하면) 이 정도면 괜찮은 편이다.
↳ 주어: The car+동사: is+형용사: all right+부사절: considering that it's used
↳ 주절: The car is all right+부사절(=종속절): considering that it's used

---

MEMO

TJ Says

이유 부사절과 주절은 "순접 관계"이다. 즉 「원인」이 긍정(⊕)이면, 주절 「결과」 역시 긍정(⊕)이 된다.

영어에서는
콩 심은 데(원인) 콩 나고(결과)
팥 심은 데(원인) 팥 난다. (결과)

ex She was fortunate <in that she had friends to help her.>
그녀는 자신을 도와줄 친구들이 있었다는 점에서 운이 좋았다.
  ↳ 주어: She + 동사: was + 형용사: fortunate + 부사절: in that she had friends to help her
  ↳ 주절: She was fortunate + 부사절(=종속절): in that she had friends to help her

ex It doesn't seem fair to split it, <given that I didn't even eat.>
난 먹지도 않았다는 것을 고려하면 똑같이 나눠 내는 건 공평하지 않은 것 같아.
  ↳ 주어: It + 동사: doesn't seem + 형용사: fair + 부사절: given that I didn't even eat
  ↳ 주절: It doesn't seem fair to split it + 부사절(=종속절): given that I didn't even eat

• 부사절-양보의 부사절(-일지라도, -이지만)

☑ though (although/even though)	일지라도, -이지만	☑ while	하지만(양보), -반면에(대조)
☑ if/even if	일지라도, -이지만	☑ whether	-이든 아니든
☑ wherease	-하지만(양보), -반면에(대조)		

참고 양보절을 영어로 Concessive Clause라고 부른다. 잠정적으로 상대의 주장을 인정하는 행위, 즉 일단은 양보해주고(니 말이 일단 맞다 치자, 하지만) 자기 주장을 이어가는 문장이다. 따라서 양보는 "-일지라도, -에도 불구하고, -이지만" 등의 의미이다.

양보절은 부사절(양보)과 주절의 내용이 반대이다. (역접관계)

Although he is handsome, he is not popular.
　　　(잘생김 ⊕)　　　　　(인기 없음 ⊖)

ex Although he's nearly 80, he is still very active.
그 분은 80이 다 되셨지만 아직도 매우 활동적이시다.
  ↳ 주어: he + 동사: is + 형용사: active + 부사절: Although he's nearly 80
  ↳ 주절: he is still very active + 부사절(=종속절): Although he's nearly 80

ex Even if it were free, I wouldn't take it. 그것이 공짜일지라도, 갖지 않을 것이다.
  ↳ 주어: I + 동사: wouldn't take 목적어: it + 부사절: Even if it were free
  ↳ 주절: I wouldn't take it + 부사절(=종속절): Even if it were free

ex Whereas I wanted to eat a chicken, he insisted something else.
나는 치킨이 먹고 싶었는데 그는 다른 것을 고집했다.
  ↳ 주어: he + 동사: insisted + 목적어: something else + 부사절: Whereas I wanted to eat a chicken
  ↳ 주절: he insisted something else + 부사절(=종속절): Whereas I wanted to eat a chicken

ex While I am willing to help, I do not have much time available.
내가 기꺼이 도와주고 싶긴 하지만 할애할 수 있는 시간이 많지 않다.
  ↳ 주어: I + 동사: do not have + 목적어: time (available) + 부사절: While I am willing to help
  ↳ 주절: I do not have much time available + 부사절(=종속절): While I am willing to help

 TJ Says

양보절에서는 「부사절」과 「주절」은 「역접」의 관계이다.

📝 문법TIP 양보절(-이지만)

💬 양보절은 문장의 패턴을 그대로 암기한다. (문법 빈출)

- ⑲+as(=though)+㈜+⑧
  : ⑲+as(=though)+㈜+⑧ 문장에서는 ⑲ 앞에 관사 X

  ex <u>Child as she is</u>, she is rational. 그녀는 어린아이이지만, 합리적이다.

- 양보절, 명사 앞 관사X
  : 양보절에서는 ⑲ 앞에 관사 X

  ex <u>A brave hero</u> as he was, his life was awful. (X)
  그는 용감한 영웅이었으나, 그의 삶은 끔찍했다.

  💬 양보절에서는 명사 앞에 관사를 쓰지 않는다. 따라서 관사 a를 지우는 것이 옳다.

- ⑱/⑲+as+㈜+⑧
  : ㈜+⑧ 앞에 ⑱을 쓰는지 ⑲를 쓰는지 check!(⑱/⑲ 판단은 뒤의 문장 구조를 보고 파악!)

  ex [⑱ as ㈜⑧]
  <u>Successful as he was</u>, he tried to be self-effacing.
  그는 성공했지만, 자신을 내세우지 않으려 노력했다.
  💬 동사 was 뒤에서 보어 역할을 하던 ⑱ Successful이 앞으로 이동한 것이다.
  따라서 문장은 동사가 2형식 동사인 was로 끝나게 된다.

  ex [⑲ as ㈜⑧]
  <u>Much as we resemble each other</u>, we are not twins.
  우리는 서로 많이 닮았지만 쌍둥이는 아니다.
  💬 부사 much는 뒤에 있던 부사가 앞으로 이동한 것이다.
  부사가 쓰였다는 것은 그 앞에 완전한 문장이 쓰였다는 증거이다.
  따라서 문장은 we resemble each other의 완전한 구조의 문장으로 쓰인 것이 옳다.

• 부사절-조건의 부사절

☑ if	만약 -라면	☑ once	일단 -하면, -하자마자
☑ on condition that (=only if)	-한다면, -라는 조건으로	☑ suppose/ supposing that	만약 -라면
☑ unless	만약 -가 아니라면	☑ provided/ providing that	만약 -라면, -을 조건으로 하여
☑ in case (that)	-하는 경우에는		
☑ as(so) far as	-까지, -하는 한	☑ so(as) long as	-하기만 한다면, -하는 동안에

ex I'll go <<u>if you're going.</u>> 네가 가면 나도 갈 거야.
　↳ 주어: I+동사: will go+부사절: if you're going
　↳ 주절: I'll go+부사절(=종속절): if you're going

ex I will do it <<u>on condition that</u> I am paid.> 돈을 준다면 그것을 하겠다.
　↳ 주어: I+동사: will do+목적어: it+부사절: on condition that I am paid
　↳ 주절: I will do it+부사절(=종속절): on condition that I am paid

ex The boat will sink <<u>unless</u> we bail out.> 우리가 물을 퍼내지 않으면 배가 가라앉을 거야.
　↳ 주어: The boat +동사: will sink + 부사절: unless we bail out
　↳ 주절: The boat will sink + 부사절(=종속절): unless we bail out

ex Doc, come along <u>in case that</u> guy don't speak English.>
선생님, 그 녀석이 영어를 못할 경우를 대비해서 함께 가시죠.
↳ 동사: come along + 부사절: **in case that** guy don't speak English
↳ 주절: Doc, come along + 부사절(=종속절): **in case that** guy don't speak English

ex That's the truth, <<u>in so far as</u> I know it.> 그건 사실이야, 내가 아는 한은.
↳ 주어: That + 동사: is + 보어(⑲) the truth + 부사절: **so far as** I know it
↳ 주절: That's the truth + 부사절(=종속절): **so far as** I know it

ex It's not difficult <<u>once</u> you get the hang of it.> 일단 이해만 하면 그게 어렵지는 않다.
↳ 주어: It + 동사: is not + 보어(㉖) difficult + 부사절: **once** you get the hang of it
↳ 주절: It's not difficult + 부사절(=종속절): **once** you get the hang of it

ex <<u>Supposing (that)</u> you are wrong,> what will you do then?
만약 당신이 틀렸다면 당신은 어떻게 하겠어요?
↳ 주어: you + 동사: do + 부사: then + 부사절: **Supposing (that)** you are wrong
↳ 주절: what will you do then + 부사절(=종속절): **Supposing (that)** you are wrong

ex <<u>Provided that</u> you give me a discount.> I'll pay for it. 할인을 해 준다면, 살게요.
↳ 주어: I + 동사: will pay for + 목적어: it + 부사절: **Provided that** you give me a discount
↳ 주절: I'll pay for it + 부사절(=종속절): **Provided that** you give me a discount

ex <<u>So long as</u> he is able,> age is nothing. 유능하기만 하면 그의 나이는 문제가 안 된다.
↳ 주어: age + 동사: is + 보어(⑲): nothing + 부사절: **So long as** he is able
↳ 주절: age is nothing + 부사절(=종속절): **So long as** he is able

· 부사절-목적 부사절

	[긍정]		[부정]	
so that	-하기 위해서, 그래서		for fear that	-할까 두려워서
in order that	-하기 위해서		lest - (should) Ⓡ	-하지 않기 위해서

ex She worked hard <<u>so that</u> everything would be ready in time.>
그녀는 모든 것이 시간 내에 준비될 수 있도록 하기 위해 열심히 일을 했다.
↳ 주어: She + 동사: worked + 부사: hard + 부사절: **so that** everything would be ready in time
↳ 주절: She worked hard + 부사절(=종속절): **so that** everything would be ready in time

ex Go early <<u>in order that</u> you may get a good seat.> 좋은 자리를 얻기 위해 일찍 가거라.
↳ 동사: Go + 부사: early + 부사절: **in order that** you may get a good seat
↳ 주절: Go early + 부사절(=종속절): **in order that** you may get a good seat

ex We stood up <<u>in order to</u> get a better view.> 우리는 앞을 좀 더 잘 보기 위해 일어섰다.
↳ 주어: We + 동사: stood up + 부사절: **in order to** get a better view
↳ 주절: We stood up + 부사절(=종속절): **in order to** get a better view

ex We went early <so as to get good seats.> 우리는 좋은 자리를 잡기 위해 일찍 갔다.
  ↳ 주어: We+동사: went+부사: early+부사절: so as to get good seats
  ↳ 주절: We went early+부사절(=종속절): so as to get good seats

ex He's painting the house <with a view to selling it.>
  그는 그 집을 팔기 위해 페인트칠을 하고 있다.
  ↳ 주어: He+동사: is painting+목적어(⑲) the house+부사절: with a view to selling it
  ↳ 주절: He's painting the house+부사절(=종속절): with a view to selling it

ex He came here <for the purpose of meeting you.> 그는 너를 만나기 위해 여기 왔다.
  ↳ 주어: He+동사: came+부사: here+부사절: for the purpose of meeting you
  ↳ 주절: He came here+부사절(=종속절): for the purpose of meeting you

ex He is studying hard <for fear that he should fail.> 그는 낙제할까봐 열심히 공부하고 있다.
  ↳ 주어: He+동사: is studying+부사: hard+부사절: for fear that he should fail
  ↳ 주절: He is studying hard+부사절(=종속절): for fear that he should fail

ex I stayed in <lest I should catch cold.> 나는 감기 들지 않도록(하기 위해) 집에 있었다.
  ↳ 주어: I+동사: stay in+부사절: lest I should catch cold
  ↳ 주절: I stayed in+부사절(=종속절): lest I should catch cold

lest

- **lest는 접속사!**
  : lest는 접속사로 뒤에 "주어+동사" 문장을 써야 한다.

- **lest – (should)ⓡ**
  : lest 뒤에는 should ⓡ을 쓰되, should는 생략할 수 있다.

- **lest 뒤에는 not을 쓰지 않는다.**
  : lest는 그 자체로 "-하지 않기 위하여"라는 부정의 의미를 갖고 있으므로 뒤에 not과 같은 부정어구를 함께 쓰지 않는다. not을 쓰게 되면 이중부정이 되어 틀린 문장이 된다.

· 부사절-결과 부사절

☑ so - that	너무 –해서, –하다 꽤 –다, 그래서 –다	☑ such - that	너무 –해서, –하다 꽤 –다, 그래서 –다

ex She was so tired(⑲) that she couldn't think straight.
  그녀는 너무 피곤해서 제대로 생각을 할 수가 없었다.
  ↳ be동사인 was 뒤에는 보어를 써야 하므로, ⑲인 tired를 쓴 것은 옳다.

ex He ran so fast(㉿) that I couldn't catch him.
  그가 너무 빨리 달려서 나는 그를 따라잡을 수가 없었다.
  ↳ fast는 1형식의 완전한 문장 뒤에 쓰인 것으로, 부사 형태인 "빠르게"의 의미로 옳게 쓰였다.

ex It was such a lovely day that I went out for a walk. 날씨가 너무 좋아서 나는 산책하러 갔다.
  ↳ such a lovely day that은 such a ⑲ ⑲ that 순으로 옳게 쓰였다.

so that vs so ~ that vs such ~ that

	so that	vs	so ~ that
의미	~하기 위해서(목적)		꽤 ~하다 그래서 ~다(결과)

	so ~ that	vs	such ~ that
의미	꽤 ~하다 그래서 ~다(결과)		꽤 ~하다 그래서 ~다(결과)
어순	so (형)/(부) that so (형) a (명) that		such (a) (형) (명) that ↳ (명)이 반드시 있어야 한다.

↳ so나 such 대신 very that으로 쓸 수 없다.
↳ so-that과 such-that에서 that 대신 what, which를 쓸 수 없다.

■ 전치사와 접속사

전치사와 접속사의 구분은 우리 시험에서 빈출되는 포인트 중 하나이다.
동일한 의미의 전치사와 접속사를 구분할 수 있어야 하고,
이 구분은 의미 단위를 어디까지 보아야 하는지와 관련이 있다.

접속사 뒤에는 「주어+동사」 문장을 쓰고, 전치사 뒤에는 「명사」를 써야 하므로
각 단어가 접속사인지 전치사인지를 확실하게 알고 있어야 한다.
(접 S+V: 동사까지 접/명: 명사까지)
대부분의 접속사가 전치사로 쓰일 수 있으나
오직 접속사로만 쓰는 것들도 있으니 해당 단어들은 반드시 외워두어야 한다. (문법 빈출)

	접속사+주어+동사	전치사+(명)
~하는 동안	while	during
~전에	before	before=prior to
~후에	after	after=following
비록 ~이지만	though, although, even though, even if	despite=in spite of
~때문에	because, as, since, now that	because of=due to =owing to=on account of
~에 따라서	according as	according to
~을 제외하면	except that	except (for)
~한 경우에는	in case that	in case of

ex We were burgled <while we were away.> 우리가 집을 비운 사이에 도둑이 들었다.
You are not to talk <during the exam.> 시험 중에는 말을 하면 안 된다.

ex Do it <before you forget.> 잊어버리기 전에 그걸 해.
They left <before daylight.> 그들은 해가 뜨기 전에 떠났다.

ex I felt so lonesome <after he left.> 그가 떠나고 난 뒤 난 너무 허전했다.
She left directly <after the show.> 그녀는 그 공연 후 즉시 떠났다.

ex <Although he's nearly 80,> he is still active. 그 분은 팔순이 다 되셨지만 아직도 활동적이시다.
<Despite our worries,> everything turned out well. 우리의 걱정에도 불구하고 모든 것이 잘 됐다.

ex I didn't get it <because it cost too much.> 나는 그것이 돈이 너무 많이 들어서 못 샀다.
    I couldn't sleep <because of the noise.> 나는 그 소음 때문에 잠을 잘 수가 없었다.

ex We will pay you <according as you work.> 네가 일한 만큼에 따라서 돈을 주겠다.
    Everything went <according to plan.> 모든 것이 계획에 따라(계획대로) 되어 갔다.

ex I know nothing, <except that she was there.>
    그녀가 거기에 있었다는 것 이외에는 아무것도 모른다.
    The walls were bare <except for a clock.> 벽에는 시계 하나 외에는 아무것도 걸려 있지 않았다.

ex Note down her number <in case (that) you forget.> 까먹을 수 있으니 그녀의 번호를 메모해.
    <In case of fire,> ring the alarm bell. 화재 발생 시에는 비상벨을 울리시오.

■ 접속부사

접속부사는 접속사가 아니고, "부사"이다.

즉, 접속부사는 부사이므로

부사가 올 수 있는 자리(문장의 맨 앞, 맨 뒤 삽입구)에 쓰인다.

● 접속부사는 접속사가 아니니 문장을 연결해주는 기능이 없다는 것 또한 잊지 말아야 한다.

	의미	단어
순접	즉	in other words, that is
	게다가	besides, moreover, furthermore, also
	그러므로	therefore, thus, hence, so
	예를 들면	for instance, for example
역접	그러나	however, still, yet
	그럼에도 불구하고	nevertheless, nonetheless
기타	한편	meanwhile, in the meantime
	그러고 나서	then
	그렇지 않으면	otherwise

ex They asked him to leave—in other words he was fired.
    그들은 그에게 떠나라고 했다. 즉, 그는 해고당했던 것이다.

ex I don't really want to go. Besides, it's too late now.
    꼭 가고 싶은 건 아냐. 게다가 이제 시간도 너무 늦었어.

ex I think, therefore I am. 나는 생각한다. 그러므로 나는 존재한다.

ex Many factors are important, for example class, gender, age and ethnicity.
    많은 요소들, 예를 들어 계층, 성별, 연령, 민족성이 중요하다.

ex We thought the figures were correct. However, we have now discovered some errors.
    우리는 그 수치가 맞다고 생각했다. 그러나 지금 몇 가지 오류를 발견했다.

ex Meanwhile, the recession continues unabated. 한편, 경기 침체는 계속 완화되지 않고 있다.

ex Watch what I do. Then you try. 내가 하는 걸 잘 보고 그 다음에 네가 해 봐.

ex Shut the window. Otherwise, it'll get too cold in here.
    창문 닫아. 그렇지 않으면 이 안이 너무 추워질 거야.

TYPE 3 Wh- 연구

Wh-의 쓰임 3가지

Wh-어는 의문사, 접속사, 관계사 총 3가지로 쓰인다.
그리고 각 쓰임에 따라 해석이 다르다.
따라서 Wh-어를 보았을 때 해당 문장에서 어떤 것으로 쓰였는지를 알아보는 것이 중요하다.

의문사

Wh-어 쓰임의 첫 번째로 "**의문사**"가 있다.

- 문장이 (조)(주)(동) 패턴이면서 "?" 물음표로 끝난다면, 그 문장에서의 Wh-는 의문사로 쓰인 것이다.
  Wh-가 의문사일 경우 아래처럼 해석해야 한다.

Wh-	해석	Wh-	해석
when	언제	which	무엇을
where	어디서	how	어떻게/얼마나
who	누가	why	왜
what	무엇을		

ex Where does he live? 그는 어디서 살고 있어?
↳ 1) does(조) he(주) live(동) 패턴으로 쓰였다.
↳ 2) 물음표로 문장이 끝났다.
↳ 3) 따라서 where은 "의문사"로 "어디서"라고 해석한다.

ex Where can I find it? 내가 그것을 어디서 찾을 수 있어?
↳ 1) can(조) I(주) find(동) 패턴으로 쓰였다.
↳ 2) 물음표로 문장이 끝났다.
↳ 3) 따라서 where은 "의문사"로 "어디서"라고 해석한다.

> **문법TIP** Wh- 규칙 [위치]
>
> ■ Wh-는 문장의 맨 앞에 위치
>   : Wh-어는 자신이 포함된 문장의 맨 앞에 위치해야 한다.
>   (그 문장이 주절일 수도, 종속절일 수도 있다.)
>
>   **ex** Where does he live? 그는 어디서 살고 있어?
>   ↳ 1) 원래 문장은 He lives where.
>   ↳ 2) 의문문으로 (조)(주)(동) 패턴이 되어야 하므로 does(조) he(주) live(동) where?
>   ↳ 3) Wh-어가 맨 앞에 있어야 하므로 Where does he live?가 된다.
>
>   **ex** Where can I find it? 내가 그것을 어디서 찾을 수 있어?
>   ↳ 1) 원래 문장은 I can find it where?
>   ↳ 2) (조)(주)(동) 패턴이 되어야 하므로 can(조) I(주) find(동) where?로 맨 앞자리로 이동.
>   ↳ 3) Wh-어가 맨 앞에 있어야 하므로 Where can I find it?이 된다.
>   * 뒤에 있던 Wh-어를 문장의 맨 앞으로 이동시키면, 원래 Wh-가 있던 자리는 "그대로 비워두어야" 한다.

접속사

Wh-어 쓰임의 두 번째로 **"접속사"**가 있다.

- 문장에 동사가 두 개이면, 그 문장에서의 Wh-는 접속사로 쓰인 것이다.
  Wh-가 접속사일 경우 아래처럼 해석해야 한다.

Wh-	해석	Wh-	해석
when	-한/-할 **때**	which	-한 **것**
where	-한 **곳/장소**	how	-한 **방법**
who	-한 **사람**	why	-한 **이유**
what	-한 **것**		

ex I need to know where he lives. 나는 그가 어디에 사는지를 알 필요가 있다.
  ↳ 1) where he lives는 know의 (목적어절, 명사절, 종속절)로 쓰였다.
  ↳ 2) 한 문장에 동사가 know와 lives 두 개이므로 접속사 한 개가 필요하다.
  ↳ 3) 따라서 where은 "접속사"로 쓰였다.

ex Please tell me where I can find it. 내가 그것을 어디서 찾을 수 있을지 알려주세요.
  ↳ 1) where I can find it은 장소부사절로 쓰였다.
  ↳ 2) 한 문장에 동사가 tell과 can find 두 개이므로 접속사 한 개가 필요하다.
  ↳ 3) 따라서 where은 "접속사"로 쓰였다.

> **문법TIP** Wh- 규칙 [어순]
>
> ■ 종속절에서는 정치! (도치하지 않는다.)
>   : **종속절**(접속사 뒤에 오는 문장)에서는 도치(조주동)하지 않고, **정치(주동)하여 써야** 한다.
>
>   **ex** I need to know where he lives. 나는 그가 어디에 사는지를 알 필요가 있다.
>   ↳ 1) 종속절=he lives
>   ↳ 2) 정치한 주동 패턴이 되어야 하므로 he(주) lives(동)으로 쓴 것이 적절하다.
>   * 도치하여 I need to know **where does he live**.로 쓰는 것은 틀리다.
>
>   **ex** Please tell me where I can find it. 내가 그것을 어디서 찾을 수 있을지 알려주세요.
>   ↳ 1) 종속절=I can find it
>   ↳ 2) 정치한 주동 패턴이 되어야 하므로 I(주) can find(동)으로 쓴 것이 적절하다.
>   * 도치하여 Please tell me **where can I find it**.으로 쓰는 것은 틀리다.

문법TIP Wh- 규칙 [추측성 동사]

■ 추측성 동사

: 「추측성 동사」의 쓰임을 이해하려면, 먼저 영어 문장의 의문문을 올바르게 이해해야 한다. 즉, 영어에서 의문문은 yes/no question과 Wh-어 question으로 나눌 수 있다.

둘은 아래와 같은 차이가 있다. 즉, 「㈜㈜㈜?」의 경우, yes/no question으로 '예, 아니오'로 대답을 하며, 「Wh-㈜㈜㈜?」의 경우, Wh- question이라 부르며, 예, 아니오로 대답할 수 없고, 구체적인 답을 해야 한다.

A: Can you play the piano?
  (조) (주) (동)
B: Yes, I can
A: Where can I find it?
  Wh- (조)(주)(동)
B: Yes, I can.(X)
B: You can find it in the box.(O)

 ex Do you know who he is? → yes/no question 그 남자가 누군지 알아?
  ↳ 1) Do(조) you(주) know(동) 패턴으로 쓰였다.
  ↳ 2) 질문에 대한 답을 yes or no로 한다.
    Yes, I do.(예, 알아요.)

한편, Do you think who he is?(그 남자가 누구라고 생각해?)의 경우, [(조)-(주)-(동)]의 형태로 yes/no question에 해당되지만, "예, 아니오"로 대답하면 어색하다. 이 경우 Wh-인 who를 문장의 맨 앞으로 이동시켜 Who do you think he is?의 형태로 쓴다. (Wh- question)

한편, 이는 동사의 의미로 파생되는 문제로, 이런 종류의 동사를 "추측성의 동사"로 분류한다.
즉, 추측성 동사로 의문문을 만드는 경우 Wh-어는 항상 문장의 맨 앞에 위치시켜 Wh- question으로 만들어야 한다.

 ex Who do you think he is? → Wh- question
  ↳ 질문에 대한 답을 yes or no로 할 수 없으며, 구체적으로 답을 해야 한다.
  * think, suppose, guess, imagine, believe 등 추측성 동사로 의문문을 만들 경우,
   Wh-어는 문장의 맨 앞으로 이동시켜 써야 한다.

TIP
추측성 동사어서는,
think, suppose가 빈출

관계사

Wh-어의 종류의 세 번째로 **"관계사"**가 있다.

↳ 관계사는 "형용사절용 접속사"로 명사 뒤에서 후치수식하는 형용사의 역할을 한다.
즉, Wh- S+V가 명사 뒤에 쓰여 명사를 수식하는 역할을 한다!
(Wh- S+V는 최소 3단어로 그 자체로 길기 때문에 명사 뒤에 쓰인다.)

관계사는 1) **관계대명사** 2) **관계부사**로 나뉜다.

	관계대명사	관계부사
종류	who(사람)/which(사물)/that(사람, 사물)	when(시간)/where(장소)/why(이유)/how(방법)
형태	명+who/which/that + 불완전한 문장	명+when/where/why/how+완전한 문장
해석	(주어∅) 명 그런데 그 명사(가) -인데 or -이다. (목적어∅) 명 그런데 그 명사(를) -인데 or -이다.	
기타	· who, which, that은 모두 사람, 사물을 대신해서 쓰는 대명사이기 때문에 관계대명사 · 관계대명사는 원래 뒤에 있던 것을 앞으로 이동시킨 것으로 그 자리는 비워야 한다. 결국, 불완전한 문장을 쓴다.	· when/where/why/how은 장소, 방법, 시간, 이유를 나타내는 부사이기 때문에 관계부사 · 관계부사는 부사처럼 문장의 맨 앞, 맨 뒤에 위치하기 때문에 문장을 건드리지 않는다. 결국, 완전한 문장을 쓴다.

ex He is a man **who** respects his word. 그는 약속을 중히 여기는 사람이다.
  ↳ 형태: man(명) **who** respects his word. = 주어가 없는 불완전한 문장
      who respects his word가 앞의 명인 man을 수식
  ↳ 해석: 남자 그런데 그 남자가 약속을 중히 여긴다.

ex This is the boy **whom** I saw in the bus. 이 소년이 내가 버스에서 보았던 소년이에요.
  ↳ 형태: boy(명) **whom** I saw in the bus. = 목적어가 없는 불완전한 문장
      whom I saw in the bus가 앞의 명인 boy를 수식
  ↳ 해석: 소년 그런데 이 소년은 내가 버스에서 보았던 소년이다.
  ● Wh-어는 항상 문장 맨 앞으로 이동하고 이때 원래 있던 자리를 비워둔다.
    접속사 Wh- 뒤는 (종속절) 항상 **정치시킨다**.

TYPE 4 관계사의 이해

관계사

관계사는 "형용사절용 접속사"이다.

즉, Wh-S+V 형태가 (형용사가 하는 역할인) 명사를 수식하는 역할을 한다.
관계사는 크게 1) 관계대명사 2) 관계부사로 나눌 수 있다.

관계대명사

	관계대명사
종류	who(사람)/which(사물)/that(사람, 사물)/what
형태	⑲+who/which/that + 불완전한 문장
해석	(주어가 없는 문장) (목적어가 없는 문장) ⑲ 그런데 그 명사(가) -인데 or -이다. ⑲ 그런데 그 명사(를) -인데 or -이다.
기타	· who, which, that은 모두 사람, 사물을 대신해서 쓰는 대명사이기 때문에 관계대명사이다. · 관계대명사는 원래 뒤에 있던 것을 앞으로 이동시킨 것으로 그 자리는 비워야 한다. 결국, 불완전한 문장을 쓴다.

· who(사람) (whose, whom)

ex He was a boy who had magical powers. 그는 마법적인 힘을 가진 소년이었다.
  ↳ 형태: a boy(⑲) who ∅ had magical powers.=주어가 없는 불완전한 문장
         who had magical powers가 앞의 ⑲인 a boy를 수식
  ↳ 해석: 그는 소년이었다 그런데 그 소년은 마술적인 힘을 갖고 있었던 소년이었다.

ex He is the man whom I can trust. 그는 내가 믿을 수 있는 사람이다.
  ↳ 형태: man(⑲) whom I can trust ∅=목적어가 없는 불완전한 문장
         whom I can trust가 앞의 ⑲인 man을 수식
  ↳ 해석: 그는 사람이다 그런데 그 사람을 내가 믿을 수 있다.

· which(사물, 동물) (whose, of which)

ex There are two points which I wanted to make. 내가 제시하고 싶었던 논점이 두 가지가 있다.
  ↳ 형태: two points(⑲) which I wanted to make ∅=목적어가 없는 불완전한 문장
         which I wanted to make가 앞의 ⑲인 two points를 수식
  ↳ 해석: 두 가지 논점이 있다 그런데 그 두 가지 논점을 내가 제시하고 싶었다.

ex I saw a dog which got hurt run fast. 나는 상처 입은 개가 빨리 달려가는 것을 보았다.
  ↳ 형태: a dog(⑲) which ∅ got hurt run fast=주어가 없는 불완전한 문장
         which got hurt run fast가 앞의 ⑲인 a dog를 수식
  ↳ 해석: 나는 보았다 개를 그런데 그 개는 상처를 입었는데, 빨리 뛰어갔다.

· that(사람, 사물)

ex Everything that happened yesterday was obliterated from his memory.

어제 일어난 모든 일은 그의 기억에서 지워져 있었다.
↳ 형태: Everything(명) that ∅ happened yesterday = 주어가 없는 불완전한 문장
　　　that happened yesterday가 앞의 명인 Everything을 수식
↳ 해석: 모든 일 그런데 그 모든 일들은 어제 일어났는데, 그 모든 것들은 그의 기억에서 지워져 있었다.

📖 해석TIP that의 7가지 쓰임

that은 위치에 따라 크게 7가지로 쓰인다. 따라서 that이 어떻게 쓰였는지 구별할 수 있어야 한다. **that의 7가지 쓰임 중 "접속사, 관계대명사, 동격"은 빈출 포인트이니 반드시 구별할 수 있어야 한다.**

- **지시대명사**
  : "저것, 저 사람"이라고 해석한다.
  ex That is my car. 저것은 나의 차이다.
  　　That is my mother. 저 분이 나의 어머니이다.
  　　I want that. 나는 저것을 원한다.

- **지시형용사**
  : 명이랑 같이 쓰며, "저+명"으로 해석한다.
  ex That car is mine. 저 차는 내 것이다.
  　　That person may not like the gift. 저 사람은 그 선물을 좋아하지 않을 수도 있다.

- **접속사**
  : "-라는 것/-한다는 것"으로 해석하며, 접속사이기 때문에 뒤에 완전한 문장을 쓴다.
  (목적어절, 보어절로 that이 쓰이는 경우 생략이 가능해 동주동 구조가 된다.)
  ex She said (that) she couldn't come. 그녀는 올 수 없다고 말했다.
  　　We know (that) we live only once. 우리의 삶은 단 한 번뿐이라는 것을 알고 있다.

- **관계대명사**
  : "명+that+불완전한 문장"의 형태로 쓴다.
  ex This is my car that I bought yesterday.
  　　이것은 내가 어제 산 차이다.(이것은 차인데, 내가 어제 샀다.)
  　　He is the only man that I can trust.
  　　그는 내가 믿을 수 있는 유일한 사람이다.(그는 유일한 사람으로 내가 신뢰할 수 있다.)

- **동격**
  : 정보명+that+완전한 문장"의 형태로 쓰며, 정보명과 that 내용이 동일하기 때문에 "-라는/-인"으로 해석한다.

정보명사 종류		
the fact		
the rumor		
the idea		
the opinion	+that+	완전한 문장
the suggestion		
the news		
the claim		
the evidence		

  ex The fact that he is honest is known to her. 그가 정직하다는 사실은 그녀에게 알려져 있다.

■ 지시부사
: "that + 형/부" 형태로 쓰며, "그다지, 그렇게나, 그렇게"로 해석한다.
ex I didn't know it was that expensive. 그렇게나 비쌀 줄은 몰랐어요.

■ 기타 접속사
: 기타 접속사는 so that, now that, in that, so-that, such-that 등이 있다. (부사절 접속사)

so that: ~하기 위하여

ex Can you work it so that we get free tickets?
우리가 무료 티켓을 받도록 어떻게 해 볼 수 있겠니?

in that: ~라는 점에서

ex I was fortunate in that I had friends to help me.
나는 자신을 도와줄 친구들이 있다는 점에서 운이 좋았다.

now that: ~이니까

ex I'm fine, now that you're here. 당신이 있으니 이제 괜찮아요.

so - that: 꽤 -해서 -하다

ex He is so clever that he can understand it. 그는 매우 영리해서 그것을 이해할 수 있다.

such - that: 이처럼 -해서 -하다

ex It was such a good movie that I watched it several times.
그건 너무 괜찮은 영화라서, 난 여러 번 봤어.

관계대명사 what

what을 보면 "으레 관계대명사려니~"하고 생각하자!
따라서, 항상 뒤에 불완전한 구조의 문장을 쓴다.
다만 이 what은 다른 관계대명사랑은 조금 다른데, 일반적 관계대명사와는 다르게 what은 **그 앞에 명사를 쓸 수 없다**.
즉 관계대명사 what은 what을 기준으로 앞/뒤로 불완전하며 **"-것"**으로 해석한다.

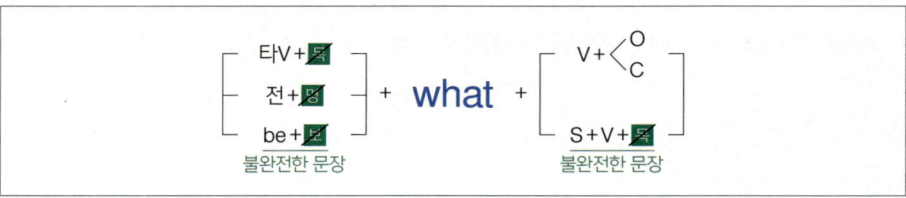

ex I know ∅ what you did ∅ last summer. 나는 네가 지난 여름에 한 것을 알고 있다.
  ↳ 형태: I know ∅ what you did ∅ = what을 기준으로 앞뒤 불완전
     what은 관계대명사로 did 뒤에 목적어가 없는 불완전한 구조의 문장이 옳게 쓰였다.
     더불어 타동사 know 뒤의 목적어가 없는 앞 구조 또한 불완전한 구조가 쓰였다.

ex What he just said was interesting. 그가 금방 말했던 것은 재미있었다.
  ↳ 형태: ∅ What he just said ∅ = what을 기준으로 앞뒤 불완전
     what은 관계대명사로 said 뒤에 목적어가 없는 불완전한 구조의 문장이 옳게 쓰였다.
     what은 "-것"의 의미로 "말했던 것은"으로 해석한다.

what 특징

: 관계대명사 what과 관련한 특징들이 있다.

- **what = the thing that**
  : 선행사를 포함하고 있기 때문에 what은 the thing that으로 바꾸어 생각할 수 있다.
  - ex [주어절] What I want is your advice. 내가 원하는 것은 당신의 충고이다.
    [보어절] I am not what I used to be. 나는 예전의 내가 아니다.
    [목적어절] I will do what I can do. 나는 내가 할 수 있는 일을 할 것이다.

> **문법TIP** what의 특별 용법
>
> what은 콤마(,) 뒤에 쓰지 않는다.
> ex I cannot understand, what he says. (X) 나는 그가 말하는 것을 이해할 수 없다.

- **what one is: 오늘날의 그**
  - what one was: 과거의 그
  - what one used to be: 한때의 그
  - what one has: 그 사람의 재산
  - ex He is not what he was ten years ago. 그는 10년 전의 그가 아니다.
    A man's value lies in not what he has but he is.
    사람의 가치는 재산에 있는 것이 아니라 인격에 있다.
    He is not what he was. 그는 예전의 그가 아니다.

- **what is called: 소위, 이른바**
  - what you call: 네가 부르는
  - what we call: 우리가 부르는
  - what they call: 그들이 부르는
  - ex She is what you call "a society lady". 그녀는 네가 '사교계 여성'이라고 부르는 사람이다.
    He is what is called a man of culture. 그는 이른바 교양 있는 사람이라고 불리는 사람이다.

- **A is to B what(as) C is to D: A와 B의 관계는 C와 D의 관계와 같다**
  - ex Reading is to the mind what exercise is to the body.
    독서와 정신의 관계는 운동과 신체와의 관계와 같다.
    Air is to a man as water is to fish.
    공기와 인간의 관계는 물과 물고기와의 관계와 같다.

- **what is + 비교급: 더욱 ~한 것은**
  - ex He is kind, and what is better, very handsome.
    금상첨화로 그는 친절하고, 게다가 매우 잘생겼다.
    He lost his way, what was worse, it began to rain.
    그는 길을 잃었는데, 설상가상으로 비가 오기 시작했다.

- **what with ~ and (what with) ~: 한편으로는 ~, 또 한편으로는 ~로써(원인)**
  - ex What with the wind and (what with) the rain, our walk was spoiled.
    한편으로는 바람이 불고, 또 한편으로는 비가 옴으로써 우리의 산책은 망쳐졌다.
    What with overwork and (what with) money worries, he became ill.
    한편으로는 과로하고, 또 한편으로는 돈 걱정에 그는 병이 났다.

- **what by ~ and (what by) ~: 한편으로는 ~, 또 한편으로는 ~에 의해(수단)**
  - ex What by threats and (what by) entreaties, he achieved his aims.
    한편으로는 위협하고, 또 한편으로는 간청에 의해 그는 그의 목적을 달성했다.

- what + little(양) / few(수): 적지만 ~ 전부
  - ex He has sold what few books he had. 그는 적지만 가지고 있는 책을 전부 팔았다.
    He gave me what little money he had.
    그는 얼마 안 되지만 그가 가진 돈 전부를 나에게 주었다.

관계대명사의 생략

관계대명사의 생략은 1) **관계대명사 목적격의 생략**과 2) **주격 관계대명사와 be 동사 동시 생략**, 2가지 경우가 있다.

· 관계대명사의 목적격 생략

: 관계대명사의 목적격은 생략이 가능하다. 즉, 뒤에는 목적어가 빠져있는 불완전한 구조의 문장이 온다. 하지만 우리 시험에는 "관계대명사 목적격의 생략이 가능하다"는 것이 출제되는 것이 아니라, **그 결과물인 명 / 주동을 알아보는 것이 중요하다.**

ex The boy (whom) I met yesterday was gentle. 내가 어제 만난 소년은 친절했다.
  ↳ The boy (I met yesterday) was gentle.
     명   주 동

ex This is the man (whom) I like best. 이 사람이 내가 가장 좋아하는 사람이다.
  ↳ This is the man (I like best).
              명 주 동

ex The movie (which) I saw yesterday was interesting. 내가 어제 봤던 영화는 매우 재미있었다.
  ↳ The movie (I saw yesterday) was interesting.
      명   주 동

📖 문법TIP 명+명 구조

영어에서 명+명을 쓰는 구조는 4가지 경우이다.

- **4형식 수여동사**
  He gave me an apple.
  ↳ 대명사: me + 명사: an apple

- **5형식 동사+목+보**
  We elected her mayor of the city.
  ↳ 대명사: her + 명사: mayor

- **복합명사**
  ex english teacher, orange juice
  ↳ 앞에 있는 명사는 뒤에 있는 명사의 재료나 목적이 된다.

- **명/주동**
  : 명 + 명 경우에서 제일 많이 쓰이는 구조이다.

MEMO

 TJ Says

관계대명사 생략
1) 목적격 관계대명사
2) 관대 주격+be

- **주격 관계대명사의 생략**(주격 관계대명사+be동사 생략이 제일 중요)
  : [주격 관계대명사+be동사]가 같이 생략되는 경우로 이런 경우 결과물은 ⑲/-ing 혹은 ⑲/p.p. 구조가 만들어지며 이를 알아볼 수 있는 것이 중요하다.

- **주격 관계대명사+be동사 생략**

  ex The boy (who was) playing the Piano was cute. 피아노를 치고 있는 소년은 귀여웠다.
  ↳ The <u>boy playing</u> the Piano was cute.
  　　　 -ing

  ex The chair (which was) broken yesterday was expensive. 어제 망가진 의자는 비쌌다.
  ↳ The <u>chair broken</u> yesterday was expensive.
  　　　 p.p.

> 📖 **해석TIP** Ved 올바르게 구별하기
>
> Ved 모양을 마주했을 경우 2가지 경우를 생각해야 한다.
> 첫 번째는 Ved가 동사의 과거형일 수 있고, 두 번째는 p.p.일 수 있는 경우이다.
> Ved가 동사의 과거형인지 p.p.인지는 문장 구조 분석의 필수이고, 결과적으로 문법뿐 아니라 독해 실력의 한계를 넘어서게 해주므로 반드시 구별할 수 있어야 한다.

· **부사 자리의 Ved**

: 부사 자리에 Ved를 썼다면 무조건 p.p.이다. (동사의 과거로는 문장을 시작할 수 없다. 따라서 무조건 p.p.로 본다.)

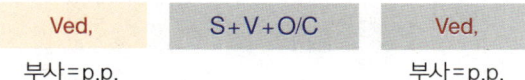

↳ <u>Killed</u> the war, he couldn't come back home. 그는 전쟁에서 죽임당해서 집에 돌아올 수 없었다.
　[p.p.]

· **⑱ 자리에 Ved**

: 관/소유/전 ⑱⑲에서 ⑱ 자리에 Ved가 쓰였다면 이것 또한 무조건 p.p.이다.

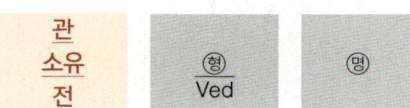

↳ The <u>wounded</u> man. 부상당한 남자.
　　[p.p.]

- ⑲/Ved

: 가장 중요한 구조로, 이 구조에서는 Ved는 동사의 과거일 수도 있고, p.p.일 수도 있기 때문에 이런 구조는 **반드시 끊어서 따져 보는 것이 중요하다.**

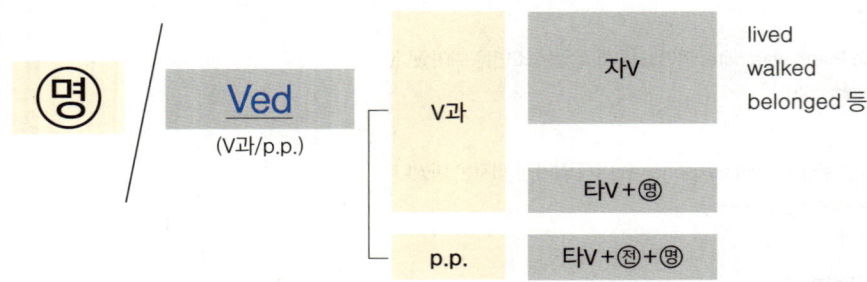

Those men / lived in the area. 그 남자들은 그 지역에 살았다.
→ 동사과거형(자동사)

Those books / belonged to this library. 그 책들은 이 도서관에 속해 있었다.
→ 동사과거형(자동사)

The mountain / covered the area beautifully. 그 산은 그 지역을 아름답게 덮었다.
→ 동사과거형(타동사+목)

The mountain / covered with snow was beautiful. 눈으로 덮힌 산은 아름다웠다.
→ p.p.(타동사+목)

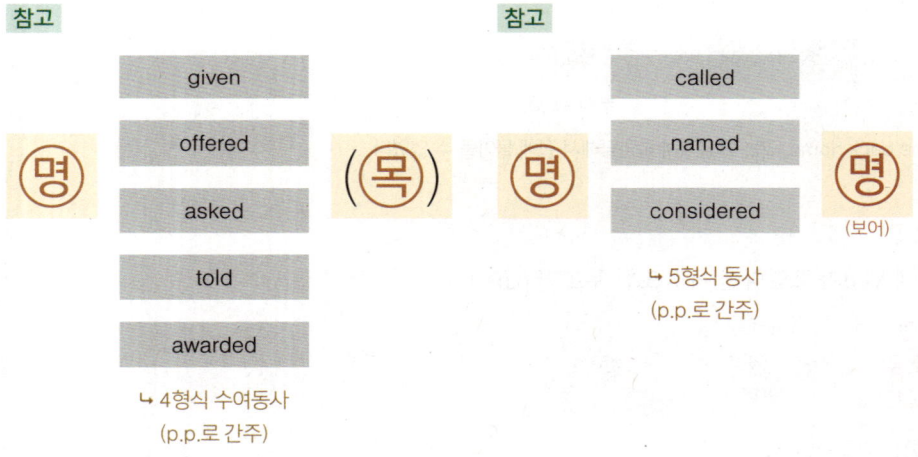

관계부사

관계부사는 관계대명사처럼 앞에 명사를 쓰며, 접속사와 부사의 역할을 한다. 이때 앞선 명사, 즉 선행사는 **시간(때)**, 장소, 이유, 방법을 나타낸다. 관계부사는 '**전치사+which**'로 바꾸어 쓸 수 있다.

■ 관계부사의 종류

- **when**

: 선행사가 time, day, occasion, season 등의 '**시간(때)**'을 나타낼 때 쓰인다.
이때 when은 '**at/in/on/during+which**'로 바꾸어 쓸 수 있다.

↳ It is Sunday when I play baseball with my friends. [when = on which]

내가 내 친구들과 야구를 하는 것은 일요일이다.

- **where**

: 선행사가 place, house, town, village 등의 '**장소**'를 나타낼 때 쓰인다.
이때 where는 '**in/at/to + which**'로 바꾸어 쓸 수 있다.

↳ This is the village where I was born. [where = in which]
　이곳이 내가 태어난 동네이다.

- **why**

: 선행사가 reason, 즉 '**이유**'를 나타낼 때 쓰인다. why는 '**for + which**'로 바꾸어 쓸 수 있다.

↳ Tell me the reason why you did not come. [why = for which]
　네가 오지 않았던 이유를 나에게 말해 줘.

- **how**

: 선행사가 '**방법**'을 나타낼 때 쓰이며, 앞에 명사 the way를 같이 쓰지 않는다.
in which / by which 등으로 바꿔 쓸 수 있다.

↳ This is the way how it happened. (X) → This is the way in which it happened. (O)
　이것이 그 일이 발생한 방식이다.

■ **관계부사로서의 that**

> when, where, why, how 대신에 that을 쓸 수 있다
> 이때 that은 관계대명사가 아니고 관계부사의 대용이며, 생략이 가능하다.
>
> He arrived on the very day that his wife died. [when의 대용]
> 그는 그의 아내가 죽은 바로 그날 도착했다.
>
> I am satisfied with the way that he has done it. [how의 대용]
> 나는 그가 그것을 해 온 방식이 만족스럽다.
>
> This is the reason that he was absent. [why의 대용]
> 이것이 그가 결석한 이유이다.
>
> This is the place that he was born. [where의 대용]
> 이곳이 그가 태어난 곳이다.

복합 관계대명사

복합 관계대명사는 '관계대명사 + ever'의 형태로 쓰인다. 그 자체에 선행사를 포함하고 있으며(선행사 + 관계대명사), 명사절 또는 부사절로 쓰인다. 더불어 '-든지/-든지간에'로 해석한다.

- **명사절을 유도할 때**

Whoever comes is welcome. 누구든지 오는 이는 환영받는다.

Give it to whomever you like. 그것을 당신이 원하는 누구에게나 주어라.

Return it whosever address is on it. 그것을 주소가 쓰여 있는 누구에게나 돌려주어라.

You may take whichever you like. 네가 원하는 것은 무엇이든 가질 수 있다.

I will give you whatever you need. 나는 당신이 필요로 하는 것은 무엇이든지 줄 것이다.

· 양보의 부사절을 유도할 때

Whoever may break this law, he will be punished. [=No matter who]
이 법을 어기는 누구라도 처벌받게 될 것이다.

Whomever you may love, she will desert you. [=No matter whom]
네가 누구를 사랑하든지 간에, 그녀는 너를 버릴 것이다.

Whichever you may choose, you will be interested in it. [=No matter which]
네가 무엇을 선택하든지 간에, 너는 그것에 관심을 갖게 될 것이다.

Whatever happens, I will go. [=No matter what]
무슨 일이 발생하든지 간에 나는 갈 것이다.

MEMO

PART 2

끊어 읽기 8 원칙 기출로 연습하기

SYNTAX 영어의 이해

1 끊어 읽기의 필요성

영어에서는 글에 대한 완벽한 이해를 위해 의미 단위별로 끊어 읽어야 하며, 총 8군데에서 끊어 읽는다.

끊어 읽기

모양으로 끊어 읽기

- **동사 바로 앞**: 끊어 읽기의 기본
- **접속사 바로 앞**: 새로운 문장의 시작: 반드시 끊고 접속사와 뒤의 동사의 의미를 묶어서 해석
- **전치사 앞**: 뒤의 명사와 함께 전명구를 이루어 수식어구가 된다. 따라서 핵심 요소가 아니므로 문장의 해석에서는 불필요한 경우가 많다.
- **that 앞**: that은 쓰임이 매우 다양하므로 그 쓰임을 정확히 알기 위해 끊어 읽는다. 우리말에서는 하나의 단어가 하나의 품사를 나타내는 반면 영어에서는 하나의 단어가 여러 품사를 나타내는데, 이것의 가장 대표적인 단어가 that이다. 따라서 문장마다 that이 어떻게 쓰였는지를 알아보기 위해 that 앞에서 끊어 읽는다.
- **Wh-어 앞**: Wh-어는 3가지 기능(의문사, 접속사, 관계사)을 갖고 있다. 따라서 문장에서 어떤 기능으로 쓰였는지를 확인하기 위해 끊어 읽는다.

구조를 통해 끊어 읽기

- **동/주동**: 접속사 that이 생략된 구조로, 동의 앞과 주어 앞에서 끊어 읽는다.
- **명/주동**: 관계대명사 목적격 생략 혹은 관계부사가 생략된 구조로 명사 뒤에서 끊어 읽는다.
- **명/형, -ing, p.p. to Ⓡ**: 명/주동과 마찬가지로 우리 말에는 없는 후치수식으로 명/형(-ing / p.p. / to Ⓡ) 등의 앞에서 끊어 읽는다.

2 문장의 구조

영어는 "동사 중심의 언어"이다. 따라서 항상 동사를 잡아놓을 필요가 있다. 이 부분은 동사 앞에서 끊어 읽는다는 것과 문맥을 같이 한다.

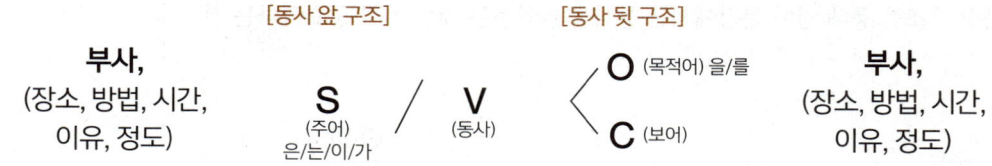

[동사 앞 구조]	[동사 뒷 구조]
① 동사 바로 앞에서 끊는다.	⑥ 동사 뒤에는 목적어와 보어가 올 수 있다.
② 끊으면서 "-은/는/이/가"를 붙인다.	⑦ 목적어 뒤에는 "-을/를"을 붙인다.
③ 명사, 대명사, 기타(문장(절), 구)가 주어가 된다.	⑧ 보어는 주어나 목적어의 상태/속성을 나타낸다.
④ 주어 앞은 부사 자리이다.	⑨ 목적어/보어 뒤에는 부사를 쓴다.
⑤ 부사는 장소, 방법, 시간, 이유, 정도를 나타낸다.	
수식어구는 제외하고 영어의 뼈대를 알아보며 정확히 해석하는 것이 중요하기 때문에 끊어 읽기가 필요하다.	

모든 언어에서 가장 중요한 것은 "주어와 서술어"이다.

"누가-했다/누가-이다"가 핵심!

영어에서는 동사를 찾고 끊어두면, 그 앞이 주어이다. 그러니 동사만 찾고 끊어 읽자!

끊으면서 "은/는/이/가"를 붙이는 습관을 들이자!

이미 영어의 70~80%는 해결된 셈이다!

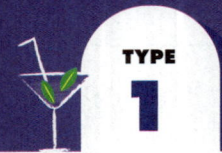

TYPE 1 동사 앞에서 끊어 읽기

동사를 잡아야 문장을 잡고, 문장을 잡아야 독해를 잡는다.

이전까지 문장 구조를 통해 영어 문장에서는 동사를 파악하는 것이 가장 중요하다는 것을 배웠다.

```
    부사,
장소, 방법, 시간, 이유, 정도              (부사)         (1)
                                         C (S=C)       (2)
  to ⓡ: -하기 위해      S  /  V          O             (3)
  ⓡ-ing: -하면서 / 해서   ⑲/대⑲/기타      O(人)⊕O(勿)    (4)
  p.p.: -당해서 / 되어져서                 O⊕C (O=C)     (5)
```

[동사 앞 구조]	[동사 뒷 구조]
① 가장 기본으로 동사를 본다.	⑨ 동사 오른쪽에는 5가지 구조가 온다. (=5형식)
② 동사 왼쪽은 주어로 본다.	⑩ [1형식] 주어와 동사로만 이루어져 있으며. 부사를 쓸 수 있다.
③ ⑲, 대⑲, 기타(문장(절), 구)가 주어가 된다.	⑪ [2형식] 보어로 ⑲/⑱을 쓰며 주어와 같다.
④ 준동사는 [to ⓡ], [ⓡ-ing], [ⓡed(p.p.)]이다.	⑫ [3형식] 가장 흔한 구조이다.
⑤ 문장 앞에 콤마를 찍어 그 앞에 부사를 쓴다.	⑬ [4형식] 목적어 2개를 쓰며 人-勿 순서로 쓴다.
⑥ 부사=장소/방법/시간/이유/정도를 나타낸다.	⑭ [5형식] 보어로 ⑲/⑱을 쓰며 목적어와 같다.
⑦ 준동사 또한 부사가 될 수 있다.	⑮ 그 뒤에는 부사를 쓸 수 있다. 준동사 또한 부사가 될 수 있다.
⑧ to ⓡ: -하기 위해서 　ⓡ-ing: -하면서, 해서 　p.p.: - 당해서, 되어져서	
결론: 문장 구조를 알아보기 위해서는 동사의 뜻을 반드시 정확히 알아야 한다.	

동사가 문장이다!

동사 알아보기

동사 알아보는 법	암기	"-하다", "-다"로 끝나는 말
	be동사 변화 형태	am / are / is / was / were (-이다 / -가 있다)
	조동사 + Ⓡ	will, shall, can, may, must + Ⓡ
	시제 표시	V + ed, be + -ing, have(has / had) p.p.
	be + p.p.	수동태 그 자체

① 암기
→ 동사를 알아보는 제일 확실한 방법은 암기이다. 이 말이 방대하게 느껴질 수도 있지만 암기가 제일 확실한 방법이며 "-하다, -다"로 끝나는 말들은 동사임을 알아보고 암기하는 것이 중요하다.

② be동사의 변화 형태
→ 두 번째 방법은 **be동사는 무조건 동사**임을 아는 것이다. be동사의 변화 형태 am / are / is / was / were은 무조건 동사이므로 이 앞에서 끊어 읽어야 한다.

③ 조동사 + Ⓡ
→ 세 번째 방법은 조동사 + 형태가 동사임을 아는 것이다.
조동사는 will, shall, can, may, must이며 이 조동사들 뒤에 동사원형 Ⓡ을 쓴 형태는 동사이므로 그 앞에서 끊어 읽어야 한다.
더불어 기타 조동사 형태인
used to Ⓡ: -하곤 했다. 한때는 -였었다
had better Ⓡ: -하는 편이 낫다
would rather Ⓡ: 차라리 -하겠다 또한 동사로 본다.

④ 시제 표시
→ 네 번째 방법은 시제 표시를 나타내는 말(V + ed, be + -ing, have(has / had) p.p.)이 나오면 이를 동사로 본다.

⑤ be + p.p.
→ be + p.p.는 수동태로서 그 자체로 동사로 본다.(be를 동사로, p.p.는 보어로, 수동태 문장은 2형식 문장으로 간주한다.)

MEMO

🗨️ **TJ Says**

동사 암기는 욕심내자!
하나의 동사가
결국 하나의 문장이다.
따라서 동사를 많이
암기하고 있으면
영어는 성공한다.

동사 앞에서 끊어 읽기

다음 문장을 끊어 읽기 해 보자.

01 Plants and fish have returned, and beaches have been reopened.

🔍 다시 연습하기

Plants and fish have returned, and beaches have been reopened.

어휘
- have returned
  (have p.p.) 돌아왔다
- beach 해변
- have been reopened
  (have been p.p.) 문을 열었다

02 A major cause of the present destruction is the worldwide demand for wood.

🔍 다시 연습하기

A major cause of the present destruction is the worldwide demand for wood.

- cause 원인
- destruction 파괴
- worldwide 세계적인
- demand for ~
  ~에 대한 요구

03 The image of the cowboy on his horse is a familiar one.

2019 서울시 9급 2월

🔍 다시 연습하기

The image of the cowboy on his horse is a familiar one.

- cowboy
  (미국 서부 지역의) 카우보이
- familiar 익숙한, 친숙한

정답 및 해설

01

Plants and fish / have returned, / and beaches / have been reopened.
　　S　　　　　　V　　　　　　　　S　　　　　　　V

식물들과 어류 /(는) 돌아왔다 / 그리고 해변 /(도) 다시 문을 열었다.

해설 ① 이 문장은 문장과 문장이 접속사 and로 연결되어 있다. 2개의 주어에 대한 동사가 have returned와 have been reopened로 2개이고, 각각 그 앞에서 끊어 준다. (접속사의 개수 = 동사의 개수 − 1)
② 따라서 첫 번째 문장의 동사 왼편에 위치한 Plants and fish와 두 번째 문장의 동사 왼편에 위치한 beaches가 이 문장의 주어가 된다.
③ 첫 번째 문장의 동사 have returned는 '돌아오다'를 의미하는 자동사 return이 현재완료 능동태(have p.p.)로 쓰인 것이며, 두 번째 문장의 동사 have been reopened는 '다시 열다'를 의미하는 타동사 reopen이 현재완료 수동태(have been p.p.)로 쓰인 것이다. 타동사의 수동태 뒤에는 목적어를 쓰지 않으므로, 문장이 p.p.로 끝 났다.

해석 식물들과 어류는 돌아왔고, 해변도 다시 문을 열었다.

TIP A and B 형태로 복수동사를 썼다. 종종 주어를 찾기 어려울 때 수일치를 통해 확인할 수 있다.
', and'는 두 가지 의미를 띤다. ⓐ 3개 이상의 나열, ⓑ 문장과 문장의 나열이다. 이 문장은 ⓑ의 경우로, 문장 두 개가 나열된 경우이다.

02

A major cause / [of the present destruction] / is the worldwide demand / [for wood].
　　S　　　　　　　　　　　　　　　　　　　　V　　　　C

주요 원인 / 현재 파괴의 (주요 원인) /(은) 전 세계적인 수요이다 / 나무에 대한.

해설 ① be동사의 변화 형태는 동사로 보아서, be동사의 현재형인 is 앞에서 끊어 준다.
② 따라서 동사 왼편에 위치한 A major cause(단수)가 주어가 된다.
③ be동사 뒤의 명사 the worldwide(demand를 수식하는 형용사) demand는 보어이다.

해석 현재의 파괴에 대한 주요한 원인은 나무에 대한 전 세계적인 수요이다.

03

The image / [of the cowboy] / [on his horse] / is a familiar one.
　　S　　　　　　　　　　　　　　　　　　　　　　　V　　　C

모습 / 카우보이의 (모습) / 그의 말 위에 /(은) 익숙한 것이다.

해설 ① be동사의 변화 형태는 동사로 보아서, be동사의 현재형인 is 앞에서 끊어 준다.
② 따라서 동사 왼편에 위치한 The image(단수)가 주어가 된다.
③ 동사 is의 오른편에 위치한 명사 a familiar(one을 수식하는 형용사) one은 보어이다.

해석 그의 말에 올라탄 그 카우보이의 모습은 익숙한 것이다.

04 Medical associations offer widely differing answers.

2019 서울시 7급 2월

🔍 다시 연습하기

Medical associations offer widely differing answers.

어휘
- medical association 의학협회
- offer 제공하다
- differing 다른

05 One person has a very simple name. 2019 국가직 9급

🔍 다시 연습하기

One person has a very simple name.

- simple 단순한, 간단한

정답 및 해설

04

Medical associations /	offer	(widely) differing answers.
S	V	O

의학 협회들 / ㈜ 제공한다 / 매우 다른 답들을 (제공한다).

해설 ① 이 문장의 동사는 offer로, 그 앞에서 끊어 준다.
② 따라서 동사 왼편에 위치한 Medical associations(복수)는 주어가 된다.
③ offer는 '제공하다'를 의미하는 타동사로, 이 타동사 오른편에 위치한 명사 differing answers는 목적어이다.

해석 의학 협회들은 매우 다른 대답들을 제공한다.

05

One person /	has	a very simple name.
S	V	O

한 사람 / ㈜ 가지고 있다 / 매우 간단한 이름을 (가지고 있다).

해설 ① 이 문장의 동사는 has로, 그 앞에서 끊어 준다.
② 동사 왼편에 위치한 명사 One person(단수)이 주어가 된다.
③ has는 타동사이며, 타동사 오른편에 위치한 명사 a very simple name은 목적어가 된다.

해석 한 사람은 매우 간단한 이름을 가지고 있다.

06

In fact, perhaps no other country has so fully embraced the Internet. 2019 국가직 9급

🔍 다시 연습하기

In fact, perhaps no other country has so fully embraced the Internet.

어휘
- in fact 실은
- no other country ~ 다른 국가들은 ~하지 않는다
- embrace 받아들이다
- fully 충분히

07

The National School Lunch Program is the result of these efforts. 2019 국가직 9급

🔍 다시 연습하기

The National School Lunch Program is the result of these efforts.

- result of ~의 결과로
- effort 노력

08

Some of these ailments are short-lived; others may be long-lasting. 2019 국가직 9급

🔍 다시 연습하기

Some of these ailments are short-lived; others may be long-lasting.

- ailment (그렇게 심각하지 않은) 질병
- short-lived 수명이 짧은
- long-lasting 오래 지속되는

06

(In fact,) / (perhaps) / no other country / has (so fully) embraced the Internet.
　　　　　　　　　　　　　　　S　　　　　　　　　V　　　　　　　　　　　O

사실 / 아마도 / 어떤 다른 나라 (도) (아니다) / 인터넷을 완전히 수용하지 않는다.

해설 ① 이 문장의 동사는 has embraced로, 그 앞에서 끊어 준다. 'have + p.p.' 형태, 즉 현재완료 형태로 이를 하나의 동사로 간주한다. so fully는 부사이다.
② 따라서 동사 왼편에 위치한 no other country(단수)가 주어가 된다.
③ 우리말에는 부정주어나 부정목적어가 없으므로 부정어를 서술어에 포함시켜 해석한다.
→ No other country has so fully embraced the Internet. 어떤 다른 나라도 인터넷을 완전히 수용하지 않는다.
④ embrace는 '포용하다, 받아들이다'를 의미하는 타동사로, 뒤에 반드시 목적어를 쓴다. 따라서 이 타동사 오른편에 위치한 명사 the Internet은 목적어이다.

해석 사실, 아마도 어떤 다른 나라도 인터넷을 완전히 수용하지 않는다.

07

The National School Lunch Program / is the result / [of these efforts].
　　　　　　S　　　　　　　　　　　　V　　C

전국의 학교 급식 프로그램 / (을) 결과이다 / 이러한 노력들의.

해설 ① be동사의 변화 형태는 동사로 보아서, be동사의 현재형인 is 앞에서 끊어 준다.
② 따라서 동사 왼편에 위치한 명사 The National School Lunch Program(단수)이 주어가 된다.
③ 동사 is의 오른편에 위치한 명사 the result는 보어이다.

해석 전국의 학교 급식 프로그램은 이러한 노력들의 결과이다.

08

Some (of these ailments) / are short-lived; others / may be long-lasting.
　　　S　　　　　　　　　V　　C　　　S　　　V　　　C

이러한 질병들의 일부 / (은) 수명이 짧다; 다른 것들 / (은) 오래 지속될 수 있다.

해설 ① ;(세미콜론)은 문장과 문장을 연결하는 접속사 역할을 한다. 첫 번째 문장의 동사 are는 be동사의 변화 형태로, 동사이므로 그 앞에서 끊어 준다. 두 번째 문장의 동사 may be는 '조동사 + ⓡ'으로, 하나의 동사로 간주하므로 그 앞에서 끊어 준다.
② 따라서 각각의 동사 왼편에 위치한 명사 some of these ailments와 others가 주어가 된다. some은 부분을 나타내는 말로 수를 표현하지 않고, 뒤에 나오는 명사의 수에 동사의 수를 일치시킨다. these ailments는 복수이므로 동사도 복수 형태로 썼다.
③ short-lived와 long-lasting은 각각 be동사의 오른편에 위치하여 보어 역할을 한다.

해석 이러한 질병들 중 일부는 수명이 짧고, 다른 것들은 오래 지속될 수 있다.

Tip 부분을 나타내는 표현은 (순서대로) 'half, quarters – some – the majority – the rest – most – all' 등이 있다.

09

Our banks are better capitalized than ever. 2019 국가직 9급

🔍 다시 연습하기

Our banks are better capitalized than ever.

어휘
- capitalized
  (재산을 팔아) 자본화된
- better ~ than ever
  그 어느 것[때]보다 더 ~하다

10

You might have tried to decide on priorities, but you have failed because of everyday trivial matters and all the unforeseen distractions. 2018 지방직 9급

🔍 다시 연습하기

You might have tried to decide on priorities, but you have failed because of everyday trivial matters and all the unforeseen distractions.

- try to ~하려 노력하다
- decide on ~을 결정하다
- priority 우선순위
- have failed
  (have p.p.) 실패하다
- trivial 사소한
- matter 문제
- unforeseen 예상치 못한
- distraction 방해요소, 산만함

정답 및 해설

09

Our banks / are (better) capitalized / [than ever].
   S   V

우리 은행들 / 🔚 더 자본화가 되어 있다 / 어느 때보다.

해설 ① 이 문장의 동사는 are capitalized로 그 앞에서 끊어 준다.
② 동사 왼편에 위치한 명사 Our banks(복수)가 주어가 된다.
③ are capitalized는 수동태(be+p.p.)이며, 뒤에 목적어를 쓰지 않는다.

해석 우리 은행들은 그 어느 때보다도 자본화가 잘 되어 있다.

10

You / might have tried / to decide (on priorities), / but you / have failed / [because of everyday trivial matters] / and / [all the unforeseen distractions].
S   V   S   V

당신 / 🔚 노력했을지 모른다 / 우선순위를 결정하기 위해서 (노력했을지 모른다) / 하지만 당신 / 🔚 실패해 왔다 / 일상의 사소한 일들 때문에 / 그리고 / 예상치 못한 모든 방해요소들 (때문에).

해설 ① 이 문장은 문장과 문장이 접속사 but으로 연결되어 있다. 동사는 might have tried와 have failed이며, 각각 그 앞에서 끊어 준다.
② might have tried는 might have p.p., 즉 조동사의 과거시제 형태인 '조·해·피'이며 '~했었을수도 있는데 …(실제로는 X)'로 해석한다. have failed의 시제는 현재완료(have+p.p.)이며, fail은 '실패하다'를 의미할 때에는 자동사이기 때문에 뒤에 목적어가 오지 않는다.
③ 동사 왼편에 위치한 대명사 You가 주어가 된다.

해석 당신은 우선순위를 결정하려고 노력했을지 모르지만, 일상적인 사소한 일들과 예상치 못한 모든 방해요소들 때문에 실패해 왔다.

TYPE 2 접속사 앞에서 끊어 읽기

접속사란, 문장과 문장을 연결해주는 말이다.

문장은 주어+동사로 구성되었으므로 한 문장에 동사가 2개라면 반드시 접속사 하나가 필요하다. 접속사를 쓸 때는 문장과 문장 사이에 쓰거나, 맨 앞에 쓴다. 따라서 접속사를 보았다면 그 뒤에는 "문장이 이어진다!"라고 예측하는 습관을 들이는 것이 중요하다.

| 문장과 문장 사이의 접 | S+V 접 S+V |
| 문장 맨 앞의 접 | 접 S+V, S+V |

접속사는 크게 등위접속과 종속접속으로 나뉜다.

등위접속은 문장과 문장을 나열하는 것이다. 등위접속의 대표적인 표현은 and, or, but 등이 있으며, 등위접속사가 있는 문장을 해석할 때는 접속사의 특징에 따라 생략된 구조를 알아내고 "똑바로" 해석해야 한다.

종속접속은 문장이 문장의 일부가 되어 쏙! 들어가는 것으로, 이 접속사 뒤의 문장을 종속절이라 부른다. 종속절은 자리, 위치에 따라 **명사절**, **부사절**, **형용사절**로 나뉜다.

1 명사 - 주어절

that: -한다는 것 / -라는 것

That he is honest is(전체V) true. 그가 정직하다는 것은 진실이다.
↳ [주절] is true
　[종속절] he is honest (동사 is 왼편 주어 자리)

whether: -인지 아닌지

Whether he will come here or not isn't(전체V) decided yet.
그가 여기에 올지 안 올지는 아직 정해지지 않았다.
↳ [주절] isn't decided yet.
　[종속절] he will come here or not (동사 isn't 왼편 주어 자리)

Wh-어

What he just said **was(전체|V)** interesting. 그가 막(금방) 말했던 것은 재미있었다.
↳ [주절] was interesting
　[종속절] he just said (동사 was 왼편 주어 자리)

2 명사-목적어 절

that: -한다는 것/-라는 것

I know **that** he is honest. 나는 그가 정직하다는 것을 알고 있다.
↳ [주절] I know
　[종속절] he is honest (타동사 know의 목적어 자리)

whether: -인지 아닌지

We don't know **whether** he's alive or dead. 우리는 그가 살아 있는지 죽었는지 모른다.
↳ [주절] We don't know
　[종속절] he's alive or dead (타동사 don't know의 목적어 자리)

Wh-어

I don't know **where** the money goes! 그 돈이 어디로 나가는지 모르겠어!
↳ [주절] I don't know
　[종속절] the money goes (타동사 don't know의 목적어 자리)

if : -인지 아닌지

(목적어절에서는 if 또한 쓸 수 있으며 whether과 동일한 의미인 "-인지/아닌지"로 해석한다.)

I don't know **if** it will rain tomorrow. 나는 내일 비가 올지 안 올지 모른다.
↳ [주절] I don't know
　[종속절] it will rain tomorrow (타동사 don't know의 목적어 자리)

3 접속사의 종류

■ 접속사 종류표

	분류	세부 분류	접속사의 종류
1	명사절	주어절	that / whether / Wh-
		목적어절	that / whether / Wh- / if
		보어절	that / whether / Wh-
2	부사절	부사절	because / when 등
3	형용사절	관계대명사절	who / which / that / what
		관계부사절	when / where / why / how

■ **시간 부사절**

When	-한 때	As	-하면서
Whenever	-할 때마다	While	-하는 동안 / 반면에
Once	일단 -하면	After	-한 이후에
before	-하기 전에	Since	-이래로
till(until)	-때까지	As soon as	-하자마자
as long as	-하는 한	By the time (that)	-할 때까지는
(The) next time	다음에 -할 때	(The) last time	지난번 -했을 때

■ **이유 부사절**

Because	- 때문에 / 왜냐하면	Since	-이니까
As	-이니까	now that	-이니까
considering that	-를 고려하면	seeing that	-를 고려하면
in that	-라는 점에서	so that	-하기 위해서 / 그래서

■ **양보 부사절**

Though	-에도 불구하고	Although	-에도 불구하고
Even if	-에도 불구하고	Even though	-에도 불구하고
Whereas	-하는 반면에 / 반해서		

TYPE 2 접속사 앞에서 끊어 읽기

다음 문장을 끊어 읽기 해 보자.

01

Prospective parents are not usually expected to pay fees when adopting a child from a public agency.

🔍 다시 연습하기

Prospective parents are not usually expected to pay fees when adopting a child from a public agency.

어휘
- prospective 전망 있는, 장래의
- be expected to ~하도록 기대되다
- fees 요금
- adopt A from B B에게서 A를 입양하다
- agency 기관

02

Acute insomnia is present when there is difficulty initiating or maintaining sleep or when the sleep that is obtained is not refreshing.

🔍 다시 연습하기

Acute insomnia is present when there is difficulty initiating or maintaining sleep or when the sleep that is obtained is not refreshing.

- acute 극심한
- insomnia 불면증
- initiate 시작하다, 개시하다
- maintain 유지하다
- obtained 얻은
- refreshing 신선한, 상쾌하게 하는

정답 및 해설

01

Prospective parents / are not (usually) expected / to pay fees / when adopting a child / (from a public agency).
S   V   C   △

장래의 부모들 / ㊀ 대개 기대되지 않는다 / 비용을 지불할 것으로 / ㈋ (장래의 부모들이) 아이를 입양할 (때) / 공공 기관 시설로부터.

해설 ① when은 '~할 때'를 의미하는 시간을 나타내는 접속사로, 그 앞에서 끊어 읽는다.
② 동사는 are not usually expected로, 그 앞에서 끊어 읽는다. when은 접속사로서 뒤에 '주어+동사'의 문장이 오지만, 이 문장과 같이 '주어+동사'를 생략하고 -ing 형태만 쓸 수도 있으며 이를 분사구문이라고 한다. 이 문장은 prospective parents are가 생략된 문장으로 볼 수 있다.
③ 동사 are not usually expected는 수동태이기 때문에 뒤에 목적어가 오지 않지만, adopt는 타동사이기 때문에 a child가 그 타동사의 오른편에 위치하여 목적어가 된다.

해석 장래의 부모들은 공공 기관 시설로부터 아이를 입양할 때 대개 비용을 지불하지 않는다.

02

Acute insomnia / is present / when there is difficulty / initiating or maintaining sleep / or
S   V   C   △   △

when the sleep / (that is obtained) / is not refreshing.
△   S   V   C

급성 불면증 / ㊀ 나타난다 / ㈋ 어려움이 있을 (때) / 잠을 자기 시작하거나 유지하는 데 / 혹은 ㈋ 잠을 잘 (때) / 그런데 그 잠을 잤는데(얻었는데) / 그 잠이 상쾌하지 않을 (때).

해설 ① when은 '~할 때'를 의미하는 시간을 나타내는 접속사로, 그 앞에서 끊어 읽는다.
② 접속사 when이 두 개이므로 동사는 모두 세 개이며, 전부 is이다. (접속사의 개수 = 동사의 개수 - 1) 즉, 접속사 두 개로 세 개의 문장이 연결되어 있으며, 각각 그 앞에서 끊어 읽는다.
③ 따라서 첫 번째 문장은 동사 왼편에 위치한 명사 Acute insomnia가 주어가 된다. 두 번째 문장은 there is/are로 시작되었으며, 이때 주어는 동사 오른편에 위치한 것으로 본다. 따라서 동사 오른편에 위치한 명사 difficulty가 주어가 된다. 세 번째 문장은 동사 왼편에 위치한 명사 the sleep이 주어가 된다.
④ 첫 번째 문장에서 be동사 오른편에 위치한 형용사 present는 보어이고, 세 번째 문장에서 be동사 오른편에 위치한 형용사 refreshing도 보어이다. 또한 세 번째 문장은 동사 is 뒤에 not이 쓰여 부정문이 되었다.

해석 급성 불면증은 잠을 자기 시작하거나 유지하는 데 어려움이 있을 때 혹은 잤던 잠이 상쾌하지 않을 때 나타난다.

Tip initiating ┐
      maintaining ┘ sleep
      there is/are: ~가 있다

PART 2 끊어 읽기 8 원칙 기출로 연습하기 **087**

03

If a fishery is developed to take these fish, their population can be maintained if the fishing harvest is small.

🔍 다시 연습하기

If a fishery is developed to take these fish, their population can be maintained if the fishing harvest is small.

어휘
- fishery 어업
- population 인구 수
- be maintained 유지되다
- harvest 수확량

04

Some amount of worry is necessary because it gives us time to concentrate on a problem and find possible solutions or ways to deal with it.

🔍 다시 연습하기

Some amount of worry is necessary because it gives us time to concentrate on a problem and find possible solutions or ways to deal with it.

- necessary 필수적인
- concentrate 집중하다
- possible 가능한
- deal with ~을 다루다, 처리하다

정답 및 해설

03

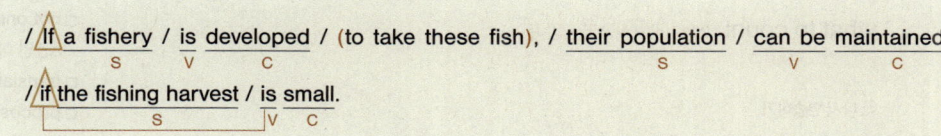

/ If a fishery / is developed / (to take these fish), / their population / can be maintained / if the fishing harvest / is small.

/ 만약 어업이 ~라면 / 발전된다면 / 이런 물고기들을 잡기 위해, / 그들의 개체 수 / 는 유지될 수 있을 것이다 / 만약 어업 수확량 / 이 적다면.

해설 ① if는 '만약 ~라면'을 의미하는 조건을 나타내는 접속사로, 그 앞에서 끊어 읽는다.
② 첫 번째 문장(If a fishery ~)에서 동사는 is developed로, 그 앞에서 끊어 읽는다. 따라서 동사 왼편에 위치한 a fishery가 주어가 된다. 동사가 수동태(be+p.p.)이기 때문에 뒤에 목적어가 오지 않고, 이 문장의 경우에는 to ⓡ이 왔다. 이때 to ⓡ은 '~하기 위해'로 해석하고, 부사적 용법으로 쓰였다.
③ to take these fish는 완전한 문장 뒤의 부사로 쓰였다. (~하기 위하여)
④ 두 번째 문장(their population ~)에서 동사는 can be maintained로, 그 앞에서 끊어 읽는다. 따라서 동사 왼편에 위치한 their population이 주어가 된다. 동사가 수동태(be+p.p.)이기 때문에 뒤에 목적어가 오지 않는다.
⑤ 세 번째 문장(if the fishing ~)에서 동사는 is로, 그 앞에서 끊어 읽는다. 따라서 동사 왼편에 위치한 the fishing이 주어가 된다. 동사가 be동사(is)이기 때문에, 자동사의 오른편에 위치한 형용사 small은 보어가 된다.

해석 만약 이런 물고기들을 잡기 위해 어업이 발전된다면 어업 수확량이 적을 때 그들의 개체 수는 유지될 수 있을 것이다.

04

Some amount (of worry) / is necessary / because it / gives us time / to concentrate (on a problem) / and find possible solutions or ways / to deal with it.

어느 정도의 걱정 / 은 필요하다 / 왜냐하면 그것이 / 우리에게 시간을 주기 (때문이다) / 문제에 집중하기 위한 / 그리고 가능한 해결책이나 그 문제를 처리할 방법을 찾기 위한.

해설 ① because는 '왜냐하면, 때문에'를 의미하는 이유, 원인을 나타내는 접속사로, 그 앞에서 끊어 읽는다.
② 첫 번째 문장에서 동사는 is로, 그 앞에서 끊어 읽는다. 따라서 동사 왼편에 위치한 some amount of worry가 주어가 된다.
동사가 be동사이기 때문에, 자동사의 오른편에 위치한 형용사 necessary는 보어가 된다.
③ 두 번째 문장에서 동사는 gives로, 그 앞에서 끊어 읽는다. 따라서 동사 왼편에 위치한 it은 주어가 된다. give는 4형식 동사로 ⓘ목적어 us, ⓞ목적어 time을 가지며, to concentrate 이하는 명사 time을 꾸며 준다. 4형식 수여동사는 'ⓘ에게 ⓞ을 주다'로 해석한다.
④ find ~ with it은 and로 인해 to concentrate ~와 병렬이므로, (to) find ~ with it에서 to가 생략된 것이다.

해석 어느 정도의 걱정은 필요하다 왜냐하면 그것은 우리에게 문제에 집중하고 가능한 해결책이나 그 문제를 처리할 방법을 찾을 시간을 주기 때문이다.

Tip

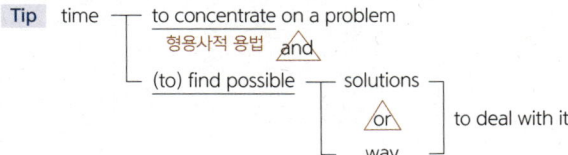

05

Such a calculation not only involves a translation process, but scientists have been handicapped by lack of knowledge of what to count. 2017 국가직 9급 상반기

🔍 다시 연습하기

Such a calculation not only involves a translation process, but scientists have been handicapped by lack of knowledge of what to count.

어휘

- calculation 계산
- not only A but also B
  A뿐만 아니라 B도
- translation 해석
- process 과정
- handicapped
  (신체적·정신적) 장애가 있는
- lack of ~의 부족
- knowledge 지식

06

Whether you've been traveling, focusing on your family, or going through a busy season at work, 14 days out of the gym takes its toll — not just on your muscles, but your performance, brain, and sleep, too. 2017 지방직 9급 상반기

🔍 다시 연습하기

Whether you've been traveling, focusing on your family, or going through a busy season at work, 14 days out of the gym takes its toll — not just on your muscles, but your performance, brain, and sleep, too.

- whether
  ~이든 (아니든)[(아니면) ~이든]
- go through 겪다
- out of ~밖에
- take toll 해를 끼치다
- not just A but also B
  A뿐만 아니라 B도
- performance 업무 수행

05

Such a calculation / not only involves a translation process, / but scientists / have been handicapped / [by lack of knowledge] / [of what / to count].

그러한 계산 / 은 뿐만 아니라 변화 과정을 포함할 (뿐만 아니라) / ~도 과학자들 / (도) 불리한 상태에 있었다 / 지식 부족으로 / 무엇을 고려해야 할지에 대한.

해설 ① not only A but also B는 'A뿐만 아니라 B도'를 의미하는 등위상관접속사로, 그 앞에서 끊어 읽는다.
② 이 문장의 동사는 involves와 have been handicapped로, 각각 그 앞에서 끊어 읽는다.
③ 따라서 동사 왼편에 위치한 Such a calculation과 scientists가 주어가 된다.
④ 첫 번째 문장의 동사는 타동사이기 때문에, 타동사 오른편에 위치한 명사 a translation process가 목적어가 된다. 두 번째 문장의 동사는 수동태(be+p.p.)이기 때문에, 뒤에 목적어가 오지 않는다.

해석 그러한 계산은 변화 과정을 포함할 뿐만 아니라, 과학자들도 무엇을 고려해야 할지에 대한 지식 부족으로 불리한 상태에 있었다.

06

/ Whether you've been [traveling], / [focusing on your family,] / or [going through a busy season] / [at work,] / 14 days (out of the gym) / takes its toll / — not just on your muscles, / but your performance, brain, / and sleep, (too).

/ 당신이 여행을 하거나, / 가족에게 주력하거나, / 또는 바쁜 시즌을 겪든지 간에, / 직장에서 / 14일 동안 운동을 하지 않는 것 / 은 손해를 끼친다 / 뿐만 아니라 당신의 근육(뿐만 아니라) / ~도 당신의 업무 수행, 뇌, / 그리고 수면(에도).

해설 ① not just(= only) A but also B는 'A뿐만 아니라 B도'를 의미하는 등위상관접속사로, 그 앞에서 끊어 읽는다.
② 이 문장에서 동사는 takes로, 그 앞에서 끊어 읽는다.
③ 따라서 동사 왼편에 위치한 whether가 이끄는 절은 주어가 된다. whether는 주어 역할을 하는 명사절을 이끈다.
④ 동사가 타동사이기 때문에, 타동사 오른편에 위치한 its toll이 목적어가 된다.

해석 당신이 여행을 하거나, 당신의 가족에게 주력하거나, 또는 직장에서 바쁜 시즌을 겪든지에 상관없이 14일 동안 운동을 하지 않는 것은 당신의 근육뿐만 아니라 당신의 업무 수행, 뇌, 그리고 수면에도 손해를 끼친다.

Tip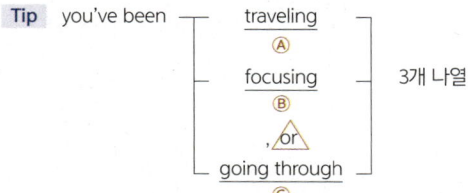

not just(= only) A but(also) B: A뿐만 아니라 B도

07

More recently, some movies explored the possibility of sustaining human life in outer space, while other films have questioned whether extraterrestrial life forms may have visited our planet. 2019 국가직 9급

🔍 다시 연습하기

More recently, some movies explored the possibility of sustaining human life in outer space, while other films have questioned whether extraterrestrial life forms may have visited our planet.

어휘

- **recently** 최근에
- **explore** 탐구하다
- **sustain** 유지하다, 지탱하다
- **outer space** (대기권 외) 우주 공간
- **while** ~하는 동안
- **have questioned** (have p.p.) 질문해 왔다
- **whether** ~인지 아닌지
- **extraterrestrial** 외계의
- **have visited** 방문해 왔다

정답 및 해설

07

(More recently,) / some movies / explored the possibility / [of sustaining human life] / [in outer space], / while other films / have questioned / [whether extraterrestrial life forms / may have visited our planet].

더 최근에 / 일부 영화들 /은 가능성을 탐구했다 / 인간의 생명을 유지하는 것의 / 우주 공간에서 /~동안 다른 영화들 /이 의문을 제기하는 (동안) /~인지 아닌지 외계 생명체들 / 이 지구를 방문하(는지 안 하는지).

해설 ① while은 '~하는 동안' 혹은 '반면에'를 의미하는 시간을 나타내는 접속사로, 그 앞에서 끊어 읽는다. 이 문장에서는 문맥상 '~하는 동안'으로 해석한다.
② 첫 번째 문장에서 동사는 explored로, 그 앞에서 끊어 읽는다. 이때 동사 왼편에 위치한 some movies가 주어가 된다. explored가 타동사이기 때문에, 타동사 오른편에 위치한 the possibility가 목적어가 된다.
③ 두 번째 문장(while이 이끄는 절)에서 동사는 have questioned로, 그 앞에서 끊어 읽는다. 이때 동사 왼편에 위치한 other films가 주어가 된다. 동사가 타동사이기 때문에, 그 오른편에 위치한 명사절 whether 이하는 타동사의 목적어가 된다.
④ 세 번째 문장(whether)이 이끄는 절에서 동사는 may have visited로, 그 앞에서 끊어 읽는다. 이때 동사 왼편에 위치한 extraterrestrial life forms가 주어가 된다. 동사가 타동사이기 때문에, 타동사 오른편에 위치한 our planet이 목적어가 된다.

해석 더 최근에 다른 영화들이 외계 생명체들이 지구를 방문했을지도 모른다고 의문을 제기하는 동안, 일부 영화들은 우주에서 인간의 생명을 유지할 수 있는 가능성을 탐구했다.

08

When giving performance feedback, you should consider the recipient's past performance and your estimate of his or her future potential in designing its frequency, amount, and content.

2019 국가직 9급

🔍 다시 연습하기

When giving performance feedback, you should consider the recipient's past performance and your estimate of his or her future potential in designing its frequency, amount, and content.

어휘

- performance 성능, 능력
- consider 고려하다
- recipient 수령자, 받는 사람
- estimate 추정하다
- potential 잠재적인
- frequency 빈도수

정답 및 해설

08

/ When giving performance feedback /, you / should consider the recipient's past performance/ and your estimate / [of his or her future potential] / [in designing its frequency, amount, and content].
　　　　　　　S　　　　　　　V　　　　　　　　　　　　O
　　　　　　　　　　　　　　　　　　　　　　　　　　　　　　Ⓐ
　　　　　Ⓑ　　　　Ⓒ

/ (~때) 성과 피드백을 줄 (때) / 당신 / 은 (그 피드백을) 받는 사람의 과거 성과를 고려해야 한다 / 그리고 당신의 평가를 / 그 혹은 그녀의 잠재력에 대한 (평가를) / 그 빈도, 양 및 내용을 만드는 데에.

해설 ① when은 '~할 때'를 의미하는 시간을 나타내는 접속사로, 그 앞에서 끊어 읽는다.
② 첫 번째 문장의 동사는 (are) giving으로, 그 앞에서 끊어 읽는다. 이때 접속사 when 뒤에 '주어+be동사', 즉 you are가 생략되어 있지만 그 앞에서 끊어 읽는다. 두 번째 문장의 동사는 should consider로, 그 앞에서 끊어 읽는다. '조동사+ⓡ'은 하나의 동사로 간주한다.
③ 두 문장 모두 동사 왼편에 위치한 you가 주어가 된다.
④ 첫 번째 문장의 동사 giving(give)이 타동사이기 때문에, 타동사의 오른편에 위치한 performance feedback이 목적어이다. 두 번째 문장의 동사 consider도 타동사이기 때문에, 타동사의 오른편에 위치한 the recipient's past performance and your estimate가 목적어이다.

해석 성과 피드백을 제공할 때, 당신은 그 빈도, 양 및 내용을 설계하는 데 있어 (그 피드백을) 받는 사람의 과거 성과와 그 또는 그녀의 미래 잠재력에 대한 당신의 평가를 고려해야 한다.

Tip

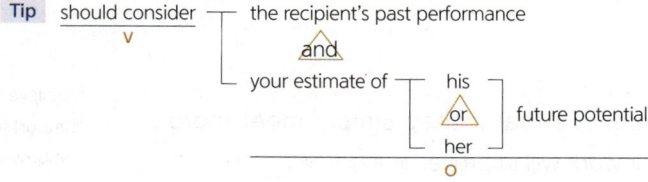

09 Although most astronauts do not spend more than a few months in space, many experience physiological and psychological problems when they return to the Earth.

2019 국가직 9급

어휘
- although 비록 ~에도 불구하고
- astronaut 우주 비행사
- more than ~ 이상
- physiological 생리적인
- psychological 심리적인

🔍 다시 연습하기

Although most astronauts do not spend more than a few months in space, many experience physiological and psychological problems when they return to the Earth.

10 My students often believe that if they simply meet more important people, their work will improve. 2018 지방직 9급

- believe 믿다
- important 중요한
- improve 개선되다, 나아지다

🔍 다시 연습하기

My students often believe that if they simply meet more important people, their work will improve.

09

/ Although most astronauts / do not spend [more than] a few months / [in space] / , many / experience [physiological and psychological] problems / when they / return to the Earth.

~일지라도 비록 대부분의 우주 비행사들 / 이 몇 달 이상을 보내지 (않을지라도) / ~ 우주에서 / 많은 우주 비행사들 / 은 생리적이고 심리적인 문제들을 경험한다 / ~ 때 그들 / 이 지구로 돌아올 (때).

해설 ① although는 '~에도 불구하고'를 의미하는 양보를 나타내는 접속사로, 그 앞에서 끊어 읽는다.
② 첫 번째 문장에서 동사는 do not spend로, 그 앞에서 끊어 읽는다. 따라서 동사 왼편에 위치한 most astronauts가 주어가 된다. spend가 타동사이기 때문에, 타동사의 오른편에 위치한 more than a few months가 목적어가 된다.
③ 두 번째 문장(although가 이끄는 절)에서 동사는 experience로, 그 앞에서 끊어 읽는다. 따라서 동사 왼편에 위치한 many가 주어가 된다. experience가 타동사이기 때문에, 타동사의 오른편에 위치한 physiological and psychological problems가 목적어가 된다.
④ 세 번째 문장(when이 이끄는 절)에서 동사는 return으로, 그 앞에서 끊어 읽는다. 동사 왼편에 위치한 they가 주어가 된다. return은 자동사이기 때문에, 동사 뒤에 목적어가 오지 않는다.

해석 대부분의 우주 비행사들이 우주에서 몇 달 이상을 보내지 않을지라도, 많은 우주 비행사들이 지구로 돌아올 때 생리적, 심리적 문제를 경험한다.

10

My students / often believe / that / if they / simply meet more important people, / their work / will improve.

나의 학생들 / 은 종종 믿는다 / ~라는 것을 / 만약 그들 / 이 단순히 더 중요한 사람들을 (만난다면) / 그들의 일 / 은 나아질 것이다(라는 것을).

해설 ① if는 '만약 ~라면'을 의미하는 조건을 나타내는 접속사로, 그 앞에서 끊어 읽는다. 또한 이 문장에서 that은 타동사 believe의 목적어 자리에서 목적어절(명사절)을 이끄는 접속사로 쓰였다.
② 첫 번째 문장에서 동사는 believe로, 그 앞에서 끊어 읽는다. 따라서 동사 왼편에 위치한 My students가 주어가 된다. believe가 타동사이기 때문에, 타동사의 오른편에 위치한 that절 이하가 believe의 목적어가 된다.
③ 두 번째 문장(if가 이끄는 절)에서 동사는 meet로, 그 앞에서 끊어 읽는다. 따라서 동사 왼편에 위치한 they가 주어가 된다. 또한 meet가 타동사이기 때문에, 타동사의 오른편에 위치한 more important people은 목적어가 된다.
④ 세 번째 문장에서 동사는 improve로, 그 앞에서 끊어 읽는다. 따라서 동사 왼편에 위치한 their work가 주어가 된다. 또한 improve가 자동사로 쓰였으므로 동사 뒤에 목적어가 오지 않는다.

해석 나의 학생들은 종종 만약 그들이 단순히 더 중요한 사람들을 만난다면, 그들의 일이 나아질 것이라고 믿는다.

TYPE 3. 전치사 앞에서 끊어 읽기

전치사는 뒤에 반드시 명사를 써야 한다.
그리고 우리는 이를 전명구라고 부른다.

전명구는 제3의 문법 기능을 만들어 내며 문장에서 **형용사** 혹은 **부사**가 된다. (다만, 부사로 쓰이는 경우가 압도적으로 많다.)

전치사의 형용사 역할	① 명사 뒤의 전명구
	② of+추상명사
전치사의 부사 역할	형용사 이외의 나머지 자리

1 전치사의 종류

■ **시간의 전치사**

-에	at	+시각	at 3:30
	on	+하루짜리	on Friday on parents day
	in	+하루 초과	in 연도 수/월/주/년
-이내에	within		
-후에	after	접속사와 전치사로 사용	뒤의 구조로 판단
-동안 / -내내	for	+숫자 바탕의 막연한 기간	for three years
	during	+이름 자체가 곧 특정 기간	during the vacation
	through	-내내	
-까지	by	정해진 기간 중 일회성	
-까지	till	정해진 기간이 쭉 이어짐	
-이래로/-로부터	since		
	from		

■ 장소/방향의 전치사

at	작은 장소(주변부)	along	-을 따라
in	큰 장소(안)	across	-을 가로질러
between	-의 사이에(2)	through	-을 관통하여
among	-의 사이에 (3 이상, 막연한 수)	on	- 위에(접촉)
beside	-의 옆에	over	-(의) 위에
to		under	-의 (바로) 아래에
for	-로		
toward			
up	위	above	-의 위(쪽)에
down	아래	below	-의 아래에
round	-을 돌아서(사물을 중심으로 빙 동그랗게)	beyond	-을 넘어서
around	-을 둘러싸고 (주변 아무데나)	in front of	-의 앞에
in	- 안에	before	-의 앞에
into	- 안으로	behind	-의 뒤에
		after	-의 뒤에
out of	- 바깥으로, - 중에서	about	-에 대하여

■ 원인/이유의 전치사

because of = on account of = owing to = due to	-때문에	with	-와 함께
thanks to	-덕택에	from	-로부터
for	-때문에	through	-내내, 전역에서

■ 도구/수단의 전치사

	with	구체적 도구
-와 함께/-로	by	추상적 도구
	along with	-와 함께
	together with	-와 함께

MEMO

TIP
since, for, during
시간을 나타내는 전치사로는 since/for/during 등이 있고 이들의 의미와 쓰임이 각각 다르므로 주의한다.

> since + 시발점(문장도 가능)
> for + 기간(숫자/막연한 기간)
> during + 기간(명칭/특정 기간)

since는 뒤에 「시발점」을 쓰며, 접속사로도 쓰이므로 문장을 쓸 수도 있다.
· since 2000(2000년 이래로)
· since I graduated in 2000 (2000년도에 내가 졸업한 이래로)

for는 뒤에 기간을 쓰며 이때 「숫자」를 바탕으로 만든 기간과 쓴다.
· for three years 3년 동안
· for a long time 오랜 기간 동안

during은 뒤에 기간을 쓰며 이때 명칭이 「기간」인 경우나 「특정 기간」인 경우에 쓴다.
· during the semester 학기간 동안에
· during the vacation 방학기간 동안에
· during the 1990s 1990년대 동안에

TIP
by와 till
"-때까지"의 의미의 「기한」을 나타내는 전치사로 by와 till이 있는데, 이들의 쓰임이 서로 다르므로 주의한다.

by 기한 이전에(1회성)
· Can you finish the work by six o'clock?
  5시까지 일을 끝내줄 수 있나요?(끝내는 행위가 6시 이전에 1회성)

till 기한 동안
· We're open till 6 o'clock.
  우리는 6시까지 엽니다.(영업이 6시까지 이어짐)

TYPE 3 전치사 앞에서 끊어 읽기

다음 문장을 끊어 읽기 해 보자.

01

A photograph is a secret about a secret. The more it tells you, the less you know.

🔍 다시 연습하기

A photograph is a secret about a secret. The more it tells you, the less you know.

어휘

- photograph 사진
- the more A the less B
  A를 더 많이 할수록 B를 덜한다
- the 비교, the 비교
  ~할수록 (점점 더) ~해지다

02

The real potential for positive computing to make a difference in our lives is in the next generation of wearable computing devices.

🔍 다시 연습하기

The real potential for positive computing to make a difference in our lives is in the next generation of wearable computing devices.

- potential 잠재력
- positive 긍정적인
- computing 컴퓨터를 사용하는
- generation 세대
- wearable 착용할 수 있는
- device 장치

정답 및 해설

01

A photograph / is a secret / [about a secret]. The more / it / tells you, the less / you / know.
　　S　　　　V　　C

사진 / 은 비밀이다 / 비밀에 관한. ~하면 할수록 / 이것(사진) / 이 당신에게 말할수록, 더 적게 / 당신 / 은 알게 된다.

해설 ① 전치사는 뒤의 명사와 함께 전명구를 이루어, 형용사나 부사 역할을 하므로 끊어 읽는다. about a secret은 명사 secret 뒤에서 명사를 수식하는 형용사로 쓰였다.
② 첫 번째 문장에서 동사는 is로, 그 앞에서 끊어 읽는다. 따라서 동사 왼편에 위치한 A photograph가 주어가 된다. 동사가 be동사이기 때문에, 자동사 오른편에 위치한 명사 a secret은 보어가 된다.
③ 두 번째 문장에서는 'the 비교급, the 비교급' 표현이 사용되었고, 이는 '~하면 할수록, 더 ~하다'로 해석한다.

해석 사진은 비밀에 관한 비밀이다. 그것이 더 많이 당신에게 말할수록, 당신은 더 적게 알게 된다.

02

The real potential / [for positive computing] / [to make a difference] / [in our lives] / is / [in
　　S　　　　　　　　　　　　　　　　　　　형용사적 용법(~할, ~하는)　　　　　　V
the next generation] / [of wearable computing devices].

진정한 잠재력 / 긍정적인 컴퓨터 사용에 대한 / 차이를 만들어 내는 (진정한 잠재력) / 우리 삶 안에 / 은 있다 / 다음 세대에 / 착용할 수 있는 컴퓨터 장치의.

해설 ① 전치사는 뒤의 명사와 함께 전명구를 이루어, 형용사나 부사 역할을 하므로 끊어 읽는다. for positive computing은 명사 The real potential을 수식하는 형용사로, in our lives는 부사로, in the next generation은 부사로, of wearable computing devices는 명사 the next generation을 수식하는 형용사로 쓰였다.
② 이 문장에서 동사는 is로, 그 앞에서 끊어 읽는다. (is는 1형식으로 '~가 있다'로 해석)
③ 따라서 동사 왼편에 위치한 The real potential이 주어가 된다.

해석 우리 삶 안에 차이를 만들어 내는 긍정적인 컴퓨터 사용에 대한 진정한 잠재력은 다음 세대의 착용할 수 있는 컴퓨터 장치에 있다.

03

The decline in the number of domestic adoptions in developed countries is mainly the result of a falling supply of domestically adoptable children.

🔍 다시 연습하기

The decline in the number of domestic adoptions in developed countries is mainly the result of a falling supply of domestically adoptable children.

어휘

- decline 감소, 하락
- the number of ~의 수
- domestic 국내의, 가정의
- adoption 입양
- developed country 선진국
- mainly 주로
- falling 떨어지는, 감소하는
- supply 공급; 공급하다
- result of ~ ~의 결과로
- adoptable 입양 가능한

04

These problems occur despite adequate opportunity and circumstances for sleep and they can impair daytime functioning. 2018 국가직 9급

🔍 다시 연습하기

These problems occur despite adequate opportunity and circumstances for sleep and they can impair daytime functioning.

- occur 발생하다
- despite ~에도 불구하고
- adequate 충분한
- circumstance 상황
- impair 저해하다
- daytime 낮 시간의
- functioning 기능

정답 및 해설

03

The decline / [in the number / of domestic adoptions] / [in developed countries] / is (mainly)
　S　　　　　　　　　　　　　　　　　　　　　　　　　　　　　　　　　V
the result / [of a falling supply] / [of domestically adoptable children].
　C

감소 / 수에서 / 국내 입양의 / 선진국에서 / 는 주로 결과이다 / 공급 하락의 / 국내에서 입양 가능한 아이들의.

해설 ① 전치사는 뒤의 명사와 함께 전명구를 이루어, 형용사나 부사 역할을 하므로 끊어 읽는다. 이 문장의 전치사는 in, of이고, 전치사 뒤에는 명사 the number, domestic adoptions, (developed) countries, (a falling) supply, (domestically adoptable) children이 온다.
② 이 문장에서 동사는 is로, 그 앞에서 끊어 읽는다.
③ 동사 왼편에 위치한 The decline이 주어가 된다.
④ 동사가 be동사이기 때문에, 자동사 오른편에 위치한 명사 (mainly) the result는 보어가 된다.

해석 선진국에서 국내 입양의 수의 감소는 주로 국내에서 입양 가능한 아이들의 공급 하락의 결과이다.

04

These problems / occur / [despite adequate opportunity / and circumstances] / [for sleep] /
　S　　　　　　　V₁
, and they / can impair daytime functioning.
　　S　　　　V　　　　O

이러한 문제 / 는 발생한다 / 불구하고 적절한 기회(에도 불구하고) / 그리고 상황들(에도 불구하고) / 잠에 대한 / 그리고 그들 / 은 낮 시간의 기능을 저해할 수 있다.

해설 ① 전치사는 뒤의 명사와 함께 전명구를 이루어, 형용사나 부사 역할을 하므로 끊어 읽는다. '~에도 불구하고'를 의미하는 전치사 despite 뒤에 명사 adequate opportunity and circumstances가 왔고, 전치사 for 뒤에는 명사 sleep이 왔다.
② 이 문장은 두 개의 문장이 and로 연결되어 있다. 첫 번째 문장에서 동사는 occur로, 그 앞에서 끊어 읽는다. 따라서 첫 번째 문장의 동사 왼편에 위치한 These problems가 주어가 된다. 동사가 자동사이기 때문에, 동사 뒤에 목적어는 오지 않는다.
③ 두 번째 문장에서 동사는 can impair로, 그 앞에서 끊어 읽는다. 따라서 두 번째 문장의 동사 왼편에 위치한 They가 주어가 된다. 동사가 타동사이기 때문에, 타동사 오른편에 위치한 daytime functioning은 목적어가 된다.

해석 이러한 문제는 적절한 수면 기회와 환경에도 불구하고 발생하며 낮 시간의 기능을 저해할 수 있다.

Tip despite adequate ─┬─ opportunity
　　　　　　　　　　　　　and
　　　　　　　　　　　　└─ circumstances

05

It can be caused by another disorder, by changes in the sleep environment, by the timing of sleep, severe depression, or by stress. 2018 국가직 9급

🔍 다시 연습하기

It can be caused by another disorder, by changes in the sleep environment, by the timing of sleep, severe depression, or by stress.

어휘
- be caused by ~로 인해 발생하다
- disorder 장애
- environment 환경
- severe 심각한
- depression 우울증

06

Worry is like a rocking horse. 2018 국가직 9급

🔍 다시 연습하기

Worry is like a rocking horse.

- like ~와 같은, ~처럼
- be like 닮다, 닮았다
- rocking 흔들리는
- rocking horse 흔들 목마

정답 및 해설

05

It / can be caused / [by another disorder], / [by changes] / [in the sleep environment] /, [by the timing of sleep], [by severe depression], / or / [by stress].
S   V   C   ⒶA   ⒷB   ⒸC
                                                                                          ⒹD   △   ⒺE

그것 /은 유발될 수 있다 / 또 다른 장애에 의해 / 변화들에 의해 / 수면 환경에서 / 수면 시기, 심한 우울증에 의해 / 또는 / 스트레스에 의해.

해설 ① 전치사는 뒤의 명사와 함께 전명구를 이루어, 형용사나 부사 역할을 하므로 끊어 읽는다. 전치사 by 뒤에 명사 another disorder, changes, the timing of sleep, severe depression, stress가 왔다. by를 '~에 의해서'로 해석할 때에는 주로 수동태 형태의 동사와 많이 쓰이는데, 역시나 이 문장에서도 cause가 수동 형태로 쓰여 전치사 by가 함께 왔다.
② 이 문장의 동사는 can be caused로, 그 앞에서 끊어 읽는다. 따라서 동사 왼편에 위치한 It이 주어가 된다.
③ 동사가 수동태(be + p.p.)이기 때문에, 동사 뒤에 목적어는 오지 않는다.
④ ', or'는 같은 형태가 3개 이상 나열된 것으로, 전치사 by가 이끄는 전명구가 나열된 구조이다. (5개 나열)

해석 그것은 또 다른 장애, 수면 환경의 변화, 수면 시기, 심한 우울증, 스트레스에 의해 야기될 수 있다.

06

Worry / is like a rocking horse.
S   V   C

걱정 /은 흔들 목마와 같다.

해설 ① 전치사는 뒤의 명사와 함께 전명구를 이루어, 형용사나 부사 역할을 하므로 끊어 읽는다. like가 전치사로 쓰이면 '~와 같은'을 의미하며, 뒤에 명사 a rocking horse가 왔다.
② 이 문장의 동사는 is로, 그 앞에서 끊어 읽는다.
③ 따라서 동사 왼편에 위치한 Worry가 주어가 된다.
④ 동사가 be동사이기 때문에, 자동사 오른편에 위치한 전명구는 보어가 된다.

해석 걱정은 흔들 목마와 같다.

07

Traders accept the possibility of loss as part of the game, not the end of the game. 2018 국가직 9급

🔍 다시 연습하기

Traders accept the possibility of loss as part of the game, not the end of the game.

어휘

- **trader** (금융) 트레이더, 거래자
- **accept** 받아들이다
- **possibility** 가능성
- **loss** 손실
- **end** 끝

08

The contest was decided in the same manner as a boxing match. 2018 지방직 9급

🔍 다시 연습하기

The contest was decided in the same manner as a boxing match.

- **contest** 경기, 시합, 대회
- **in the same manner** 마찬가지로
- **boxing match** 권투 경기

07

> Traders / accept / [the possibility / of loss] / [as part / of the game], / [not the end / of the game].
> S   V   O

> 트레이더들 /은 받아들인다 / 가능성을 / 손실의 / 일부로서 / 게임의 / 끝이 아닌 / 게임의.

해설 ① 전치사는 뒤의 명사와 함께 전명구를 이루어, 형용사나 부사 역할을 하므로 끊어 읽는다. 전치사 of 뒤에 명사 loss가 왔고, '~로서'를 의미하는 전치사 as 뒤에 명사 part가 왔다.
② 이 문장의 동사는 accept로, 그 앞에서 끊어 읽는다.
③ 따라서 동사 왼편에 위치한 Traders가 주어가 된다.
④ 동사가 타동사이기 때문에, 타동사 오른편에 위치한 the possibility는 목적어가 된다.

해석 트레이더들은 손실 가능성을 게임의 끝이 아니라 게임의 일부로 받아들인다.

08

> The contest / was decided / [in the same manner] / [as a boxing match].
> S   V   C

> 시합 /은 결정되었다 / 같은 방식으로 / 권투 시합과 같은.

해설 ① 전치사는 뒤의 명사와 함께 전명구를 이루어, 형용사나 부사 역할을 하므로 끊어 읽는다. 전치사 in 뒤에 명사 the same manner가 왔고, '~와 같은'을 의미하는 전치사 as 뒤에 명사 a boxing match가 왔다. (원급 비교)
② 이 문장의 동사는 was decided로, 그 앞에서 끊어 읽는다.
③ 따라서 동사 왼편에 위치한 The contest가 주어가 된다.
④ 동사가 수동태(be + p.p.)이기 때문에, 동사 뒤에 목적어가 오지 않는다.

해석 시합은 권투 시합과 같은 방식으로 결정되었다.

Tip 원급 비교의 형태는 다음과 같다.
꽤 ┌ as 형/부 as ┐ ~만큼: ~만큼 꽤 ~하다
   └ so 형/부 as ┘
the same (명) as ~와/~랑: ~와/~랑 같은 명

09

For example, falls are a leading cause of death for adults 65 and older. 2018 지방직 9급

🔍 다시 연습하기

For example, falls are a leading cause of death for adults 65 and older.

어휘
- fall 낙상, 추락, 하락
- leading 주된
- cause 원인
- adult 성인

10

Today, we teach and learn about our world in fragments.

2019 국가직 9급

🔍 다시 연습하기

Today, we teach and learn about our world in fragments.

- in fragments 단편적으로, 산산조각으로

정답 및 해설

09

(For example), / falls / are a leading cause / [of death] / [for adults 65 and older].
　　　　　　　　S　　V　　　　C

예를 들어 / 추락 /은 주된 요인이다 / 사망의 / 65세 이상 성인들에게.

해설 ① 전치사는 뒤의 명사와 함께 전명구를 이루어, 형용사나 부사 역할을 하므로 끊어 읽는다.
② of가 전치사로 쓰이면 '~의'를 의미하며, 이 문장에서는 of 뒤에 명사 death가 왔다. 또한 전치사 for 뒤에는 명사 adults가 왔다.
③ 문장의 주어는 falls이고, 동사는 are이다.

해석 예를 들어, 추락은 65세 이상의 성인들에게 주된 사망 원인이다.

10

(Today), / we / teach and learn / [about our world] / [in fragments].
　　　　　 S　　　　V

오늘날 / 우리 /는 가르치고 배운다 /~대해서 우리의 세계에 (대해서) / 단편적으로.

해설 전치사는 뒤의 명사와 함께 전명구를 이루어, 형용사나 부사 역할을 하므로 끊어 읽는다. about이 전치사로 쓰이면 '~에 대해'로 해석하는데, 이 문장에서는 그 뒤에 명사 our world가 왔다. 또한 전치사 in 뒤에 명사 fragments가 왔다.

해석 오늘날, 우리는 단편적으로 우리의 세계에 대해 가르치고 배운다.

Tip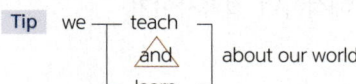

TYPE 4. that 앞에서 끊어 읽기

헷갈리던 다의어 that 이제는 끝내자!

■ **that의 7가지 쓰임**

that은 위치에 따라 크게 7가지로 쓰인다. 따라서 that이 어떻게 쓰였는지 정확하게 구별하기 위해 that 앞에서 반드시 끊어 읽어야 한다.
대표적인 다의어 that의 구별 능력이 영어 실력과 직결된다. that의 쓰임을 명확히 해서 영어 실력을 상위권으로 upgrade하자.

■ **지시대명사 that**

: "저것, 저 사람"이라고 해석한다.

ex **That** is my car. 저것은 나의 차이다.
　　That is my mother. 저분이 나의 어머니이다.

■ **지시형용사 that**

: 명이랑 같이 쓰며, "저+명"으로 해석한다.

ex **That** car is mine. 저 차는 내 것이다.
　　That person may not like the gift. 저 사람은 그 선물을 좋아하지 않을 수도 있다.

■ **지시부사 that**

: "that+형/부" 형태로 쓰며, "그다지, 그렇게나, 그렇게"로 해석한다.

ex He didn't study english **that** hard. 그는 그렇게 열심히 영어 공부하지 않았다.

■ **접속사 that**

· **명사절용**

: 주어/목적어/보어 자리에 쓰인 that은 "-라는 것/-한다는 것"으로 해석하며, 접속사이기 때문에 뒤에 완전한 문장을 쓴다.

ex She said **that** she couldn't come. 그녀는 올 수 없다고 말했다.

· **형용사절용(관계대명사)**

: "명+that+불완전한 문장"의 형태로 쓴다.

ex This is my car **that** I bought yesterday. 이것은 내가 어제 산 차이다. (that 뒤 목적어 X)
　　He is the only man **that** I can trust. 그는 내가 믿을 수 있는 유일한 사람이다. (that 뒤 목적어 X)

· **동격 that**

: 동격의 that은 A=B의 의미로 대표적으로는 "정보명+that+완전한 문장"의 형태로 쓰며, 정보명과 that 내용이 동일하기 때문에 "-라는/-인"으로 해석한다.

> **TIP** that절과 명사가 동격!
>
> that절은 '사실, 명제'이므로 아무 명사나 동격이 될 수 있는 것이 아니다. '대한민국의 수도는 서울이다'(사실)라는 문장과 사람 혹은 일반 사물이 동격일 수는 없다.
>
> ex '대한민국의 수도는 서울이다'라는 의자(X)
>
> 따라서 that절과 동격이 되는 명사는 정보를 담을 수 있는 명사(정보명사)여야만 한다.

정보명사 종류

the fact
the rumor
the idea
the opinion
the suggestion
the news
the claim
the evidence

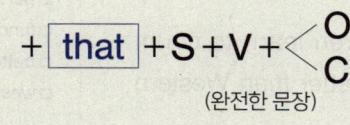

ex The fact that he is honest is known to her. 그가 정직하다는 사실은 그녀에게 알려져 있다.

■ 기타접속사 that

so that: -하기 위하여, 그래서(목적)

ex Can you work it so that we get free tickets?
우리가 무료 티켓을 받도록 어떻게 해 볼 수 있겠니?

in that: -라는 점에서

ex I was fortunate in that I had friends to help me.
나는 자신을 도와줄 친구들이 있었다는 점에서 운이 좋았다.

now that: -이니까

ex I'm fine, now that you're here. 당신이 있으니 이제 괜찮아요.

so - that: 꽤 -해서 -하다(인과)

ex He is so clever that he can understand it. 그는 매우 영리해서 그것을 이해할 수 있다.

such - that: 이처럼 -해서 -하다(인과)

ex It was such a good teacher that I watched it several times.
그건 너무 괜찮은 영화라서, 난 여러 번 봤어.

TYPE 4   that 앞에서 끊어 읽기

다음 문장을 끊어 읽기 해 보자.

01
Those differences mean that Asian children learn to count much faster and perform basic functions better than Western children.

🔍 다시 연습하기

Those differences mean that Asian children learn to count much faster and perform basic functions better than Western children.

02
The secret of successful people is usually that they are able to concentrate totally on one thing.

🔍 다시 연습하기

The secret of successful people is usually that they are able to concentrate totally on one thing.

어휘

- difference 차이점
- mean 의미하다, 의도하다; 비열한; 수단, 방법
- fast 빠른; 빠르게
- faster 더 빠른
- perform 수행하다
- function 기능; 작용하다
- better 더 잘, 더 좋은
- western 서구의, 서양의

- successful 성공적인
- be able to ~할 수 있는
- concentrate 집중하다
- totally 완전히

정답 및 해설

01

Those differences / mean / that Asian children / learn to count (much faster) / and perform basic functions (better) / than Western children.
(S) (V) (S) (V) (O) (V) (O)

그러한 차이점들 /은 의미한다 /~라는 것을 의미한다 아시아 어린이들 /이 배운다는 것을 훨씬 더 빨리 숫자를 세는 것을 / 그리고 수행한다는 것을 더 잘 기본적인 기능들을 / 서양 어린이들보다.

해설 ① 이 문장에서 that은 접속사로 명사절을 이끌고, mean의 목적어 역할을 한다.
② 이 문장에서 동사는 mean으로, 그 앞에서 끊어 읽는다.
③ 따라서 동사 왼편에 위치한 Those differences가 주어가 된다.
④ 동사가 타동사이기 때문에, 타동사 오른편에 위치한 that절 이하가 목적어가 된다.
⑤ 명사절 접속사 that이 이끄는 문장에서 주어는 Asian children, 동사는 learn, perform이 된다.

해석 그러한 차이점들은 아시아 어린이들이 서양 어린이들보다 훨씬 더 빨리 숫자를 세고 기본적인 기능을 더 잘 수행한다는 것을 의미한다.

02

The secret / [of successful people] / is usually / that they / are able to concentrate (totally) / on one thing.
(S) (V) (S) (V)

그 비밀 / 성공적인 사람들의 (그 비밀) /은 대개 ~이다 /~라는 것이다 그들 /이 완전히 집중할 수 있(다는 것이다) / 한 가지에.

해설 ① 이 문장에서 that은 접속사로 명사절을 이끌고, 보어 역할을 한다.
② 이 문장에서 동사는 is로, 그 앞에서 끊어 읽는다.
③ 따라서 동사 왼편에 위치한 명사 The secret이 주어가 된다.
④ 동사가 be동사이기 때문에, 자동사 오른편에 위치한 that절은 보어가 된다.
⑤ 명사절 접속사 that이 이끄는 절에서 주어는 they, 동사는 are able to concentrate on이 된다.

해석 성공적인 사람들의 비밀은 그들이 대개 한 가지에 완전히 집중할 수 있다는 것이다.

03

At very low levels, salts promote the action of cells in the immune system to fight off bacteria that can cause eye infections.

🔍 다시 연습하기

At very low levels, salts promote the action of cells in the immune system to fight off bacteria that can cause eye infections.

어휘

- promote 촉진하다
- immune 면역의
- immune system 면역 체계
- fight off ~와 싸워 물리치다
- bacteria 박테리아
- infection 감염

04

Some would-be problem solvers are so overwhelmed by the problem that they usually fail.

🔍 다시 연습하기

Some would-be problem solvers are so overwhelmed by the problem that they usually fail.

- would-be 지망의, 장래의
- solver 해결사
- overwhelmed 압도된
- so[such] ~ that ~
 너무 ~해서 ~하다

정답 및 해설

03

/ ⟨At very low levels⟩, / salts / promote the action / [of cells] / [in the immune system] / (to fight off bacteria) / that can cause eye infections.

S: salts, V: promote, O: the action
(관계절 내) V: can cause, O: eye infections

/ 매우 낮은 수준에서 / 염분 / ㈜ 촉진시킨다 작용을 / 세포의 (작용) / 면역 체계에서 / 싸우기 위해서 박테리아와 / 유발하는 눈 감염을 (유발하는 박테리아).

해설 ① 이 문장에서 that은 주격 관계대명사로, 앞선 명사 bacteria를 수식하며 '~한 박테리아'로 해석하면 된다. 관계대명사 that이 이끄는 문장은 주어가 생략되어 불완전하다.
② 이 문장에서 동사는 promote로, 그 앞에서 끊어 읽는다.
③ 동사 왼편에 위치한 salts가 주어가 된다.
④ 동사가 타동사이기 때문에, 타동사 오른편에 위치한 명사 the action이 목적어가 된다.

해석 매우 낮은 수준에서, 염분은 눈 감염을 일으킬 수 있는 박테리아와 싸우기 위해서 면역 체계의 세포의 작용을 촉진시킨다.

04

Some would-be problem solvers / are / so overwhelmed / [by the problem] / that they / usually fail.

S: Some would-be problem solvers, V: are, C: overwhelmed

어떤 장래의 문제 해결 담당자들 / ㈜ / 너무 압도된다 / 문제에 (압도된다) / (너무나 압도되어서) 그래서 그들 / ㈜ 대개 실패한다.

해설 ① so[such] ~ that ~은 인과를 나타내는 접속사로, '너무 ~해서 ~하다'로 해석한다. 이 문장의 경우에는 'so + 형용사(원인) that + S V(결과)'의 구조로 쓰였는데, '너무 압도당해서 그들은 자주 실패한다'라고 해석한다.
② 이 문장에서 동사는 are로, 그 앞에서 끊어 읽는다.
③ 따라서 동사 왼편에 위치한 Some would-be problem solvers가 주어가 된다.
④ 동사가 be동사이기 때문에, 자동사 오른편에 위치한 형용사 overwhelmed는 보어가 된다.

해석 어떤 장래의 문제 해결 담당자들은 그 문제에 너무 압도되어 대개 실패한다.

05

There are some travelers who adapt themselves so successfully to foreign customs and habits that they feel no barriers to cultural differences.

🔍 다시 연습하기

There are some travelers who adapt themselves so successfully to foreign customs and habits that they feel no barriers to cultural differences.

어휘

- adapt 적응하다, 적응시키다
- so[such] ~ that ~
  너무 ~해서 ~하다
- custom 관습
- habit 습관
- barrier 장벽; 막다
- cultural 문화적

06

They are reproduced so often that we may feel we know them even if we have never been to Paris or Florence.

🔍 다시 연습하기

They are reproduced so often that we may feel we know them even if we have never been to Paris or Florence.

- reproduce
  재생산하다, 번식하다
- so[such] ~ that ~
  너무 ~해서 ~하다
- even if ~에도 불구하고
- have been to
  ~에 가 본 적 있다, ~에 갔다 왔다
- have gone to ~로 가 버렸다

정답 및 해설

05

There / are some travelers / who adapt themselves / so successfully / [to foreign customs and habits] / that they / feel no barriers / [to cultural differences].

거기에 / 몇몇의 여행자들이 있다 / 적응시키는 (여행자들) 그들 자신을 / 너무 / 성공적으로 / 외국 관습과 습관에 / (너무나 잘 적응시켜서) 그래서 그들 / 은 느낀다 장벽이 없다고 / 문화적 차이에.

해설
① 이 문장의 경우에는 'so + 부사(원인) that + S V(결과)'의 구조로 쓰였다. 이때 해석은 '너무 성공적으로 스스로를 적응시켜서(원인) 그들은 ~를 느끼다(결과)'라고 한다.
② 이 문장의 동사는 are로, 그 앞에서 끊어 읽는다.
③ 문장이 there is/are로 시작할 경우에는 '~가 있다'로 해석하며, 주어는 동사의 오른편에 위치한 것으로 본다. 따라서 문장의 be동사 오른편에 위치한 some travelers가 주어가 된다.

해석 외국의 관습과 습관에 너무 잘 적응해서 문화적 차이에 아무런 장벽도 느끼지 못하는 여행자들이 있다.

06

They / are reproduced / so often / that we / may feel / we / know them / even if we / have never been / to Paris or Florence.

그것들 / 은 복제되었다 / 너무 자주 / (너무 자주 복제되어서) 그래서 우리 / 는 느낄지도 모른다 / 우리가 / 알고 있다고 (느낄지도 모른다) 그것들을 / ~라 할지라도 우리 / 가 가 본 적이 없(다고 할지라도) / 파리나 피렌체에.

해설
① 이 문장의 경우에는 'so + 빈도부사(원인) that + S V(결과)'의 구조로 쓰였다. 이때 해석은 '너무 자주 복제되어서(원인) ~를 느낀다(결과)'라고 한다.
② 이 문장의 동사는 are reproduced로, 그 앞에서 끊어 읽는다.
③ 따라서 동사 왼편에 위치한 They가 주어가 된다.
④ 동사 형태가 수동태이기 때문에, 동사 뒤에 목적어는 오지 않는다.

해석 그것들은 너무 자주 복제되어서 우리가 파리나 피렌체에 가 본 적이 없더라도 우리가 그들을 안다고 느낄지도 모른다.

07

Experts often say that there's less than one in billion chance that the crime scene specimen could belong to anyone other than the person whose DNA shows a match.

🔍 다시 연습하기

Experts often say that there's less than one in billion chance that the crime scene specimen could belong to anyone other than the person whose DNA shows a match.

어휘

- expert 전문가
- less than ~ 이하
  (more than ~ 이상)
- chance 가능성
- crime 범죄
- scene 현장, 장면
- specimen 표본
- belong to
  ~ 소유이다, ~에 속하다
- other than ~외에
- match 일치

08

We are so familiar with the fact that man ages, that people have for years assumed that the process of losing vigour with time was something self-evident.

🔍 다시 연습하기

We are so familiar with the fact that man ages, that people have for years assumed that the process of losing vigour with time was something self-evident.

- be familiar with ~에 익숙하다
- the fact that ~라는 사실
- age 나이 먹다; 나이, 세대
- assume 가정하다
- vigour 활기, 활력
- self-evident 자명한

07

Experts / often say / that there / 's (less than) / [one in billion chance] / that / the crime scene specimen / could belong to anyone / [other than the person] / whose DNA / shows a match.

전문가들 /은 종종 말한다 / 거기에 / ~ 이하가 있다 / 10억분의 1 가능성 (이하) / ~라는 가능성 / 범죄 현장의 증거 /㉠ 누군가에게 속할 수 있다는 (가능성) / 그 사람 이외에 / 그 사람의 DNA / 와 일치를 보이는

해설 ① 이 문장에서 '동격의 that'은 완전한 문장을 이끌며, 추상명사 the chance를 설명하고 있다.
② 이 문장의 동사는 say로, 그 앞에서 끊어 읽는다.
③ 따라서 동사 왼편에 위치한 명사 Experts가 주어가 된다.
④ 동사가 타동사이기 때문에, 타동사 오른편에 위치한 that절 이하가 목적어가 된다.

해석 전문가들은 범죄 현장의 증거가 그 사람 이외에 그의 DNA와 일치를 보이는 다른 누군가에게 속할 수 있다는 10억분의 1 이하의 가능성이 있다는 것을 종종 말한다.

08

We / are so familiar [with the fact] / that / man / ages, / that people / have (for years) assumed / that the process / [of losing vigour] / [with time] / was something self-evident.

우리 /는 너무나 그 사실과 친숙해서 / 그런데 그 사실은 / 인간 /이 나이를 먹는다는 (사실) / (너무 친숙해서) 그래서 사람들 /이 여러 해 동안 생각해 왔다 / 그 과정 / 활력을 잃어 가는 (과정) / 시간과 함께 /은 자명한 어떤 것이(라는 것을 생각해 왔다).

해설 ① 이 문장에서 '동격의 that'은 완전한 문장을 이끌며, 추상명사 the fact를 설명하고 있다.
② 이 문장에서는 '동격의 that'뿐만 아니라 'so + 형용사(원인) that S V(결과)' 구문도 쓰였다. 이때 해석은 '너무 친숙해서 사람들이 여러 해 동안 생각해 왔다'라고 한다. 그리고 assumed 뒤에 나오는 that은 assume의 목적어 역할을 하는 명사절이 된다.
③ 이 문장의 동사는 are로, 그 앞에서 끊어 읽는다.
④ 따라서 동사 왼편에 위치한 We가 주어가 된다.
⑤ 동사가 be동사이기 때문에, 자동사 오른편에 위치한 형용사 familiar는 보어가 된다.

해석 우리는 인간이 나이를 먹는다는 그 사실에 너무나 친숙해서 사람들은 시간과 함께 활력을 잃어 가는 그 과정은 자명한 어떤 것이라고 여러 해 동안 생각해 왔다.

09

With the help of the scientist, the commercial fishing industry has found out that its fishing must be done scientifically if it is to be continued. 2018 지방직 9급

🔍 다시 연습하기

With the help of the scientist, the commercial fishing industry has found out that its fishing must be done scientifically if it is to be continued.

어휘

- commercial 상업적
- fishing industry 어업
- industry 산업
- find out 알게 되다
- be to ~하려 하다, ~할 것이다
- to be continued
  계속 진행되기 위해

10

You might tell yourself that if you keep going, you would eventually understand it from the context. 2017 지방직 9급 하반기

🔍 다시 연습하기

You might tell yourself that if you keep going, you would eventually understand it from the context.

- keep going 계속해서 나아가다
- eventually 궁극적으로, 결국
- understand 이해하다
- context 맥락, 구조

09

[With the help] / [of the scientist] /, the commercial fishing industry / has found out / that its fishing / must be done (scientifically) / if it is / to be continued.

도움으로 / 과학자의 (도움으로) / 상업적 어업 산업 /은 알게 되었다 / 라는 것을 알게 되었다 어업 /은 과학적으로 이루어져야 (한다는 것)을 / (알게 되었다) / 이것(상업적 어업) /이 계속되기 위해서.

해설 ① 이 문장에서 that은 접속사로 명사절을 이끌고, found out의 목적어 역할을 한다.
② 이 문장에서 동사는 has found out으로, 그 앞에서 끊어 읽는다.
③ 따라서 동사 왼편에 위치한 the commercial fishing industry가 주어가 된다.
④ 동사가 타동사이기 때문에, 타동사 오른편에 위치한 that절 이하가 목적어가 된다.

해석 과학자의 도움으로, 상업적 어업 산업은 그것이 계속되려면 어업이 과학적으로 이루어져야 한다는 것을 알게 되었다.

10

You / might tell yourself / that / (if you keep going,) / you would (eventually) understand it / (from the context).

당신 /은 말할지도 모른다 스스로에게 / ~하는 것을 (스스로에게 말할지도 모른다) / 계속 나아가면 / 당신 /은 결국 이해할 것이라(는 것을) / 문맥으로부터.

해설 ① 이 문장에서 that은 접속사로 명사절을 이끌고, tell의 직접목적어 역할을 한다.
(tell이 4형식 동사로 쓰일 때에는 'tell+사람+사물' 순으로 쓴다.)
② 이 문장의 동사는 tell로, 그 앞에서 끊어 읽는다.
③ 따라서 동사 왼편에 위치한 you가 주어가 된다.
④ 동사가 4형식 동사이기 때문에 이 문장에서 사람목적어는 yourself, 사물목적어는 that절 이하가 된다.
⑤ 명사절 접속사 that이 이끄는 문장에서 주어는 you, 동사는 would (eventually) understand, 목적어는 it이 된다.

해석 당신은 계속 나아가면 결국 문맥으로 그것을 이해하게 될 것이라고 스스로에게 말할지도 모른다.

Tip keep (on) -ing: 계속해서 ~하다

11

The scientists hope their discovery will prolong the harvests of crops in regions that are susceptible to flooding. 2018 국가직 9급

🔍 다시 연습하기

The scientists hope their discovery will prolong the harvests of crops in regions that are susceptible to flooding.

어휘

- prolong 연장하다
- harvest 수확
- be susceptible to ~에 취약하다
- flooding 홍수

12

With his ability to fuse serious content with humorous style, Hughes attacked racial prejudice in a way that was natural and witty. 2019 국가직 9급

🔍 다시 연습하기

With his ability to fuse serious content with humorous style, Hughes attacked racial prejudice in a way that was natural and witty.

- fuse 융합시키다
- fuse A with B A와 B를 융합시키다
- humorous 유머러스한
- racial 인종
- prejudice 차별
- witty 재치 있는

11

The scientists / hope / their discovery / will prolong the harvests / [of crops] / [in regions] / that are susceptible / to flooding.

과학자들 / (은) 기대한다 / 그들의 발견 / (이) 수확을 길어지게 할 것이라는 것(을) (기대한다) / 농작물의 (수확) / 지역에서 / 취약한 (지역에서) / 홍수에 (취약한 지역)

해설 ① 이 문장에서 that은 주격 관계대명사로 앞선 명사 regions를 수식하며, '~한 지역들'로 해석한다. 관계대명사 that이 이끄는 문장은 주어가 생략되어 불완전하다.
② 이 문장에서 동사는 hope로, 그 앞에서 끊어 읽는다.
③ 따라서 동사 왼편에 위치한 The scientists가 주어가 된다.
④ hope their discovery will prolong은 '(동)/(주)(동)' 구조로, 접속사 that이 생략된 형태이다.

해석 과학자들은 이번 발견으로 홍수에 취약한 지역의 농작물 수확이 길어질 것으로 기대하고 있다.

12

[/ With his ability] / to fuse serious content / with humorous style /, Hughes / attacked racial prejudice / [in a way] / that was natural and witty.

/ 그의 능력과 함께 / 융합시킬 진지한 내용을 / 유머러스한 스타일과 (진지한 내용을 융합시킬) / 휴즈 / (는) 공격했다 인종 차별을 / 방법으로 / 자연스럽고 재치 있는 (방법으로).

해설 ① 이 문장에서 that은 주격 관계대명사로 앞선 명사 way를 수식하며, '~하는 방법'으로 해석하면 된다. 관계대명사 that이 이끄는 문장은 주어가 생략되어 불완전하다.
② 이 문장에서 동사는 attacked로, 그 앞에서 끊어 읽는다.
③ 따라서 동사 왼편에 위치한 Hughes가 주어가 된다.
④ 동사가 타동사이기 때문에, 타동사 오른편에 위치한 명사 (racial) prejudice가 목적어가 된다.

해석 진지한 내용과 유머러스한 스타일을 융합시키는 능력으로 휴즈는 자연스럽고 재치 있는 방법으로 인종적 편견을 공격했다.

13

There is a basic principle that distinguishes a hot medium like radio from a cool one like the telephone, or a hot medium like the movie from a cool one like TV.

2017 지방직 9급 하반기

🔍 다시 연습하기

There is a basic principle that distinguishes a hot medium like radio from a cool one like the telephone, or a hot medium like the movie from a cool one like TV.

어휘

- basic 기본의
- principle 원칙
- distinguish A from B
  A를 B와 구별하다
- medium 매체
- hot 인기 있는, 새로운

14

They were then asked to take a test about the video that included sketching out routes, identifying landmarks, and estimating distances between places. 2017 지방직 9급 상반기

🔍 다시 연습하기

They were then asked to take a test about the video that included sketching out routes, identifying landmarks, and estimating distances between places.

- be asked to ~하도록 요청받다
- take a test 시험을 치다
- sketch out
  ~을 스케치하다, 소묘하다
- route 경로
- identify 식별하다
- estimate 평가하다

13

There / is a basic principle / that distinguishes [a hot medium / [like radio] / from a cool one / [like the telephone]], / or / [a hot medium / [like the movie] / from a cool one / [like TV]].

거기에 / 기본 원리 /㉮ 있다 / 구별하는 핫미디어를 (구별하는 기본 원리) / 라디오와 같이 / 쿨미디어로부터 / 전화와 같은 / 혹은 / 핫미디어를 (구별하는 기본 원리) / 영화와 같은 / 쿨미디어로부터 / TV와 같은.

해설
① 이 문장에서 that은 주격 관계대명사로 앞선 명사 a basic principle을 수식하며, '~하는 기본적인 원리'로 해석한다. 관계대명사 that이 이끄는 문장은 주어가 생략되어 불완전하다.
② 이 문장에서 동사는 is로, 그 앞에서 끊어 읽는다.
③ there is/are 구문은 '~가 있다'로 해석하며, 주어는 동사의 오른편에 위치한다. 따라서 동사의 오른편에 위치한 a basic principle이 주어가 된다.
④ distinguish A from B는 'A와 B를 구별하다'를 의미한다.

해석 라디오 같은 핫미디어와 전화 같은 쿨미디어, 영화 같은 핫미디어와 TV 같은 쿨미디어를 구별하는 기본 원리가 있다.

14

They / were (then) asked / to take a test / [about the video] / that included / sketching out routes, / identifying landmarks, / and estimating distances / [between places].

그들 /㉡ 그러고 나서 요청받았다 / 테스트를 받도록 (요청받았다) / 비디오에 대해 / 포함하는 (비디오) / 스케치하는 것을 경로를 / 식별하는 것을 랜드마크를 / 그리고 평가하는 것을 거리를 / 장소 사이의.

해설
① 이 문장에서 that은 주격 관계대명사로 앞선 명사 video를 수식하며, 이때 해석은 '~하는 비디오'라고 한다.
② 이 문장에서 동사는 were then asked이고, 그 앞에서 끊어 읽는다.
③ 따라서 동사 왼편에 위치한 They가 주어가 된다.
④ 동사가 수동태이기 때문에, 동사 뒤에 목적어가 오지 않는다.

해석 그러고 나서 그들은 경로를 스케치하고, 랜드마크를 식별하고, 장소 사이의 거리를 추정하는 것을 포함한 비디오에 대한 테스트를 받도록 요청받았다.

Tip ask의 쓰임은 다음과 같다.

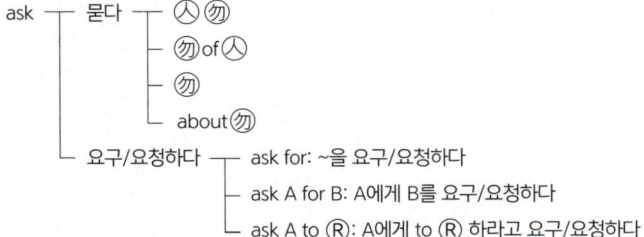

be asked to ®: ~하도록 요구/요청받다

15

The scientists were forced to conclude that just one reason of overeating could have a negative impact that continued for generations. 2017 지방직 9급 하반기

🔍 다시 연습하기

The scientists were forced to conclude that just one reason of overeating could have a negative impact that continued for generations.

어휘

- be forced to ~하도록 강요받다
- conclude 결론짓다
- overeating 과식
- impact 영향
- generation 세대

16

A problem that persists in physical education is the inability to provide equitable learning experiences for less-skilled children and youth. 2017 지방교행 9급

🔍 다시 연습하기

A problem that persists in physical education is the inability to provide equitable learning experiences for less-skilled children and youth.

- persist 지속하다
- physical 육체의, 물리적인
- physical education 체육(P.E.)
- inability ~할 수 없음
- equitable 공평한
- youth 청소년

15

The scientists / were forced to conclude / that (just) one reason / [of overeating] / could have a negative impact / that continued / [for generations].

과학자들 / 은 ~하도록 강요되었다 / 결론짓도록 (강요되었다) / 단지 한 가지 이유 / 과식의 (단지 한 가지 이유) / ㉮ 가질 수 있다는 것을 부정적인 영향을 / 지속되는 (부정적인 영향을) / 수 세대에 걸쳐.

해설 ① 이 문장에서 명사 impact 뒤의 that은 주격 관계대명사로, that이 이끄는 문장은 주어가 없는 불완전한 문장이다. 이때 해석은 '~하는 영향'이라고 한다.
② 이 문장에서 동사는 were forced로, 그 앞에서 끊어 읽는다.
③ 따라서 동사 왼편에 위치한 The scientists가 주어가 된다.
④ 동사가 수동태이기 때문에, 동사 뒤에 목적어는 오지 않는다.

해석 과학자들은 과식을 하는 한 가지 이유만이 수 세대에 걸쳐 지속되는 부정적인 영향을 미칠 수 있다고 결론짓지 않을 수 없었다.

16

A problem / that persists / [in physical education] / is the inability [to provide equitable learning experiences] / [for less-skilled children and youth].

문제 / 지속되는 (문제) / 체육 교육에서 / 는 ~할 수 없다는 것이다 / 제공할 수 (없다) / 공평한 학습 경험을 / 덜 숙련된 아이들과 청소년들에게.

해설 ① 이 문장에서 that은 앞선 명사 A problem를 꾸며 주며, 주격 관계대명사이다. 주격 관계대명사 that이 이끄는 문장은 주어가 없는 불완전한 문장이며, persists는 앞선 명사가 단수이기 때문에 이에 맞춰 수를 일치시켜 준 것이다. 이때 해석은 '~하는 문제'라고 한다.
② 이 문장에서 동사는 is로, 그 앞에서 끊어 읽는다.
③ 따라서 동사 왼편에 위치한 A problem이 주어가 된다.
④ 동사가 be동사이기 때문에, 자동사 오른편에 위치한 명사 the inability는 보어가 된다.

해석 체육 교육에서 지속되는 문제는 덜 숙련된 아이들과 청소년들에게 공평한 학습 경험을 제공할 수 없다는 것이다.

17

Worrying becomes such an ingrained habit that to avoid it you consciously have to train yourself to do otherwise.

2018 국가직 9급

어휘
- so[such] ~ that ~
  너무 ~해서 ~하다
- ingrained 뿌리 깊은
- habit 습관
- consciously 의식적으로
- have to ⓡ ~해야 한다

🔍 다시 연습하기

Worrying becomes such an ingrained habit that to avoid it you consciously have to train yourself to do otherwise.

18

Worry is a complete waste of time and creates so much clutter in your mind that you cannot think clearly about anything.

2018 국가직 9급

- complete 완전히
- waste of time 시간 낭비
- so[such] ~ that ~
  너무 ~해서 ~하다
- clutter 잡동사니, 어수선함

🔍 다시 연습하기

Worry is a complete waste of time and creates so much clutter in your mind that you cannot think clearly about anything.

정답 및 해설

17

Worrying / becomes such an ingrained habit / that (to avoid) it / you / (consciously) have to train yourself / (to do otherwise).
S   V   C   부사   S   V   O

걱정 / 은 된다 너무 뿌리 깊은 습관이 / (너무 뿌리 깊은 습관이 되어서) 피하기 위해 / 너 / 는 의식적으로 ~ 해야 한다 / 훈련시켜(야 한다) 너 자신을 / 다른 방법으로 하도록.

해설 ① 이 문장의 경우에는 'such + 명사(원인) that + S V(결과)'의 구조로 쓰였는데, 이때 해석은 '너무 뿌리 깊은 습관이 되어서 that절 하다'로 한다.
② 이 문장에서 동사는 becomes로, 그 앞에서 끊어 읽는다.
③ 동사 왼편에 위치한 Worrying이 주어가 된다.
④ 동사가 2형식 동사이기 때문에, 자동사 오른편에 위치한 명사 an (ingrained) habit은 보어가 된다.

해석 걱정은 너무나 뿌리 깊은 습관이 되어 그것을 피하기 위해서는 의식적으로 다른 방법으로 하도록 자신을 훈련시켜야 한다.

18

Worry / is a complete waste / of time / and creates so much clutter / [in your mind] / that
S   V   C   V   O
you / cannot think clearly / [about anything].
S   V   부사

걱정 / 은 완전한 낭비이다 / 시간(의 낭비) / 그리고 일으킨다 너무나 많은 어수선함을 / 너의 마음속에 / (너무 많이 일으켜서) 그래서 당신 / 은 분명하게 생각할 수 없다 / 어떤 것에 대해서도.

해설 ① 이 문장의 경우에는 'so + 명사(원인) that + S cannot V(결과)'의 구조로 쓰였는데, 이때 해석은 '너무[아주] ~하다 that절 하기에는'으로 한다. 그러므로 이 문장은 '완전히 시간 낭비여서 너는 아무것도 분명하게 생각할 수 없다'라고 해석한다.
② 이 문장의 동사는 is로, 그 앞에서 끊어 읽는다.
③ 따라서 동사 왼편에 위치한 명사 worry가 주어가 된다.
④ 동사가 be동사이기 때문에, 자동사 오른편에 위치한 명사 a (complete) waste는 보어가 된다.

해석 걱정은 완전히 시간 낭비일 뿐이고 그것은 당신의 마음속에 너무 많은 어수선함을 일으켜 당신은 아무것도 분명하게 생각할 수 없다.

19

I tried to tell my story, but my sentences and descriptive gestures got so confused that I communicated nothing more than a very convincing version of a human tornado.

2018 지방직 9급

어휘
- tried to ~하려고 노력하다
- descriptive 서술적인
- gesture 몸짓
- so[such] ~ that ~ 너무 ~해서 ~하다
- communicate 의사소통하다
- nothing more than ~에 불과한
- convincing 설득력 있는

🔍 다시 연습하기

I tried to tell my story, but my sentences and descriptive gestures got so confused that I communicated nothing more than a very convincing version of a human tornado.

20

The study notes that openness to foreign trade benefits the poor to the same extent that it benefits the whole economy.

2017 국가직 9급 상반기

- note 지적하다, 언급하다
- openness 개방성
- foreign 외국
- benefit 이익을 주다
- economy 경제

🔍 다시 연습하기

The study notes that openness to foreign trade benefits the poor to the same extent that it benefits the whole economy.

19

I / tried / to tell my story, / but my sentences and descriptive gestures / got so confused / that I / communicated (nothing more than) / a very convincing version / [of a human tornado].

나 / 는 노력했다 / 말하려고 (노력했다) 나의 이야기를 / 하지만 나의 문장과 서술적인 몸짓들 / 은 너무 혼동스러워서 / (너무 혼동스러워서) 그래서 나 / 는 의사소통했다 ~에 불과한 / 매우 설득력 있는 방식(에 불과한) / 인간의 토네이도의 (방식).

해설 ① 이 문장의 경우에는 'so + 형용사(원인) that + S V(결과)'의 구조로 쓰였는데, 이때 해석은 '너무 혼란스러워 that절 하다'로 한다.
② 이 문장은 두 문장이 접속사 but으로 이어져 있다. 그러므로 동사는 tried to와 got이며 각각 그 앞에서 끊어 읽는다.
③ 따라서 각각의 동사 왼편에 위치한 I와 my sentences and descriptive gestures가 주어가 된다.
④ nothing more than이라는 표현이 있는데, 이는 '~에 불과한'을 의미한다.

해석 나는 내 이야기를 하려고 했지만, 나의 문장과 묘사하는 몸짓이 너무 혼동스러워 나는 인간 토네이도 방식의 매우 설득력 있는 방식에 불과한 의사소통을 했다.

Tip nothing more than: ~에 불과한, ~에 지나지 않는
no more than = nothing but = only: 단지
not more than = at most: 기껏해야
no less than = as much as: ~만큼
not less than = at least: 최소한

20

The study / notes / that openness / (to foreign trade) / benefits the poor / [to the same extent] / that / it / benefits the whole economy.

이 연구 / 는 지적한다 / 개방성 / 외국 무역에 대한 (개방성) / 이 이익이 된다(는 것을 지적한다) 가난한 사람들에게 / 같은 정도로 / ~라는 정도 / 이것 / 이 이익이 된다(는 정도) 전체 경제에.

해설 ① 이 문장에서 '동격의 that'은 완전한 문장을 이끌며, 추상명사 the extent를 설명하고 있다.
② 이 문장의 동사는 notes로, 그 앞에서 끊어 읽는다.
③ 따라서 동사 왼편에 위치한 The study가 주어가 된다.
④ 동사가 타동사이기 때문에, 타동사 오른편에 위치한 that절 이하가 목적어가 된다.

해석 이 연구는 외국 무역에 대한 개방성이 전체 경제에 도움되는 것과 같은 정도로 가난한 사람들에게도 이익이 된다고 언급한다.

TYPE 5 Wh- 앞에서 끊어 읽기

Wh-어는 의문사만 쓰는 게 아니다!

Wh-어는 when, where, who, what, which, how, why를 의미하며 [의문사, 접속사, 관계사] 즉, 3가지의 쓰임을 갖고 있다.

우리는 흔히 Wh-어를 의문사로 알고 있는데, 사실상 Wh-어는 의문사보다는 접속사(문장과 문장을 이어주는 말)로 쓰이는 경우가 압도적으로 많다. 즉 S+V Wh- S+V/ Wh- S+V S+V으로 쓰는 경우가 훨씬 많다.

기본적 구별은 간단히 동사의 개수로 파악한다. 즉, Wh-어가 의문사로 쓰였을 경우에는 문장에 동사가 하나이며, Wh-어가 접속사로 쓰였을 경우에는 문장에 동사가 두 개임을 통해 Wh-어가 어떻게 쓰였는지를 판단할 수 있다.

Wh-어는 관계사로도 쓰일 수 있는데 관계사임을 알아보는 방법은 Wh-어 앞에 ⑲이 있는 경우이다. [⑲ Wh-] 구조라면 Wh-앞에서 끊어 읽은 후 관계사로 보고 해석한다.

더불어 Wh-어 뒤에 ⓡ[=Wh- to ⓡ]을 쓰는 경우도 흔하게 볼 수 있다. 이런 경우 Wh-어는 명사로 간주하며 뒤에 있는 to ⓡ은 형용사로 간주하여 "-한/-할 Wh-"로 해석한다.

	의문사	접속사	관계사	Wh-⊕to ⓡ
when	언제	-때	(명사 그런데 그 명사) 때	언제 -할지
where	어디	-장소	(명사 그런데 그 명사) 에서	어디서(어디로) -할지
who	누구	-사람	[사람] 그런데) 그 사람	
what	무엇	-것	-것	무엇을 -할지
which	무엇	-것	[사물] 그런데) 그 사물	
how	어떻게/얼마나	-방법	(방법 그런데 그) 방법으로	어떻게 -할지
why	왜	-이유	(이유 그런데 그) 이유로	X

how 해석	
어떻게	how+S+V
얼마나	how+⑲/⑮

해석TIP how

how는 "어떻게", "얼마나"의 두 가지 의미로 쓰인다.

how 뒤에 바로 "주어+동사"(문장)이 이어지면 "어떻게(방법)"로 해석하며 how 뒤에 형, 부 등이 이어지면 "얼마나"의 의미로 해석한다.

ex He did not know **how he should behave**. 그는 **어떻게** 행동해야 하는지를 몰랐다.
(how 뒤 주어 he → 어떻게)

ex I told her **how late** she was. 나는 그녀에게 그녀가 **얼마나** 늦었는지를 말했다.
(how 뒤 형용사 late → 얼마나)

TYPE 5 Wh- 앞에서 끊어 읽기

다음 문장을 끊어 읽기 해 보자.

01 Finally the day came when the boy didn't lose his temper at all.

🔍 다시 연습하기

Finally the day came when the boy didn't lose his temper at all.

어휘
- lose temper (~에게) 성질을 부리다
- at all 전혀

02 Five score years ago, a great American, in whose symbolic shadow we stand, signed the Emancipation Proclamation.

🔍 다시 연습하기

Five score years ago, a great American, in whose symbolic shadow we stand, signed the Emancipation Proclamation.

- five score years 100년
- symbolic 상징적인
- shadow 그림자
- Emancipation Proclamation 노예 해방 선언

정답 및 해설

01

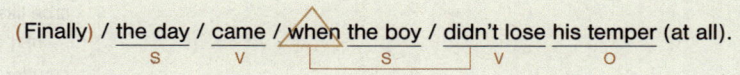

(Finally) / the day / came / when the boy / didn't lose his temper (at all).
　　　　　　　S　　　 V　　　　　　　　 S　　　　 V　　　　 O

마침내 / 그 날 / (이) 왔다 / (때) 소년 / (이) 성질을 내지 않을 (때).

해설 ① 이 문장에서 접속사 when이 두 문장을 연결해 주고 있고, 이때 when은 '~할 때'를 의미한다.
② 첫 번째 문장(Finally ~)에서 동사는 came으로, 그 앞에서 끊어 읽는다. 따라서 동사 왼편에 위치한 명사 the day가 주어가 된다. 동사가 자동사이기 때문에, 뒤에 목적어는 오지 않는다.
③ 두 번째 문장(when이 이끄는 절)에서 동사는 didn't lose로, 그 앞에서 끊어 읽는다. 따라서 동사 왼편에 위치한 the boy가 주어가 된다. 동사가 타동사이기 때문에, 타동사 오른편에 위치한 his temper가 목적어가 된다.

해석 마침내 그 소년이 전혀 성질을 내지 않은 날이 왔다.

02

[Five score years ago,] / a great American / [in whose symbolic shadow] / we / stand /
　　　　　　　　　　　　　　S　　　　　　　　 전 + 관·대　　　　　　　 삽입구　　　 S　　 V

signed the Emancipation Proclamation.
　V　　　　　　 O

100년 전 / 위대한 미국인 / (그런데 그 사람의) 상징적 그림자 속에 / 우리 / (가) 서 있는데 / (에) 서명했다 노예 해방 선언에.

해설 ① 이 문장에서 '전치사 + 소유격 관계대명사(in whose)'가 앞선 명사 a great American을 수식하고 있다.
　　　'전치사 + 소유격 관계대명사'가 이끄는 절은 뒤에 완전한 문장이 온다.
② 이 문장에서 동사는 signed로, 그 앞에서 끊어 읽는다.
③ 따라서 동사 왼편에 위치한 a great American이 주어가 된다.
④ 동사가 타동사이기 때문에, 타동사 오른편에 위치한 명사 the Emancipation Proclamation이 목적어가 된다.

해석 100년 전, 위대한 미국인이 노예 해방 선언에 서명했으며, 우리는 그의 상징적 그림자 속에 살고 있다.

03

Children whose mothers are depressed are likely to suffer from anxiety, mental-health problems, and disruptive behavior.

🔍 다시 연습하기

Children whose mothers are depressed are likely to suffer from anxiety, mental-health problems, and disruptive behavior.

어휘
- depressed 우울해하다
- be likely to ⓡ ~하기 쉽다, ~하는 경향이 있다
- suffer from ~로부터 고통받다
- anxiety 불안
- mental-health 정신적 건강
- disruptive 파괴적인
- disruptive behavior 분열적 행동(심리학)

04

Children who under-achieve at school may just have poor working memory rather than low intelligence.

🔍 다시 연습하기

Children who under-achieve at school may just have poor working memory rather than low intelligence.

- under-achieve 성취도가 낮다
- poor 나쁜, 형편없는
- working memory (직업) 기억, 기억력
- rather than ~보다는
- intelligence 지능

정답 및 해설

03

Children / [(whose mothers) / are depressed] / are likely / to suffer from / (anxiety, mental-health problems, and disruptive behavior).
S   S   V   C   V   Ⓐ
Ⓑ   O   Ⓒ

아이들 / 그런데 (아이들의) 어머니들 /ⓘ 우울해하는데 /ⓔ ~하기 쉽다 / 고통을 겪기 (쉽다) / 불안, 정신 건강 문제, 그리고 분열적인 행동에 (고통을 겪기 쉽다).

해설 ① 이 문장에서 소유격 관계대명사 whose가 앞선 명사 children을 의미한다.
② 이 문장에서 동사는 are likely to suffer from으로, 그 앞에서 끊어 읽는다.
③ 따라서 동사 왼편에 위치한 children이 주어가 된다.

해석 우울해하는 어머니를 가진 아이들은 불안, 정신 건강 문제, 그리고 분열적인 행동에 시달리기 쉽다.

04

Children / who under-achieve / (at school) / may just have poor working memory / (rather than) low intelligence.
S   V   ~라기보다는
O

아이들 / 성취도가 낮은 (아이들) / 학교에서 /ⓔ 가질 수 있다 나쁜 기억력을 / 지능이 낮아서라기보다 (기억력이 안 좋은 것일 수 있다).

해설 ① 이 문장에서 주격 관계대명사 who가 앞선 명사 children을 수식하고 있다.
② 이 문장에서 동사는 may just have로, 그 앞에서 끊어 읽는다.
③ 따라서 동사 왼편에 위치한 children이 주어가 된다.
④ 동사가 타동사이기 때문에, 그 오른편에 위치한 poor working memory가 타동사의 목적어가 된다.

해석 학교에서 성취도가 낮은 아이들은 지능이 낮아서라기보다는 기억력이 안 좋은 것일 수도 있다.

05

Since astronaut Yuri Gagarin became the first man to travel in space in 1961, scientists have researched what conditions are like beyond the Earth's atmosphere, and what effects space travel has on the human body. 2019 국가직 9급

🔍 다시 연습하기

Since astronaut Yuri Gagarin became the first man to travel in space in 1961, scientists have researched what conditions are like beyond the Earth's atmosphere, and what effects space travel has on the human body.

어휘
- astronaut 우주 비행사
- space 우주
- research 조사하다
- condition 조건
- be like ~과 같다
- beyond ~ 너머에
- atmosphere 대기, 공기

06

How we can protect our decisions from confirmation bias depends on our awareness of why, psychologically, confirmation bias happens. 2017 지방직 9급 상반기

🔍 다시 연습하기

How we can protect our decisions from confirmation bias depends on our awareness of why, psychologically, confirmation bias happens.

- protect from ~로부터 보호하다
- decision 결정
- depend on ~에 달려 있다
- awareness 인식, 인지
- psychologically 심리적으로
- confirmation bias 확증 편향

정답 및 해설

05

Since / astronaut Yuri Gagarin / became the first man / to travel / (in space) / (in 1961), /
　　　　　　S　　　　　　　　　V　　　　　　　C　　　　형용사적 용법
scientists / have researched / (what) conditions are like / (beyond the Earth's atmosphere),
　　S　　　　　　V
/ and (what effects) space travel has / (on the human body).
　　　　　　　　　　　S　　　　　V

이래로 / 우주 비행사 유리 가가린 / 이 첫 번째 사람이 된 (이래로) / 여행한 (첫 번째 사람) / 우주를 / 1961년에, / 과학자들 / 는 연구해 왔다 / 환경이 어떠한지 (연구해 왔다) / 지구 대기권 너머의 / 그리고 어떠한 영향을 우주여행이 가지는지 (연구해 왔다) / 인체에.

해설 ① 명사절을 이끄는 접속사 what은 불완전한 문장을 이끌며, 문장에서 주어, 보어, 목적어 역할을 한다. 이 문장에서는 접속사 what이 두 번 쓰였고, 각각 목적어 역할을 한다.
② 이 문장의 동사는 have researched로, 그 앞에서 끊어 읽는다.
③ 따라서 동사 왼편에 위치한 scientists가 주어가 된다.
④ 동사가 타동사이기 때문에 타동사 오른편에 위치한 what이 이끄는 불완전한 문장 2개는 전체 문장에서 목적어 역할을 한다.

해석 1961년 우주 비행사 유리 가가린이 최초로 우주여행을 한 이후 과학자들은 지구 대기권 너머의 환경이 어떤지, 우주여행이 인체에 어떤 영향을 미치는지를 연구해 왔다.

Tip conditions are like what → what conditions are like: 전치사 like의 목적어 what이 앞으로 이동한 구조

06

How we / can protect our decisions / (from confirmation bias) / depends on our awareness
　　　S　　　V　　　　　O　　　　　　　　　　　　　　　　　　V　　　　　　O
/ of (why, (psychologically), confirmation bias happens).
　　　　　　　　　　　　　　　　　　S　　　　　　V₁

어떻게 우리 / 가 보호할 수 있는지 우리의 결정들을 / 확증 편향으로부터 / 는 달려 있다 우리의 인식에 / 왜, 심리적으로, 확증 편향들이 발생하는지에 대한 (인식).

해설 ① 이 문장에서 how와 why는 접속사이다. How는 문장 맨 앞에 와서 주어 역할을 하는 명사절을 이끈다. 또한 why는 of(전치사) 뒤에 와서 목적어 역할을 하는 명사절을 이끈다. 두 접속사가 이끄는 문장은 모두 완전한 문장이다.
② 이 문장에서 동사는 depends on으로, 그 앞에서 끊어 읽는다. 동사의 왼편에 위치한 how절이 주어가 된다.
③ how는 '어떻게, 얼마나'를 의미하며, 이 문장의 경우에는 how 뒤에 'S + V'의 문장이 온 것으로 보아 '어떻게'로 해석한다.

해석 우리가 어떻게 우리의 결정을 확증 편향으로부터 보호할 수 있는가는 왜, 심리적으로, 확증 편향들이 발생하는지에 대한 우리의 인식에 달려 있다.

07

Stereotypes are one way in which we "define" the world in order to see it. 2019 서울시 9급 2월

🔍 다시 연습하기

Stereotypes are one way in which we "define" the world in order to see it.

어휘
- stereotype 고정관념
- define 정의하다
- in order to ~하기 위해

08

For example, relationships between ideas can be shown using what are called concept maps. 2019 국가직 9급

🔍 다시 연습하기

For example, relationships between ideas can be shown using what are called concept maps.

- relationship 관계
- concept 개념

정답 및 해설

07

Stereotypes / are one way / (in which) we "define" the world / (in order to see it).
S   V   C   S   V   O

편견 / 은 한 방법이다 / 우리가 정의하는 (한 방법) 세상을 / 그것(세상)을 보기 위해서.

해설 ① '전치사+관계대명사'는 관계부사로 바꾸어 쓸 수 있는데, in which는 문맥에 따라 when이나 where로 바꾸어 쓸 수 있다. 따라서 '전치사+관계대명사' 절은 뒤에 완전한 문장이 와야 하고, 이는 앞의 명사를 수식한다. 이 문장에서 in which가 이끄는 절은 앞선 명사 one way를 수식하고 있다.
② 이 문장의 동사는 are로, 그 앞에서 끊어 읽는다.
③ 따라서 동사 왼편에 위치한 Stereotypes가 주어가 된다.
④ 동사가 be동사이기 때문에, 자동사의 오른편에 위치한 one way는 보어가 된다.

해석 편견은 우리가 세상을 보기 위해 그것을 "정의"하는 한 방법이다.

08

(For example,) / relationships / (between ideas) / can be shown / using what are called
                S   V   C   분사구문   V
concept maps.
C

예를 들어 / 관계들 / 아이디어 사이에서의 / 은 보여질 수 있다 / 사용하면서 개념 지도라고 불리는 것을.

해설 ① 관계대명사 what은 '~하는 것'이라고 해석한다. 이는 앞에 명사를 가지지 않고, 뒤에 불완전한 문장이 온다. 이 문장에서 관계대명사 what이 이끄는 절은 주어가 없으므로 불완전하다.
② 이 문장에서 동사는 can be shown으로, 그 앞에서 끊어 읽는다.
③ 따라서 동사 왼편에 위치한 relationships가 주어가 된다.
④ 동사가 수동태이기 때문에 동사 뒤에 목적어는 오지 않는다.

해석 예를 들어, 아이디어 사이의 관계는 개념 지도라고 불리는 것을 사용하여 보여질 수 있다.

09

The body's internal balance system sends confusing signals to the brain, which can result in nausea lasting as long as a few days. 2019 국가직 9급

어휘
- internal 내부의
- balance 균형
- result in ~을 초래하다
- nausea 메스꺼움
- confuse 혼란시키다
- lasting 지속되는
- as long as ~만큼 오랫동안

🔍 다시 연습하기

The body's internal balance system sends confusing signals to the brain, which can result in nausea lasting as long as a few days.

10

Langston Hughes was born in Joplin, Missouri, and graduated from Lincoln University, in which many African-American students have pursued their academic disciplines. 2019 국가직 9급

- graduate from ~을 졸업하다
- pursue 추구하다
- academic 학문적
- discipline 교육, 훈육

🔍 다시 연습하기

Langston Hughes was born in Joplin, Missouri, and graduated from Lincoln University, in which many African-American students have pursued their academic disciplines.

09

(The body's internal balance system) / sends (confusing signals) / (to the brain), / which can result in nausea / lasting / (as long as a few days).

인체의 내부 균형 시스템 / 은 보낸다 혼란스러운 신호를 / 뇌에 / 초래하는 메스꺼움을 / 지속되는 (메스꺼움) / 며칠 동안.

해설 ① ', which'는 관계대명사의 계속적 용법이다. 앞선 명사를 꾸미지 않고 대개 앞의 문장 전체를 수식하며, '그리고 그것은' 혹은 '그리고 그것들은'으로 해석한다. 관계대명사의 계속적 용법도 결국 관계대명사이기 때문에, which가 이끄는 절은 불완전한 문장이 온다. 이 문장에서는 주어가 없는 불완전한 문장이 왔다.
② 이 문장의 동사는 sends로, 그 앞에서 끊어 읽는다.
③ 따라서 동사 왼편에 위치한 The body's internal balance system이 주어가 된다.
④ 동사가 타동사이기 때문에, 타동사 뒤에 오는 confusing signals가 목적어가 된다.

해석 인체의 내부 균형 시스템은 뇌에 혼란스러운 신호를 보내는데, 이것은 며칠 동안 메스꺼움을 지속시키는 결과를 초래할 수 있다.

10

Langston Hughes / was born / (in Joplin, Missouri), / and graduated from Lincoln University, / [in which] many African-American students / have pursued their academic disciplines.

랭스턴 휴즈 / 는 태어났다 / 미주리 주 조플린에서 / 그리고 졸업하였다 링컨 대학을 / (그런데 그 안에서) 많은 아프리카계 미국 학생들 / 이 추구하였던 (링컨 대학교) 그들의 학업을.

해설 ① '전치사+관계대명사'는 관계부사로 바꾸어 쓸 수 있는데, in which는 문맥에 따라 when이나 where로 바꾸어 쓸 수 있다. 따라서 '전치사+관계대명사'절은 완전한 문장이 와야 하고, 이는 앞선 명사를 수식한다. in which가 이끄는 절은 앞 명사 Lincoln University를 수식하고 있다.
② 이 문장의 동사는 was born과 graduated로, 각각 그 앞에서 끊어 읽는다.
③ 따라서 동사 왼편에 위치한 Langston Hughes가 주어가 된다.
④ was born은 수동태이고, graduated는 자동사이기 때문에 동사 뒤에 목적어가 오지 않는다.

해석 랭스턴 휴즈는 미주리 주 조플린에서 태어나 많은 아프리카계 미국 학생들이 학업을 추구한 링컨 대학을 졸업했다.

TYPE 6 ⓓⓢⓓ (접속사 that 생략) 끊어 읽기

동사 뒤 that은 빈번히 생략한다.

ⓓⓢⓓ 구조는 한 문장에 동사가 2개 있는 구조로 접속사가 반드시 하나 있어야 한다. 그리고 그 접속사가 that일 때 이 that은 생략이 가능하다.

that 앞의 동사가 타동사라면 that은 목적어절이 되며, that 앞의 동사가 자동사라면 that은 보어절이 된다. 즉 결론적으로 목적어절과 보어절인 접속사 that은 생략이 가능하다.

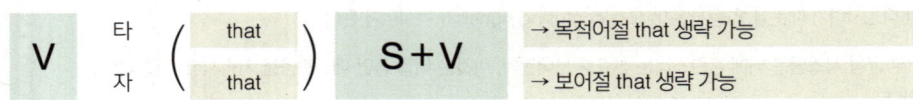

가령 know, believe, say, think 동사들 뒤에서는 사실을 나타내는 that절을 쓰게 되어 있는데, 이런 뻔한 경우에서 접속사 that은 생략이 가능하다.

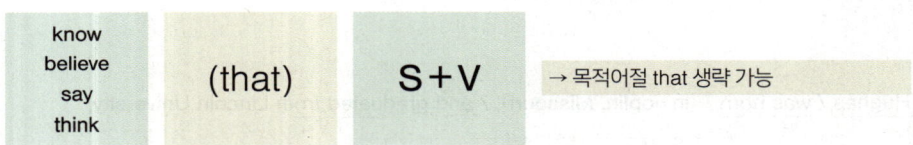

tell, inform 동사 또한 Ⓐ을 쓰고 그 뒤 ⓜ 자리에 목적어 that절을 쓴다. 따라서 여기서의 접속사 that 또한 생략이 가능하다. 더불어 Ⓐ을 앞으로 빼내어 수동태를 쓰는 경우에도 접속사 that은 생략이 가능하므로 이 구조를 알아보는 것이 중요하다.

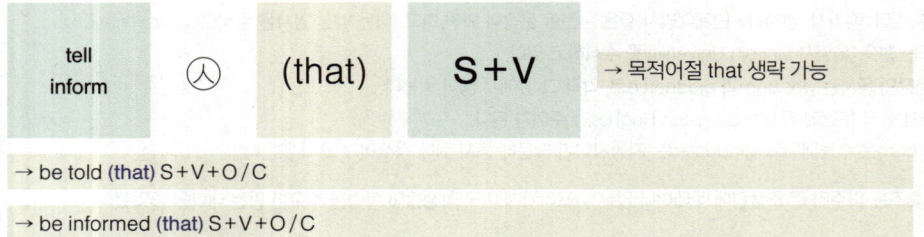

→ be told (that) S+V+O/C

→ be informed (that) S+V+O/C

6 (명사절 that 앞에) 끊어 읽기

다음 문장들의 끊어 읽어 보자.

01
Some researchers say the secret of longevity is not so hard / that you can follow.

→ 끊어 읽기
Some researchers say / the secret of longevity is not so hard / that you can follow.

02
Experts say compulsive hoarders usually have trouble categorizing items.

→ 끊어 읽기
Experts say / compulsive hoarders usually have trouble categorizing items.

TYPE 6 동주동(접속사 that 생략) 끊어 읽기

다음 문장을 끊어 읽기 해 보자.

01
Some researchers say the secret of longevity is not so hard that you can follow.

🔍 다시 연습하기

Some researchers say the secret of longevity is not so hard that you can follow.

어휘
- researcher 조사자
- secret 비밀; 비밀의
- longevity 장수
- follow 따르다

02
Experts say compulsive hoarders usually have trouble categorizing items.

🔍 다시 연습하기

Experts say compulsive hoarders usually have trouble categorizing items.

- expert 전문가
- compulsive 강압적인, 강박증이 있는
- hoarder 수집가
- have trouble -ing ~하는 데 어려움을 겪다
- categorize 분류하다

정답 및 해설

01

Some researchers / say / the secret / [of longevity] / is not so hard / that you / can follow.
S　　　　　　V (that)　S　　　　　　　　　　V　　C　　　S　　V

어떤 연구자들 /은 말한다 / 비결 / 장수의 (비결) /은 (그다지) 어렵지 않다고 / 그래서 (어렵지 않아서) 당신이 따라갈 수 있다고 (말한다).

해설
① 이 문장에서 동사는 say로, 그 앞에서 끊어 읽는다.
② 따라서 동사 왼편에 위치한 Some researchers가 주어가 된다.
③ 접속사 that은 생략이 가능하다. say the secret of longevity is는 '(동)/(주)(동)' 구조로, 접속사 that이 생략된 형태로 본다.

해석 어떤 연구자들은 장수의 비결은 그렇게 어렵지 않아서 따라갈 수 있다고 말한다.

02

Experts / say / compulsive hoarders / usually have trouble / categorizing items.
S　V (that)　S　　　　　　　　V　　O

전문가들 /은 말한다 / 강박증이 있는 수집가들 /은 대개 가진다고 어려움을 / 물건을 분류하는 데에 (대개 어려움을 가진다고 말한다).

해설
① 이 문장에서 동사는 say로, 그 앞에서 끊어 읽는다.
② 따라서 동사 왼편에 위치한 Experts가 주어가 된다.
③ 접속사 that은 생략이 가능하다. say compulsive hoarders usually have는 '(동)/(주)(동)' 구조로, 접속사 that이 생략된 형태로 본다.

해석 전문가들은 강박증이 있는 수집가들이 보통 물건을 분류하는 데 어려움을 겪는다고 말한다.

Tip have trouble -ing: -ing 하느라 어려움을 겪다

03

Light thinks it travels faster than anything, but it is wrong. No matter how fast light travels, it finds the darkness has always got there first, and is waiting for it.

🔍 다시 연습하기

Light thinks it travels faster than anything, but it is wrong. No matter how fast light travels, it finds the darkness has always got there first, and is waiting for it.

어휘
- fast 빠른; 빠르게
- no matter how 아무리 ~해도
- darkness 어두움
- get 도달하다, 얻다, 시키다, ~이 되다
- first 먼저, 첫 번째

04

You may find listening to your baby cry is one of the hardest parts of being a parent.

🔍 다시 연습하기

You may find listening to your baby cry is one of the hardest parts of being a parent.

- listen to ~을 듣다
- one of ~ 중 하나
- being a parent 부모 되기, 부모 노릇 하기
- parent 부모

정답 및 해설

03

Light / thinks / it / travels (faster) than anything, / but it / is wrong. No matter how fast light / travels, / it / finds / the darkness / has always got (there) (first), / and is waiting for it.

빛 /은 생각한다 / 그것 /은 어떤 것보다도 빨리 움직인다고 (생각한다) / 하지만 이것 /은 틀렸다. 얼마나 ~하더라도 빛이 (아무리 빨리 ~라 하더라도) / 움직인(다 해도) / 그것 /은 발견한다 / 어둠 /이 항상 그곳에 먼저 도착했다고 / 그리고 그것을 기다리고 있는 것을 (발견한다).

해설
① 첫 번째 문장에서 동사는 thinks와 is로, 각각 그 앞에서 끊어 읽는다. 두 번째 문장의 동사는 finds로, 그 앞에서 끊어 읽는다.
② 첫 번째 문장에서 주어는 동사 왼편에 위치한 Light와 it이 된다. 두 번째 문장에서도 동사 왼편에 위치한 it이 주어가 된다.
③ 첫 번째 문장에서 동사 thinks는 타동사이므로 동사 뒤에 오는 것이 목적어가 되는데, 목적어 자리에 절이 왔다. thinks it travels는 '동/주동' 구조로, 접속사 that이 생략된 형태로 본다. 첫 번째 문장에서 동사가 be동사이기 때문에 자동사 오른편에 위치한 형용사 wrong이 보어가 된다.
④ 두 번째 문장에서 동사 finds는 타동사이기 때문에, 동사 뒤에 목적어가 온다. finds the darkness has always got은 '동/주동' 구조로, 접속사 that이 생략된 형태로 본다.

해석 빛은 그 어떤 것보다도 빨리 움직인다고 생각하지만, 이것은 틀렸다. 빛이 아무리 빨리 움직인다 해도, 항상 어둠이 그보다 그곳에 먼저 도착했고 그것을 기다리고 있는 것을 발견한다.

04

You / may find / (listening to your baby cry) / is one of the hardest parts / [of being a parent].

당신 /은 발견할 수 있다 / 당신의 아기 울음소리를 듣고 있는 것 /이 가장 힘든 부분 중 하나라는 것(을 발견할 수 있다) / 부모로서 (가장 힘든 부분).

해설
① 이 문장에서 동사는 may find로, 그 앞에서 끊어 읽는다.
② 따라서 동사 왼편에 위치한 You가 주어가 된다.
③ 동사가 타동사이기 때문에 그 뒤에 오는 것이 목적어가 된다. may find listening to your baby cry is는 '동/주동' 구조로, 접속사 that이 생략된 형태이다. 접속사 that이 이끄는 절의 주어는 -ing 형태로, 동사 또한 단수 형태를 썼다.

해석 당신은 당신의 아기 울음소리를 듣고 있는 것이 부모로서 가장 힘든 부분 중 하나라는 것을 발견할 수 있다.

Tip 지각동사 'listen to 목®'의 구조
→ listen to <u>your baby</u> <u>cry</u>: 우는 것을 듣다
　　　　　　목　　　　®

05

The agency said the analysis shows the probability the population has declined since 2010 is nearly 100 percent.

어휘
- agency 기관
- analysis 분석
- probability 확률, 가능성
- population 인구 수
- decline 감소하다

🔍 다시 연습하기

The agency said the analysis shows the probability the population has declined since 2010 is nearly 100 percent.

06

While a quarter of the companies said they favored the idea of paternity leaves, fewer than one in ten actually offered them.

- while ~라고 했을지라도
- quarter 4분의 1
- favor 선호하다
- paternity leave 남자의 육아 휴직
- fewer than ~ 이하

🔍 다시 연습하기

While a quarter of the companies said they favored the idea of paternity leaves, fewer than one in ten actually offered them.

05

The agency / said / the analysis shows / the probability / the population / has declined /
  S   V   (that)   S   V   (that)   S   (that)   S   V
[since 2010] / is (nearly) 100 percent.
                V   C

기관 /(이) 말했다 / 분석 결과 /(가) 보여 주기를 / 확률 / 인구가 감소한 (확률) / 2010년 이후 /(은) 거의 100% 라고 (말했다).

해설 ① 이 문장에서 동사는 said로, 그 앞에서 끊어 읽는다.
② 따라서 동사 왼편에 위치한 The agency가 주어가 된다.
③ 동사가 타동사이기 때문에 그 뒤에 오는 것이 목적어가 된다.
④ 이 문장의 경우에는 목적어 자리에 절이 왔지만, 접속사가 없으므로 접속사 that이 생략되었음을 알 수 있다.
⑤ 즉, 목적어가 주어와 동사를 포함한 문장 형태이기 때문에, 목적어 안에 있는 주어와 동사, 목적어도 구분해서 끊어 주어야 한다. 이때 the analysis shows는 삽입절이다. 따라서 주어는 the probability이고, 동사는 is, 보어는 100 percent이다. the probability와 the population has declined 사이에는 동격의 접속사 that이 생략되어 있다.

해석 기관에서 분석 결과 2010년 이후 인구가 감소한 확률은 거의 100%라고 하였다.

06

While a quarter / [of the companies] / said / they / favored the idea / [of paternity leaves], /
      S   V (that) S   V   O
fewer than one in ten / (actually) offered them.
         S   V   O

~라도 4분의 1(이) ~했(을지라도) / 기업들 중 4분의 1 /(이) 말했(을지라도) / 그들 /(이) 찬성한다고 발상에 / 아빠들의 육아 휴직에 대한 (발상), / 10%에도 못 미치는 기업 /(이) 실제로 제안했다 그것을 (아빠들의 육아 휴직).

해설 ① 이 문장은 쉼표를 기점으로 while이 이끄는 종속절과 실제 말하고자 하는 주절(fewer ~ them)로 나뉜다.
② 종속절에서 동사는 said로, 그 앞에서 끊어 읽는다. 따라서 동사 왼편에 위치한 a quarter of the companies가 주어가 된다. 그리고 동사가 타동사이기 때문에 그 뒤에 오는 것이 목적어가 된다. 목적어 자리에 절이 왔지만 접속사가 없기 때문에, 이 문장에서 명사절 접속사 that이 생략되었음을 알 수 있다.
said they favored는 '동/주동' 구조로, 접속사 that이 생략된 형태로 본다.
③ 주절에서 동사는 offered로, 그 앞에서 끊어 읽는다.
④ 따라서 동사 왼편에 위치한 fewer than one in ten이 주어가 된다.
⑤ 동사가 타동사이기 때문에, 타동사 오른편에 위치한 대명사 them이 목적어가 된다.

해석 기업들 중 4분의 1이 아빠의 육아 휴직이라는 발상에 찬성한다고 했을지라도, 실제로 그것을 제안한 회사들은 10%에도 못 미친다.

07

When you concentrate on the one task of your priorities, you will find you have energy that you didn't even know you had.

2018 지방직 9급

어휘
- concentrate on ~에 집중하다
- task 일, 업무
- priority 우선순위

🔍 다시 연습하기

When you concentrate on the one task of your priorities, you will find you have energy that you didn't even know you had.

08

December usually marks the start of humpback whale season in Hawaii, but experts say the animals have been slow to return this year. 2017 지방직 9급 하반기

- mark 표시하다
- humpback whale 혹등고래
- return (되)돌아오다

🔍 다시 연습하기

December usually marks the start of humpback whale season in Hawaii, but experts say the animals have been slow to return this year.

07

When you / concentrate on / the one task / [of your priorities], / you / will find / you / have energy / that you / didn't even know / you had.

(때) 당신 / (이) 집중할 (때) / 한 가지 과제에 / 당신의 우선순위의 (과제) / 당신 / (은) 발견할 것이다 / 당신 / (이) 에너지를 가지고 있다는 것을 (발견할 것이다) / 당신 / (은) 몰랐던 (에너지) / 당신이 가지고 있다고 (알지 못했던).

해설 ① that은 다양한 의미와 어법으로 쓰이기 때문에, 끊어 읽으면서 각 기능에 맞추어 올바르게 해석해야 한다. 이 문장에서 생략되어 있는 that은 접속사로서, 명사절을 이끌고 find의 목적어 역할을 한다. (문장이 2개로 연결되어 있는데 접속사가 등장하지 않았다면, 접속사의 생략을 의심해 보아야 한다.)
② 이 문장의 동사는 will find로, 그 앞에서 끊어 읽는다.
③ 따라서 동사 왼편에 위치한 you가 주어가 된다.
④ 동사가 타동사이기 때문에 동사 뒤에 오는 절이 목적어가 된다. will find you have는 '동/주동' 구조로, 접속사 that이 생략된 형태로 본다.

해석 우선순위의 한 가지 과제에 집중하면, 당신은 자신이 가지고 있는 줄도 몰랐던 에너지를 가지고 있다는 것을 알게 될 것이다.

08

December / (usually) marks the start / [of humpback whale season] [in Hawaii], / but experts / say / the animals / have been slow to return (this year).

12월 / (은) 보통 표시한다 시작을 / 하와이에서 혹등고래 철의 (시작) / 하지만 전문가들 / (은) 말한다 / 동물들 / (이) 올해 들어 느리게 돌아오고 있다고 (말한다).

해설 ① 이 문장은 두 개의 문장이 but으로 연결되어 있다. 그리고 but 뒤의 문장도 두 개의 문장이 한 문장으로 이어져 있다. 그런데 이를 연결해 주는 접속사가 없어, 접속사가 생략되어 있음을 알 수 있다. 이 문장에서는 say의 목적어 역할을 하는 명사절 that이 생략되었다.
② 이 문장에서 동사는 marks와 say로, 각각 그 앞에서 끊어 읽는다.
③ 따라서 동사 왼편에 위치한 December와 experts가 주어가 된다.
④ 두 동사 모두 타동사이기 때문에 뒤에 목적어가 와야 한다. 따라서 the start와 say 뒤에 나오는 절이 목적어 역할을 한다.
⑤ say the animals have been slow는 '동/주동' 구조로, 접속사 that이 생략된 형태로 본다.

해석 12월은 보통 하와이에서 혹등고래 철이 시작되는 시기이지만, 전문가들은 이 동물들이 올해 들어 느리게 돌아오고 있다고 말한다.

09

One is that we have a blind spot in our imagination and the other is we fail to ask questions about new information.

2017 지방직 9급 상반기

🔍 다시 연습하기

One is that we have a blind spot in our imagination and the other is we fail to ask questions about new information.

어휘

- blind 눈이 먼
- blind spot 맹점, 사각지대
- imagination 상상력
- fail to
  ~하는 것을 실패하다,
  ~를 못하다
- information 정보

10

Despite these advantages, however, the store's management thought it was still missing something to attract customers.

2017 국가직 9급 상반기

🔍 다시 연습하기

Despite these advantages, however, the store's management thought it was still missing something to attract customers.

- despite 비록 ~에도 불구하고
- advantage 이점, 장점
- management
  경영, 관리, 경영진
- miss 놓치다, 그리워하다
- attract 마음을 끌다
- customer 고객, 손님

09

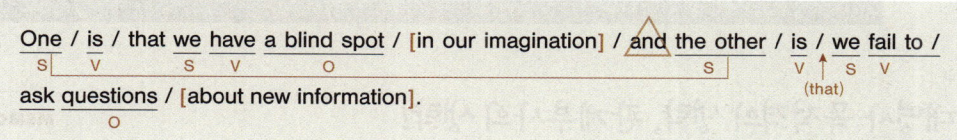

One / is / that we have a blind spot / [in our imagination] / and the other / is / we fail to / ask questions / [about new information].

하나 / 는 ~이다 / 우리가 가진다(는 것이다) 사각지대를 / 우리의 상상력에 / 그리고 다른 하나 / 는 ~이다 / 우리가 ~하지 못하다(는 것이다) / 질문하지 (못하다) / 새로운 정보에 대해.

해설 ① 이 문장은 두 개의 문장이 and로 연결되어 있다. 그리고 and 뒤의 문장 또한 두 개의 문장이 하나의 문장으로 연결되어 있다. 그런데 이를 연결해 주는 접속사가 없으므로, 접속사가 생략되었음을 알 수 있다. 이 문장에서는 is(be동사)에 대한 보어 역할, 즉 주격 보어 역할을 하는 명사절 접속사 that이 생략되었다. is we fail to ask는 '동/주동' 구조로, 접속사 that이 생략된 형태로 본다.
② 이 문장에서 동사는 is로, 그 앞에서 끊어 읽는다.
③ 첫 번째 문장에서 동사 왼편에 위치한 one이 주어가 된다. 동사가 be동사이므로 그 오른편에 위치한 것이 자동사의 보어가 되는데, 이 문장의 경우에는 보어 자리에 that절이 왔다. 따라서 첫 번째 문장의 보어는 명사절 접속사 that이 이끄는 절이 된다.
④ 두 번째 문장에서 동사 왼편에 위치한 the other가 주어가 된다. 동사가 be동사이므로 그 오른편에 위치한 것이 자동사의 보어가 되는데, 이 경우에도 보어 자리에 절이 왔다. 절이 왔음에도 이를 이어 주는 접속사가 없기 때문에, 명사절 접속사 that이 생략되었음을 알 수 있다.

해석 하나는 우리가 상상력의 사각지대를 가지고 있고 다른 하나는 새로운 정보에 대한 질문을 하지 못한다는 것이다.

Tip 2개의 부정대명사   3개 이상의 부정대명사

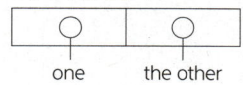   

10

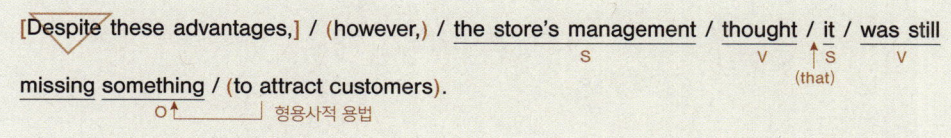

[Despite these advantages,] / (however,) / the store's management / thought / it / was still missing something / (to attract customers).

불구하고 이러한 장점에도 (불구하고) / 하지만 / 매장 경영진들 / 은 생각한다 / 무언가 빠져 있다고 (생각한다) / 고객을 끌어들이기 위한 (무언가).

해설 ① 접속사는 하나의 문장 안에서 '주어+동사'와 '주어+동사', 즉 두 개의 문장을 하나로 연결해 주는 역할을 한다. 이 문장은 '주어+동사+주어+동사' 형태로 이루어져 문장이 두 개인데, 이들을 이어 주는 접속사가 없다. 따라서 접속사가 생략되었음을 알 수 있는데, 이 문장에서는 thought의 목적어 역할을 하는 명사절 접속사 that이 생략되었다. thought it was still missing은 '동/주동' 구조로, 접속사 that이 생략된 형태이다.
② 이 문장의 동사는 thought로, 그 앞에서 끊어 읽는다.
③ 따라서 동사 왼편에 위치한 the store's management가 주어가 된다.
④ 동사가 타동사이기 때문에 그 뒤에 목적어가 와야 하는데, 이 문장의 경우에는 절이 왔다. 목적어 자리에 절이 왔음에도 접속사가 없기 때문에, 명사절 접속사 that이 생략되었음을 알 수 있다. 따라서 이 문장의 목적어는 생략된 that이 이끄는 절 it was still ~이 된다.

해석 하지만 이러한 장점에도 불구하고 매장 경영진은 여전히 고객을 끌어들이기 위한 무언가가 빠져 있다고 생각했다.

TYPE 7 명/주동 끊어 읽기

관계대명사 목적격의 생략, 관계부사의 생략!

명/주동의 기본 구조는 문장이 명사를 꾸미는 구조로 원래는 [명 접 S+V] 형태인데, 여기서 접은 잉여 표현으로 생략할 수 있다. 따라서 명/주동 형태가 되는 것이다.

다만, 생략은 1) 관계대명사 목적격 2) 관계부사일 때 생략이 가능하다.

해당 내용은 문법 시간에 더 자세하게 다루며, 독해를 하는 경우에는 "명/S가 V하는 명"으로 해석한다.

TYPE 7 명/주동 끊어 읽기

다음 문장을 끊어 읽기 해 보자.

01
Men heap together the mistakes of their lives, and create a monster they call destiny.

🔍 다시 연습하기

Men heap together the mistakes of their lives, and create a monster they call destiny.

어휘
- heap 쌓아 올리다
- mistake 실수
- create 만들다
- monster 괴물
- destiny 운명

02
One of the challenges we face in the world today is that a lot of the information we get about other people and places comes from the advertising and entertainment we see in the media.

🔍 다시 연습하기

One of the challenges we face in the world today is that a lot of the information we get about other people and places comes from the advertising and entertainment we see in the media.

- challenge 도전
- face 직면하다, 마주하다
- a lot of 많은
- information 정보
- come from ~에서 오다
- advertising 광고
- entertainment 엔터테인먼트
- media 매체

정답 및 해설

01

Men / heap together the mistakes / [of their lives], / and create a monster / they call destiny.
S   V   O   등위   V   O/명   S V₅ C

인류 /는 쌓아 올린다 실수들을 / 그들의 삶의 (실수들) / 그리고 만든다 괴물을 / 그들이 운명이라고 부르는 (괴물).

해설
① a monster they call destiny는 '명/주동' 구조로, 목적격 관계대명사가 생략된 형태로 본다. (call 뒤 목적어 생략)
② 이 문장에서 동사는 heap과 create로, 각각 그 앞에서 끊어 읽는다.
③ 따라서 동사 왼편에 위치한 Men이 주어가 된다.
④ 동사가 타동사이기 때문에, 그 오른편에 위치한 the mistakes와 a monster가 목적어가 된다.

해석 인류는 그들 삶의 실수들을 쌓아 올리고, 그들이 운명이라고 부르는 괴물을 만든다.

02

One / of the challenges / (we face) / [in the world today] / is that / (a lot of the information) /
            명   S V   V   S/명
(we get) / [about other people and places] / comes [from the advertising and entertainment]
 S V   V   명
/ (we see) / [in the media].
  S V

하나 / 도전들 중 (하나) 우리가 직면하는 (도전들 중 하나) / 오늘날 /는 ~이다 / 많은 정보들 / 우리가 얻는 (많은 정보들) / 다른 사람들과 장소에 대한 /이 ~로부터 온다(는 것이다) / 광고와 엔터테인먼트에서(부터) / 우리가 보는 (광고와 엔터테인먼트) / 미디어의.

해설
① the challenges we face, the information we get, the advertising and entertainment we see는 각각 '명/주동' 구조를 이루고 있으며, 목적격 관계대명사가 생략된 형태로 본다. (face 뒤 목적어 생략), (get 뒤 목적어 생략), (see 뒤 목적어 생략)
② 이 문장에서 동사는 is로, 그 앞에서 끊어 읽는다.
③ 따라서 동사 왼편에 위치한 One of the challenges(we face in the world today는 앞선 주어를 수식)가 주어가 된다.
④ 동사가 be동사이기 때문에, 자동사 오른편에 위치한 that절은 보어가 된다.

해석 오늘날 우리가 직면하고 있는 도전들 중 하나는 다른 사람들과 장소에 대해 얻고 있는 많은 정보들이 우리가 보는 미디어의 광고와 엔터테인먼트에서 나온다는 것이다.

03

In modern times, the unity the old world enjoyed is lacking.

🔍 다시 연습하기

In modern times, the unity the old world enjoyed is lacking.

어휘
- modern 현대
- unity 화합, 단결, 단일성, 통일성
- lacking 부족한, 결여된

04

One superstition I can't seem to escape is the one dealing with calendars.

🔍 다시 연습하기

One superstition I can't seem to escape is the one dealing with calendars.

- superstition 미신
- escape 탈출하다, 회피하다
- deal with ~을 다루다, 해결하다
- calendar 달력

정답 및 해설

03

[In modern times,] / the unity / (the old world enjoyed) / is lacking.
　　S/명　　　　　 S　　　　　S　　　　V　　V　C

현대에는 / 단일성 / 구세계가 누렸던 (단일성) / 이) 부족하다.

해설 ① 이 문장에서 the unity the old world enjoyed는 '명/주동' 구조로, 목적격 관계대명사가 생략된 형태로 본다. (enjoy 뒤 목적어 생략)
② 이 문장에서 동사는 is로, 그 앞에서 끊어 읽는다.
③ 따라서 동사 왼편에 위치한 the unity가 주어가 된다.
④ 동사가 be동사이기 때문에, 자동사 오른편에 위치한 형용사 lacking은 보어가 된다.

해석 현대에는, 그동안 구세계가 누렸던 단일성이 부족하다.

04

One superstition / (I can't seem to escape) / is the one / (dealing with calendars).
　　S/명　　　　　　　S　　　V　　　　　　　V　C↑　　　　　　-ing

한 가지 미신 / 나 / 빠져나가지 못할 것 같은 (한 가지 미신) / 은 그것이다 / 달력을 다루는 (것이다).

해설 ① One superstition I can't seem은 목적격 관계대명사가 생략된 형태이며, 생략된 목적어는 일반명사 One superstition이다.
② 이 문장에서 동사는 is로, 그 앞에서 끊어 읽는다.
③ 따라서 동사 왼편에 위치한 one superstition이 주어가 된다.
④ 동사가 be동사이기 때문에, 자동사 오른편에 위치한 명사 the one은 보어가 된다.

해석 내가 빠져나갈 수 없는 한 가지 미신은 달력을 다루는 것이다. (달력에 관한 것이다)

05

In the past, the messages we received from television programs, advertisements, and movies were full of stereotypes.

🔍 다시 연습하기

In the past, the messages we received from television programs, advertisements, and movies were full of stereotypes.

어휘
- receive from ~에게서 받다
- advertisement 광고
- be full of ~로 가득찬
- stereotype 고정관념

06

It is easy to look at the diverse things people produce and to describe their differences. 2017 지방직 9급 하반기

🔍 다시 연습하기

It is easy to look at the diverse things people produce and to describe their differences.

- easy to ⓡ ~하기 쉽다
- look at ~을 (자세히) 살피다, 보다
- diverse 다양한
- produce 생산하다
- describe 묘사하다, 설명하다
- difference 차이점

정답 및 해설

05

[In the past,] / the messages / (we received) / (from television programs, advertisements, and movies) / were full of stereotypes.

과거에 / 메시지들 / 우리가 받은 (메시지들) / 텔레비전 프로그램, 광고, 영화로부터 나온 / 은 고정관념으로 가득했다.

해설 ① 이 문장에서 the messages we received는 '명/주동' 구조로 목적격 관계대명사가 생략된 형태이며, 이때 생략된 목적어는 일반명사 the messages이다. (recieve 뒤 목적어 생략)
② 이 문장에서 동사는 were로, 그 앞에서 끊어 읽는다.
③ 따라서 동사 왼편에 위치한 the messages가 주어가 된다.
④ 동사가 be동사이기 때문에, 그 오른편에 위치한 형용사 full은 자동사의 보어가 된다.

해석 과거에 우리가 텔레비전 프로그램, 광고, 영화로부터 받은 메시지들은 고정관념으로 가득 차 있었다.

Tip be full of: ~로 가득 차다

06

It / is easy / to look at / the diverse things / (people produce) / and to describe their differences.

쉽다 / 보는 것은 (쉽다) / 다양한 것들을 / 사람들이 만들어 내는 (다양한 것들) / 그리고 묘사하는 것은 (쉽다) 그들의 차이점을.

해설 ① people produce라는 문장에서 produce가 타동사임에도 목적어가 오지 않았기 때문에, 목적격 관계대명사가 생략되었음을 알 수 있다. the diverse things people produce는 '명/주동'구조로 목적격 관계대명사가 생략된 형태이며, 이때 생략된 목적어는 일반명사 the diverse things이다.
② 이 문장에서 동사는 is로, 그 앞에서 끊어 읽는다.
③ 따라서 동사 왼편에 위치한 It이 주어가 된다.
④ 동사가 be동사이기 때문에, 자동사 오른편에 위치한 형용사 easy는 보어가 된다.

해석 사람들이 만들어 내는 다양한 것들을 보고 그들의 차이점을 묘사하는 것은 쉽다.

07

A witch's power necessarily came from the pact she made with the devil. 2017 지방직 9급 상반기

🔍 다시 연습하기

A witch's power necessarily came from the pact she made with the devil.

어휘

- necessarily 반드시
- come from ~로부터 오다
- pact 협정

08

Their years of training and learning through deliberate practice prepare them to take on similar challenges even in places they do not know well or at all. 2017 지방직 9급 상반기

🔍 다시 연습하기

Their years of training and learning through deliberate practice prepare them to take on similar challenges even in places they do not know well or at all.

- years of 수년간의
- training 훈련
- deliberate 정교한, 신중한
- prepare 준비하다, 준비시키다
- take on
  띠다, 맡다, 책임지다, 고용하다
- challenge 도전
- at all 전혀

정답 및 해설

07

A witch's power / (necessarily) came [from the pact] / she made / [with the devil].
　　S　　　　　　　　　　V　　　　　　　　명　　　S　　V

마녀의 힘 /은 반드시 ~로부터 온 것이다 / 협정으로(부터) / 그녀가 맺었던 (협정) / 악마와.

해설　① 두 개의 문장이 이어질 때에는 접속사가 필요하다. 하지만 이 문장은 두 개의 문장이 한 문장 안에 있음에도 접속사가 없는 것으로 보아, 접속사가 생략된 형태라는 것을 알 수 있다. she made라는 문장에서 made(make)가 타동사임에도 목적어가 없기 때문에, 목적격 관계대명사가 생략된 것이다. the pact she made는 '명/주/동' 구조로 목적격 관계대명사가 생략된 형태이며, 이때 일반명사 the pact가 생략되었다.
　　② 이 문장에서 동사는 came으로, 그 앞에서 끊어 읽는다.
　　③ 동사 왼편에 위치한 A witch's power가 주어가 된다.

해석　마녀의 힘은 그녀가 악마와 맺은 협정에서 나온 것이다.

08

[Their years of / training and learning] / [through deliberate practice] / prepare them / to
　　　　　　　　S　　　　　　　　　　　　　　　　　　　　　　　　　　　　V　　　O　　C
take on / similar challenges / even in places / they do not know (well or at all).
　　　　　　　O　　　　　　　　　　명　　　　S　　V

그들의 수년간의 / 훈련과 학습 / 신중한 연습을 통한 / (이) 그들을 준비시킨다 / 도전하도록 / 유사한 도전에 / 심지어 장소에서도 / 그들이 잘 알지 못하거나 전혀 모르는 (장소).

해설　① 두 개의 문장이 이어질 때에는 접속사가 필요하다. 하지만 이 문장은 두 개의 문장이 한 문장 안에 있음에도 접속사가 없는 것으로 보아, 접속사가 생략된 형태라는 것을 알 수 있다. they do not know well or at all이라는 문장에서 know가 타동사임에도 목적어가 없기 때문에, 목적격 관계대명사가 생략된 것이다. places they do not know는 '명/주/동' 구조로 목적격 관계대명사가 생략된 형태이며, 이때 생략된 목적어는 places이다.
　　② 이 문장에서 동사는 prepare로, 그 앞에서 끊어 읽는다.
　　③ 따라서 동사 왼편에 위치한 Their years of training and learning이 주어가 된다.
　　④ '준비시키다'를 의미하는 동사 prepare가 타동사이기 때문에, 타동사 오른편에 위치한 대명사 them이 목적어가 된다.

해석　그들의 수년간의 신중한 연습을 통한 훈련과 학습은 그들이 잘 알지 못하거나 전혀 모르는 곳에서도 유사한 도전을 하도록 준비시켜준다.

09

Having respect for older people was something her mother had impressed on her right from when she was a young child.
2017 지방교행 9급

어휘
- respect for ~에 대한 존중
- impress on ~에게 명심하게 하다

🔍 다시 연습하기

Having respect for older people was something her mother had impressed on her right from when she was a young child.

10

Ornstein and Ehrlich relate the large-scale threats we face to what they call the "boiled frog syndrome." 2017 지방교행 9급

- relate 연관 짓다
- large-scale 대규모의
- threat 협박, 위협
- face 직면하다, 마주치다
- syndrome 신드롬

🔍 다시 연습하기

Ornstein and Ehrlich relate the large-scale threats we face to what they call the "boiled frog syndrome."

정답 및 해설

09

Having respect / [for older people] / was something / her mother had impressed [on her] / [right from when she was a young child].
S   C(명)   V (명)   S   V   S V   C

존중하는 것 / 나이 든 사람들을 (존중하는 것) / 은 무언가였다 / 그녀의 어머니가 그녀에게 명심하게 한 (무언가) / 그녀가 어린아이였을 때부터.

해설 ① 명사 뒤에 접속사가 없이 새로운 절이 이어진다면, 목적격 관계대명사의 생략을 의심해 보아야 한다. her mother had impressed on her에 impressed가 타동사임에도 불구하고 목적어가 나와 있지 않기 때문에, 목적격 관계대명사가 생략되었음을 알 수 있다. something her mother had impressed는 '명/주동' 구조로, 목적격 관계대명사가 생략된 형태이다.
② 이 문장에서 동사는 was로, 그 앞에서 끊어 읽는다.
③ 따라서 동사 왼편에 위치한 -ing 형태인 Having respect가 주어가 된다. (-ing 주어 → 단수)
④ 동사가 be동사이기 때문에, 자동사 오른편에 위치한 명사 something은 보어가 된다.

해석 나이 든 사람들을 존중하는 것은 그녀의 어머니가 그녀가 어린아이였을 때부터 명심하게 한 것이었다.

10

Ornstein and Ehrlich / relate / the large-scale threats / we face / [to what they call the
S   V   O (명)   S V   (명)   S   V

"boiled frog syndrome."]
C

오른슈타인과 에를리히 / 는 연관 짓는다 / 대규모의 위협을 / 우리가 직면하는 (위협) / 그들이 "삶은 개구리 증후군"이라고 말하는 (위협).

해설 ① 명사 뒤에 접속사 없이 'S + V'가 온다면, 목적격 관계대명사의 생략을 의심해 볼 수 있다. threats we face는 '명/주동' 구조로, 목적격 관계대명사가 생략된 형태로 본다. (face 뒤 목적어 생략)
② 이 문장에서 동사는 relate로, 그 앞에서 끊어 읽는다.
③ 따라서 동사 왼편에 위치한 Ornstein and Ehrlich가 주어가 된다.
④ 동사가 타동사이기 때문에, 그 오른편에 위치한 명사 threats가 목적어가 된다.

해석 오른슈타인과 에를리히는 우리가 직면하고 있는 대규모의 위협과 그들이 말하는 소위 "삶은 개구리 증후군"을 연관 짓는다.

TYPE 8 명/형 +α 끊어 읽기

후치수식을 끊고 해석할 수 있다면 해석이 완성된다!

명사 뒤에 형용사로 쓰일 수 있는 모양은 4가지가 있다.

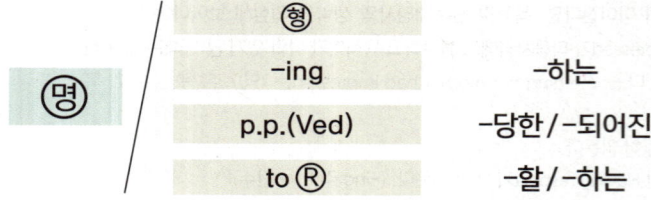

위와 같은 구조에서는 "명/-하는 명"이라고 해석하며 이 경우 우리말에 맞춰 **명사를 두 번 읽어준다.**

다만 명사 뒤에 p.p.가 나온 경우 이것이 p.p.인지 동사의 과거인지를 구별해서 해석할 수 있어야 한다. 따라서 p.p.인지 동사의 과거형인지를 아래의 기준을 통해 알아보아야 한다.

Ved 모양을 마주했을 경우 2가지 경우를 생각해야 한다.
첫 번째는 Ved가 동사의 과거형일 수 있고, 두 번째는 p.p.일 수 있는 경우이다. Ved가 동사의 과거형인지 p.p.인지는 반드시 구별할 수 있어야 한다.

```
Ved ─ 동사의 과거형       [결론] 동사
    ─ p.p.              [결론] 준동사 - 형 or 부
```

자리로 구별되는 경우

■ **부사 자리의 Ved**

: 부사 자리에 Ved를 썼다면 무조건 p.p.이다. 더불어 동사의 과거로는 문장을 시작할 수 없다. 따라서 무조건 p.p.로 본다.

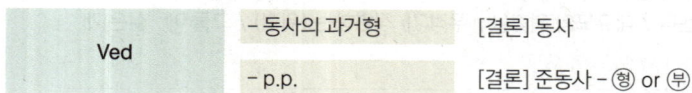

↳ **Killed** the war, he couldn't come back home. 그는 전쟁에서 죽임당해서 집에 돌아올 수 없었다.
　　[p.p.]
　　　↳ 문장 맨 앞 부사 자리

■ 형 자리의 Ved

: 관/소유/전 형명에서 형 자리에 Ved가 쓰였다면 이것 또한 무조건 p.p.이다.

↳ The **wounded** man. 부상당한 남자.
　　　[p.p.]
　　　↳ 관사와 명사 사이 형용사 자리

따져 봐야 하는 경우

■ 명/Ved

: 가장 중요한 구조로, 이 구조에서는 Ved가 동사의 과거일 수도 있고, p.p.일 수도 있기 때문에 이런 구조는 반드시 끊어서 따져보는 것이 중요하다.

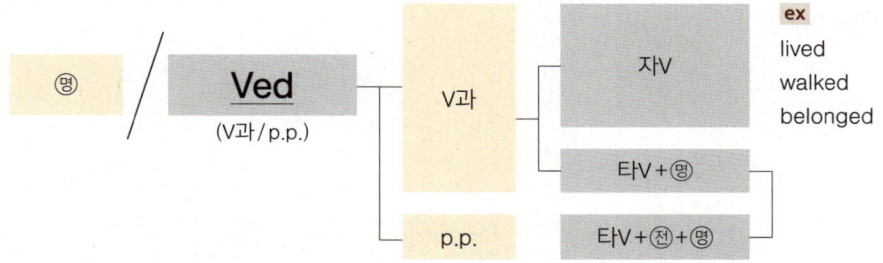

Those men / **lived** in the area. 그 남자들은 그 지역에 살았었다.
　　　　→ 동사과거형(자동사)

Those books / **belonged** to this library. 그 책들은 이 도서관에 속해 있었다.
　　　　　→ 동사과거형(자동사)

The mountain / **covered** the area beautifully. 그 산은 그 지역을 아름답게 덮었었다.
　　　　　→ 동사과거형(타동사+목)

The mountain / **covered** with snow was beautiful. 눈으로 덮힌 산은 아름다웠다.
　　　　　→ p.p.(타동사+목)

참고　　　　　　　　　　　　참고

↳ 4형식 수여동사　　　　↳ 5형식 동사
(p.p.로 간주)　　　　　　(p.p.로 간주)

MEMO

TJ Says

4형식 동사 뒤에서는 명사(목)가 오더라도 p.p.로 간주!
명사 뒤 Ved는 영어를 포기하게 하는 제1 난관!
이것만 넘으면 누구나 영어가 능숙해집니다! 명사 뒤에 Ved는 일단 p.p.로 보는 습관을 들입시다! 왜냐하면 동사는 한 문장에 하나지만, 수식어구인 p.p.는 그 개수가 정해져 있지 않죠! 따라서 명사 뒤 Ved는 p.p.일 가능성이 압도적으로 높습니다!

다음 문장을 끊어 읽기 해 보자.

01

An ingredient in olives known as oleocanthal works in much the same way as the drug ibuprofen to suppress pain-causing prostaglandins in the body.

🔍 다시 연습하기

An ingredient in olives known as oleocanthal works in much the same way as the drug ibuprofen to suppress pain-causing prostaglandins in the body.

어휘

- ingredient 재료, 요소, 성분
- oleocanthal 올레오칸탈
- in the same way 같은 방법으로
- the same 명 as ~와 같은 명
- suppress 억압하다

02

One way to accelerate the flow of new ideas is to be put in difficult situations where you're likely to fail.

🔍 다시 연습하기

One way to accelerate the flow of new ideas is to be put in difficult situations where you're likely to fail.

- accelerate 가속화하다
- flow 흐름; 흐르다
- be put ~에 놓이다
- difficult 어려운
- situation 상황
- be likely to ⓡ ~할 가능성이 높다

정답 및 해설

01

An ingredient / [in olives] / known [as oleocanthal] / works [in much the same way] / as the drug ibuprofen / [to suppress pain-causing prostaglandins] / [in the body].

S — p.p. — V — 형용사적 용법

성분 / 올리브의 (성분) / 올레오칸탈로 알려진 (올리브의 성분) / ㉡ 작용한다 거의 동일한 방식으로 / 약물 이부프로펜으로서 / 통증을 유발하는 프로스타글란딘을 억제하기 위해 / 체내에서.

해설
① 명사 An ingredient (in olives) 뒤에 p.p. 형태인 known을 써서 '㈜/p.p.' 형태가 되었다. known은 동사의 과거형이나 p.p.로 볼 수 있는데, 뒤에 works라는 일반동사가 존재하므로 이때 known은 p.p.로 보는 것이 적절하다. 이런 경우 '~당한/~된 ㈜'로 해석한다.
② 이 문장에서 동사는 works로, 그 앞에서 끊어 읽는다.
③ 따라서 동사 왼편에 위치한 An ingredient가 주어가 된다.
④ 동사가 자동사이기 때문에, 동사 다음에 목적어가 오지 않는다.

해석 올레오칸탈로 알려진 올리브의 성분은 통증을 유발하는 프로스타글란딘을 체내에서 억제하기 위해 약물 이부프로펜과 거의 동일한 방식으로 작용한다.

02

One way / (to accelerate the flow) / [of new ideas] / is to be put / [in difficult situations] / where you're likely to fail.

S — 형용사적 용법 — V C — S V

한 가지 방법 / 흐름을 가속화하기 위한 (한 가지 방법) / 새로운 아이디어의 / ㉡ 놓이는 것이다 / 어려운 상황에 / (그런데 그 상황에서) 당신이 실패할 가능성이 높은 곳이다.

해설
① 이 문장에서 관계부사 where가 앞선 명사 difficult situations을 수식하고 있다. 관계부사가 이끄는 절은 완전한 문장이 온다.
② 이 문장에서 동사는 is로, 그 앞에서 끊어 읽는다.
③ 따라서 동사 왼편에 위치한 one way가 주어가 된다.
④ 동사가 be동사이기 때문에, 자동사 오른편에 위치한 명사나 형용사가 보어가 된다. 그런데 이 문장의 경우에는 보어 자리에 to ⓡ이 쓰였다.

해석 새로운 아이디어의 흐름을 가속화하는 한 가지 방법은 당신이 실패할 가능성이 높은 어려운 상황에 놓이는 것이다.

03

The man killed in the battlefield could never be with his mother again.

🔍 다시 연습하기

The man killed in the battlefield could never be with his mother again.

어휘
- battlefield 전쟁터

04

The serum made from the crushed bodies of bees produced more adverse reactions than the injections of the venom did.

🔍 다시 연습하기

The serum made from the crushed bodies of bees produced more adverse reactions than the injections of the venom did.

- serum 혈청, 용액
- crush 으깨다
- bee 벌
- be made from ~에서 만들어지다
- produce 생산하다
- adverse reaction 부작용 (= side effect)
- injection 투입, 주사
- venom 독

정답 및 해설

03

The man / killed [in the battlefield] / could never be / [with his mother] (again).
S p.p. V₁

그 남자 / 전쟁터에서 죽임을 당한 (그 남자) / 는 절대 ~할 수 없었다 / 그의 어머니와 함께 다시는 (있을 수 없었다).

해설 ① 명사 뒤에 p.p. 형태가 쓰일 경우에는, 동사의 과거형인지 p.p. 형태인지 따져 본다. 이 문장의 동사는 could never be이며 접속사가 따로 존재하지 않기 때문에, killed는 명사를 수식하는 p.p.로 본다. '~당한/~된 명'로 해석한다.
② 이 문장에서 동사는 could never be로, 그 앞에서 끊어 읽는다.
③ 따라서 동사 왼편에 위치한 The man이 주어가 된다.
④ 동사가 be동사이기 때문에, 자동사 오른편에 위치한 명사 혹은 형용사가 보어가 된다. 그런데 이 문장의 경우에는 보어 자리에 전명구가 왔다.

해석 전쟁터에서 죽은 그 남자는 다시는 그의 어머니와 함께 있을 수 없었다.

04

The serum / made [from the crushed bodies] [of bees] / produced more adverse reactions /
S p.p. V O
than the injections [of the venom] / did.
S V

그 용액 / 만들어진 (용액) 벌의 으깨진 몸으로부터(만들어진 용액)/ 은 만들었다 더 많은 부작용을 (만들었다) / ~보다 독의 주입(이~보다) / 이 그러했던 것(낳았던 것)보다.

해설 ① 명사 뒤에 p.p. 형태가 쓰일 경우에는, 동사의 과거형인지 p.p. 형태인지 따져 본다. 이 문장의 동사는 produced로(뒤에 목적어를 쓰고 있으므로), made는 명사를 수식하는 p.p.로 본다. '~당한/~된 명'로 해석한다.
② 이 문장의 동사는 produced로, 그 앞에서 끊어 읽는다.
③ 따라서 동사 왼편에 위치한 The serum이 주어가 된다.
④ 동사가 타동사이기 때문에, 타동사 오른편에 위치한 more adverse reactions가 목적어가 된다.

해석 벌의 으깨진 몸으로 만들어진 용액은 독을 주입하는 것보다 더 많은 부작용을 낳았다.

05

It is a system made up of individual items called components that work together.

🔍 다시 연습하기

It is a system made up of individual items called components that work together.

어휘
- be made up of ~로 구성되다
- individual 개인의, 개별적인
- component 부품

06

Year after year, a survey sponsored by Scotland's Centre for European Labour Market Research finds the same thing: If you want to be happy in life, be happy in your job.

🔍 다시 연습하기

Year after year, a survey sponsored by Scotland's Centre for European Labour Market Research finds the same thing: If you want to be happy in life, be happy in your job.

- year after year (여러 해 동안) 해마다, 매년마다
- survey 조사
- sponsor 후원하다

05

It / is a system / made up of individual items / called components / that work together.
S   V   C   p.p.   p.p.

이것 / 은 시스템이다 / 개별 항목들로 이루어져 있는 (시스템) / 구성 요소라고 불리는 / 그런데 그 요소들은 같이 작동한다.

해설 ① 이 문장에서는 a system made up of individual items 사이에 '주격 관계대명사+be동사'가 생략되어 있다. 그리고 관계대명사 that은 선행사 components를 수식하고 있다.
② 이 문장에서 동사는 is로, 그 앞에서 끊어 읽는다.
③ 따라서 동사 왼편에 위치한 It이 주어가 된다.
④ 동사가 be동사이기 때문에, 자동사 뒤에 오는 명사 a system은 보어가 된다.

해석 이것은 함께 작동하는 구성 요소라고 불리는 개별 항목들로 구성된 시스템이다.

06

(Year after year,) / a survey / sponsored [by Scotland's Centre for European Labour Market Research] / finds the same thing: / If you / want to be happy [in life], / be happy / [in your job].
S   p.p.
V   O   S   V   ®   C

해마다 / 한 설문 조사 / 후원받는 유럽 노동 시장 연구 센터에 의해 (후원받는 한 설문 조사) / 는 발견한다 같은 것을(발견한다) / 만약 당신이 ~라면 / 원한다면 행복하기를 (원한다면) 인생에서 / 행복해져라 / 당신의 직업에서 (행복해져라).

해설 ① 명사 뒤에 p.p. 형태가 쓰일 경우에는, 동사의 과거형인지 p.p. 형태인지 따져 본다. 이 문장의 동사는 finds로(뒤에 목적어가 있고 수를 일치시킴), sponsored는 명사를 수식하는 p.p.로 본다. '~당한/~된 (형)'로 해석한다.
② 첫 번째 문장에서 동사는 finds로, 그 앞에서 끊어 읽는다. 두 번째 문장은 명령문 형태이기 때문에 주어 없이 동사가 맨 앞에 나온다. 이때 동사는 be로, 그 앞에서 끊어 읽는다.
③ 따라서 첫 번째 문장에서 동사 왼편에 위치한 a survey가 주어가 된다. 두 번째 문장에서 주절의 주어는 명령문이기 때문에 나와 있지 않다.
④ 첫 번째 문장에서 동사는 타동사이기 때문에, 그 오른편에 위치한 명사 the same thing을 목적어로 가진다.
두 번째 문장에서 동사는 be동사이기 때문에, 자동사 오른편에 위치한 형용사 happy를 보어로 가진다.

해석 해마다, 스코틀랜드의 유럽 노동 시장 연구 센터가 후원하는 설문 조사는 같은 것을 발견한다: 만약 당신이 인생에서 행복하기를 원한다면 당신의 직업에 행복함을 느껴라.

07

A family hoping to adopt a child must first select an adoption agency.

🔍 다시 연습하기

A family hoping to adopt a child must first select an adoption agency.

어휘
- hope to Ⓡ ~하기를 바라다
- adopt 입양하다
- select 선택하다
- agency 기관
- adoption agency 입양 기관

08

Sharks are covered in scales made from the same material as teeth.

🔍 다시 연습하기

Sharks are covered in scales made from the same material as teeth.

- cover ~를 덮다
- scale 비늘
- be made from ~로 만들어지다
- material 물질

07

A family / (hoping to adopt a child) / must (first) select an adoption agency.
S/명 ─── -ing　　　　　　　　　　　V　　　　　　　　O

가족 / 아이 입양을 희망하는(가족) / 은 먼저 선택해야 한다 입양 기관을 (선택해야 한다).

해설 ① 명사 뒤에 -ing가 쓰여 '명사 / -ing' 구조가 되었다. 이는 -ing가 앞선 명사를 수식하는 형태로, '~하는 명'로 해석한다. -ing는 능동이므로, 타동사의 능동일 경우에는 뒤에 목적어를 쓴다.
② 이 문장에서 동사는 must (first) select로, 그 앞에서 끊어 읽는다.
③ 따라서 동사 왼편에 위치한 A family가 주어가 된다.
④ 동사가 타동사이기 때문에, 그 오른편에 위치한 명사 an adoption agency가 목적어가 된다.

해석 아이 입양을 희망하는 가족은 먼저 입양 기관을 선택해야 한다.

08

Sharks / are covered / [in scales] / made [from the same material] / as teeth.
S　　　V　　　C　　　명　　　　　　p.p.

상어들 / 은 덮여 있다 / 비늘로 (덮여 있다) / 만들어진 동일한 물질로부터 (만들어진 비늘로) / 치아와.

해설 ① 명사 뒤에 p.p. 형태가 쓰일 경우에는, 동사의 과거형인지 p.p. 형태인지 따져 본다. 이 문장의 동사는 are covered이고, 따로 접속사가 존재하지 않기 때문에 made는 p.p.로 본다. '~당한/~된 명'로 해석하며, p.p가 앞선 명사를 수식하는 형태이다.
② 이 문장에서 동사는 are covered로, 그 앞에서 끊어 읽는다.
③ 따라서 동사 왼편에 위치한 Sharks가 주어가 된다.
④ 동사가 수동태이기 때문에, 뒤에 목적어는 오지 않는다.

해석 상어는 치아와 동일한 물질로 만들어진 비늘로 덮여 있다.

Tip the same ~ as ~: ~와 같은 ~

09

A film defined by the latter terms, however, was seen as too different and hence too "strange." 2018 지방교행 9급

어휘

□ be defined by ~로 정의되다
□ latter 후자의
□ be seen as ~로 보이다
□ hence 이런 이유로

🔍 다시 연습하기

A film defined by the latter terms, however, was seen as too different and hence too "strange."

10

In the 1990s, researchers asking "How do we fight oxygen-hungry cancer cells?" offered an obvious solution. 2017 지방직 9급 하반기

□ researcher 연구원, 조사원
□ oxygen-hungry 산소가 부족한
□ cancer 암
□ cell 세포
□ obvious 분명한
□ solution 해결책

🔍 다시 연습하기

In the 1990s, researchers asking "How do we fight oxygen-hungry cancer cells?" offered an obvious solution.

09

A film / (defined / [by the latter terms],) / (however,) / was seen as too different and (hence) too "strange."

영화 / 정의된 (영화) / 후자의 용어에 의해 (정의된 영화) / 그러나 / 는 보였다 / 너무 다르다고 그리고 따라서 너무 "이상하다고" (보여졌다).

해설 ① 명사 뒤에 p.p. 형태가 쓰일 경우에는, 동사의 과거형인지 p.p. 형태인지 따져 본다. 이 문장의 동사는 was seen 이며, 접속사가 따로 존재하지 않기 때문에 defined는 p.p.로 본다. 이 p.p.가 뒤에서 명사를 수식하며, '~당한/~된 명'로 해석한다.
② 이 문장에서 동사는 was seen으로, 그 앞에서 끊어 읽는다.
③ 따라서 동사 왼편에 위치한 A film이 주어가 된다.
④ 동사가 수동태로 쓰였기 때문에, 동사 뒤에 목적어는 나오지 않는다.

해석 그러나 후자의 용어로 정의한 영화는 너무 다른 것으로 보였고 따라서 너무 "이상하다"고 보였다.

10

[In the 1990s], / researchers / (asking "How do we fight oxygen-hungry cancer cells?") / offered an obvious solution.

1990년대에 / 연구자들 / 묻는 (연구자들) / "산소가 부족한 암세포를 어떻게 퇴치할 것인가?"(라고 묻는 연구자들) / 는 제공했다 분명한 해결책을 (제시한다).

해설 ① 명사 뒤에 -ing가 쓰여 '명사 / -ing' 구조가 되었다. 이는 -ing가 앞선 명사를 수식하는 형태로, '~하는 명'로 해석한다. -ing는 능동이므로, 타동사의 능동일 경우에는 뒤에 목적어를 쓴다.
② 이 문장에서 동사는 offered로, 그 앞에서 끊어 읽는다.
③ 따라서 동사 왼편에 위치한 researchers가 주어가 된다.
④ 동사가 타동사이기 때문에, 타동사 오른편에 위치한 an obvious solution이 목적어가 된다.

해석 1990년대에는 "산소가 부족한 암세포를 어떻게 퇴치할 것인가?"라고 묻는 연구자들이 분명한 해결책을 제시했다.

11

London taxi drivers have to undertake years of intense training known as "the knowledge" to gain their operating license, including learning the layout of over twenty-five thousand of the city's streets. 2017 지방직 9급 상반기

🔍 다시 연습하기

London taxi drivers have to undertake years of intense training known as "the knowledge" to gain their operating license, including learning the layout of over twenty-five thousand of the city's streets.

어휘

- undertake 착수하다, 일을 맡다
- years of 수년간의
- intense 극심한, 강렬한
- known as ~로 잘 알려진
- knowledge 지식
- operating license 운전 허가, 운영 허가
- including ~를 포함해서
- layout (건물 등의) 레이아웃[배치]

12

Each person in the camp gets a share depending upon his or her relation to the hunters. 2017 국가직 9급 상반기

🔍 다시 연습하기

Each person in the camp gets a share depending upon his or her relation to the hunters.

- share 몫; 공유하다, 나누다
- depending upon ~에 따라서
- relation to ~와의 관계

11

London taxi drivers / have to undertake years of intense training / (known as "the
    S   V   O   p.p.
knowledge") / to gain their operating license, / [including learning the layout] / [of over
               부사적 용법
twenty-five thousand] / [of the city's streets].

런던 택시 운전자들 /㉔ 받아야 한다 수년간의 강도 높은 훈련을 (받아야 한다) / 알려진 (수년간의 강도 높은 훈련) "지식"으로 (알려진 수년간의 강도 높은 훈련을 받아야 한다) / 영업 허가를 얻기 위해서 / 배치를 배우는 것을 포함하여 / 2만 5천 개가 넘는 / 시내의 거리의.

해설 ① 명사 뒤에 p.p. 형태가 오면 동사의 과거형인지 p.p.인지 따져 본다. 이 문장에서 동사는 have to undertake이며, 따로 접속사가 존재하지 않기 때문에 known은 p.p.로 본다. '~당한/~된 ㉲'로 해석하고, 앞선 명사 intense training을 수식한다.
② 이 문장에서 동사는 have to undertake로, 그 앞에서 끊어 읽는다.
③ 따라서 동사 왼편에 위치한 London taxi drivers가 주어가 된다.
④ 동사가 타동사이기 때문에, 타동사 오른편에 위치한 years of intense training이 목적어가 된다.

해석 런던 택시 운전사들은 2만 5천 개가 넘는 시내 거리의 배치를 배우는 것을 포함하여, 그들의 영업 허가를 얻기 위해 "지식"으로 알려진 수년간의 강도 높은 훈련을 받아야 한다.

12

Each person / [in the camp] / gets a share / (depending upon his or her relation [to the
    S   V   O   -ing
hunters]).

각각의 사람들 / 캠프에 있는 (각각의 사람들) /㉔ 몫을 받는다 / 의지하는 (몫) 그나 그녀의 관계(에 의지하는 몫) 사냥꾼과의 (그나 그녀의 관계에 의지하는 몫을 받는다).

해설 ① 명사 뒤에 -ing 형태가 쓰이면 '명사 / -ing' 구조로 본다. '~하는 ㉲'로 해석하며, -ing 형태는 능동이므로 타동사의 능동일 경우에는 뒤에 목적어를 쓴다.
② 이 문장에서 동사는 gets로, 그 앞에서 끊어 읽는다.
③ 따라서 동사 왼편에 위치한 Each person이 주어가 된다.
④ 동사가 타동사이기 때문에, 타동사 오른편에 위치한 명사 a share가 목적어가 된다.

해석 캠프에 있는 각각의 사람들은 그들과 사냥꾼들과의 관계에 따라 몫을 받는다.

13

The awards may be given for books of a specific genre or simply for the best of all children's books published within a given time period. 2017 국가직 9급 상반기

🔍 다시 연습하기

The awards may be given for books of a specific genre or simply for the best of all children's books published within a given time period.

어휘

□ award 상, 보상
□ give for ~을 위해 주다
□ specific 구체적인
□ genre 장르
□ publish 출판하다
□ given
　주어진, 임의의; ~를 고려하면

14

The larger national awards given in most countries are the most influential and have helped considerably to raise public awareness about the fine books being published for young readers. 2017 국가직 9급 상반기

🔍 다시 연습하기

The larger national awards given in most countries are the most influential and have helped considerably to raise public awareness about the fine books being published for young readers.

□ award 상, 보상
□ influential 영향력 있는
□ considerably 상당히
□ raise
　제고하다, 들어올리다, 양육하다
□ awareness 의식, 인지도
□ fine 질 높은, 좋은
□ publish 출판하다

13

The awards / may be given / [for books] / [of a specific genre] / or simply [for the best of all children's books] / (published / [within a given time period]).
- S · V · C · 등위 · p.p.

이 상 / (은) 수여될 수 있다 / 책에 (수여될 수 있다) / 특정 장르의 / 또는 단순히 모든 어린이 책 중에서 최고의 것에 (수여될 수 있다) / 출판된 (어린이 책 중 최고로 수여될 수 있다) / 주어진 기간 내에.

해설 ① 명사 뒤에 p.p. 형태가 오면, 동사의 과거형인지 p.p.인지 따져 본다. 이 문장에서 동사는 may be given이며, 따로 접속사가 존재하지 않으므로 published는 p.p.로 간주한다. '~당한/~된 몡'로 해석하며, p.p. 형태가 앞선 명사를 수식한다.
② 이 문장에서 동사는 may be given으로, 그 앞에서 끊어 읽는다.
③ 따라서 동사 왼편에 위치한 The awards가 주어가 된다.
④ 동사가 수동태이기 때문에, 동사 뒤에 목적어는 오지 않는다.

해석 이 상은 특정 장르의 책이나 주어진 기간 내에 출판된 모든 어린이 책 중에서 최고를 위해 수여될 수 있다.

Tip given ─ 주어진(give의 p.p. 형태)
　　　　 ├ 임의의
　　　　 └ ~를 고려하면(= given that)

14

The larger national awards / (given [in most countries]) / are the most influential / and have helped (considerably) / to raise public awareness / [about the fine books] / (being published / [for young readers].
- S · p.p. · V · C · 등위 · V · 부사 · -ing

더 큰 국가적 상들 / 수여되는 (상들) 대부분의 국가에서 (수여되는 상들) / (은) 가장 영향력이 크다 / 그리고 상당히 도움이 된다 / 대중의 인식을 높이는 데에 (상당히 도움이 된다) / 훌륭한 책들에 대한 (대중의 인식을 높이는 데에) / 출판되어지고 있는 (책) / 젊은 독자들을 위해.

해설 ① 명사 뒤에 p.p. 형태가 오면, 동사의 과거형인지 p.p.인지 따져 본다. 이 문장의 동사는 are과 have helped이다. (접속사 and로 연결되고 있음) 따라서 given은 p.p.로 볼 수 있다. '~당한/~된 몡'로 해석하며, p.p.가 앞선 명사를 수식하는 형태이다.
② 이 문장에서 동사는 are로, 그 앞에서 끊어 읽는다.
③ 따라서 동사 왼편에 위치한 The larger national awards가 주어가 된다.
④ 동사가 be동사이기 때문에, 자동사 오른편에 위치한 명사 the most influential은 보어가 된다.

해석 대부분의 국가에서 수여되는 더 큰 국가적 상은 가장 큰 영향력을 가지고 있으며, 젊은 독자들을 위해 출판되고 있는 훌륭한 책들에 대한 대중의 인식을 높이는 데 상당한 도움이 되었다.

15

The amount of information gathered by the eyes as contrasted with the ears has not been precisely calculated.

2017 국가직 9급 상반기

어휘
- amount of ~의 양
- information 정보
- gather 모으다
- as contrasted with ~와 대조를 이루다
- precisely 구체적으로
- calculate 계산하다

🔍 다시 연습하기

The amount of information gathered by the eyes as contrasted with the ears has not been precisely calculated.

16

In the past, people had a unified vision of their world, a vision usually provided by the origin stories of their own religious traditions. 2019 국가직 9급

- unified 통합된
- vision 비전, 시야, 시각
- provide 제공하다
- origin 기원
- religious 종교적인
- tradition 전통

🔍 다시 연습하기

In the past, people had a unified vision of their world, a vision usually provided by the origin stories of their own religious traditions.

15

The amount [of information] / (gathered [by the eyes]) / (as contrasted [with the ears]) / has not been (precisely) calculated.
S p.p. V C

양 정보의 (양) / 수집된 눈에 의해 (수집된) (정보의 양) / 귀와 대조되는 / 은 정확하게 계산되지 않았다.

해설 ① 명사 뒤에 p.p. 형태가 오면, 동사의 과거형인지 p.p.인지 따져 본다. 이 문장의 동사는 has not been calculated로, 접속사가 따로 존재하지 않기 때문에 gathered를 p.p.로 본다. '~당한/~된 명'로 해석하며, p.p.가 앞선 명사를 수식하는 형태이다.
② 이 문장에서 동사는 has not been (precisely) calculated로, 그 앞에서 끊어 읽는다.
③ 따라서 동사 왼편에 위치한 The amount of information이 주어가 된다.
④ 동사가 수동태이기 때문에 뒤에 목적어가 오지 않는다.

해석 귀와 대조되는 눈으로 수집된 정보의 양은 정확하게 계산되지 않았다.

16

[In the past,] people / had a unified vision / [of their world], / a vision / ((usually) provided / [by the origin stories] / [of their own religious traditions]).
S V O 동격 p.p.

과거에, 사람들 / 은 가졌다 통일된 비전을 (가졌다) / 그들의 세계의 / 비전 / 대개 제공되는 (비전) / 기원 이야기에 의해 (제공되는 비전) / 그들의 종교적 전통의 (기원 이야기에 의해 제공되는 비전).

해설 ① 명사 뒤에 p.p. 형태가 오면, 동사의 과거형인지 p.p.인지 따져 본다. 이 문장의 동사는 had로, 접속사가 따로 존재하지 않기 때문에 provided는 p.p.로 본다. '~당한/~된 명'로 해석하며, p.p.가 앞선 명사를 수식하는 구조이다.
② 이 문장에서 동사는 had로, 그 앞에서 끊어 읽는다.
③ 따라서 동사 왼편에 위치한 people이 주어가 된다.
④ 동사가 타동사이기 때문에, 타동사 오른편에 위치한 명사 a unified vision이 목적어가 된다.

해석 과거에 사람들은 그들의 세계에 대한 통일된 비전을 가지고 있었는데, 그것은 대개 그들 자신의 종교적 전통의 기원 이야기에 의해 제공되는 비전이었다.

Tip of their world라는 전명구를 생략하고 나면 'a unified vision, a vision'이 '명, 명' 형태로 동격을 이룸을 알 수 있다.

17

The body's internal balance system sends confusing signals to the brain, which can result in nausea lasting as long as a few days. 2019 국가직 9급

🔍 다시 연습하기

The body's internal balance system sends confusing signals to the brain, which can result in nausea lasting as long as a few days.

어휘
- internal 내부의
- balance 밸런스, 균형
- confusing 혼란스러운
- result in ~을 야기하다
- nausea 메스꺼움
- lasting 지속하는
- as long as ~만큼 길게
- a few days 며칠

18

Rome, founded in 753 B.C. survived as a kingdom, a republic or an empire until about A.D. 476. 2019 서울시 7급 2월

🔍 다시 연습하기

Rome, founded in 753 B.C. survived as a kingdom, a republic or an empire until about A.D. 476.

- found 설립하다, 창건하다
- survive 살아남다, 생존하다
- kingdom 왕국
- republic 공화국
- empire 제국
- until ~까지
- about 대략, ~에 관하여

정답 및 해설

17

(The body's internal balance system) / sends confusing signals / [to the brain], / which can result in nausea / (lasting / as long as a few days).
S　　　　　　　　　　　　　　　 V　　　　　O　　　　　　　　　　　　　　　 V
　　　　　　　　　　　　　　　　　　　　　　　　　　　　　　　　　　　　　　　-ing

신체의 내부 균형 시스템 /은 보낸다 혼란스러운 신호를 (보낸다) / 뇌에게 / 그리고 이것은 메스꺼움을 야기한다 / 지속되는 (메스꺼움을 야기한다) / 며칠 동안.

해설 ① 명사 뒤에 -ing 형태를 써서 '명사 / -ing' 구조가 되었다. '~하는 ⑲' 혹은 '명사가 -ing하다'로 해석하며, -ing가 명사를 수식하는 구조이다.
② 이 문장에서 동사는 sends로, 그 앞에서 끊어 읽는다.
③ 따라서 동사 왼편에 위치한 The body's internal balance system이 주어가 된다.
④ 동사가 타동사이기 때문에, 타동사 오른편에 위치한 명사 confusing signals가 목적어가 된다.

해석 신체의 내부 균형 시스템은 뇌에 혼란스러운 신호를 보내는데, 이것은 며칠 동안 메스꺼움을 야기할 수 있다.

18

Rome, / founded [in 753 B.C.] / survived / [as a kingdom, a republic or an empire] / [until about A.D. 476.]
S　　　　 p.p.　　　　　　　　　 V　　　　　　　Ⓐ　　　　　　　Ⓑ　　　　　Ⓒ

로마 / 기원전 753년에 세워진 (로마) /는 존속했다 / 왕국, 공화국 혹은 제국으로 (존속했다) / 서기 476년경까지.

해설 ① 명사 뒤에 p.p.가 쓰일 경우에는, 동사의 과거형인지 p.p.인지 따져 보아야 한다. 이 문장에 자동사의 과거 형태인 survived가 존재하므로 founded는 p.p.로 본다. 명사 뒤에 p.p.를 쓴 형태로, '~당한/~된 ⑲'로 해석한다.
② 이 문장에서 동사는 survived로, 그 앞에서 끊어 읽는다.
③ 따라서 동사 왼편에 위치한 Rome이 주어가 된다.
④ 동사가 자동사이기 때문에, 뒤에 목적어가 오지 않는다.

해석 기원전 753년에 세워진 로마는 서기 476년경까지 왕국, 공화국 또는 제국으로 존속했다.

19

Achievements show you have something to give, not just something to take. 2018 지방직 9급

어휘
- achievement 성취물
- not just 단지 ~이 아닌

🔍 다시 연습하기

Achievements show you have something to give, not just something to take.

20

If we increase the fishery and take more fish each year, we must be careful not to reduce the population below the ideal point where it can replace all of the fish we take out each year. 2018 지방직 9급

- fishery 어획량
- be careful not to ~하지 않도록 조심하다
- population 인구 수, 개체 수
- below 이하
- ideal 이상적인
- replace 대체하다
- take out 포획하다, 잡다

🔍 다시 연습하기

If we increase the fishery and take more fish each year, we must be careful not to reduce the population below the ideal point where it can replace all of the fish we take out each year.

정답 및 해설

19

Achievements / show / you / have something (to give), / not just something (to take).
S   V ↑ S   V   O   형용사적 용법   O

성취 /는 보여 준다 / 당신 /이 / 줄 것이 있다는 것을 (보여 준다) / 단지 가져갈 것이 아니라 (줄 것이 있다는 것을 보여 준다).

해설 ① that은 다양한 의미와 어법으로 쓰이기 때문에, 끊어 읽으면서 각 기능에 맞추어 올바르게 해석해야 한다. 이 문장에서 생략되어 있는 that은 접속사로서, 명사절을 이끌고 show의 목적어 역할을 한다. (문장이 2개로 연결되어 있는데 접속사가 등장하지 않았다면, 접속사의 생략을 의심해 보아야 한다.)
② 이 문장에서 동사는 show로, 그 앞에서 끊어 읽는다.
③ 따라서 동사 왼편에 위치한 Achievements가 주어가 된다.
④ 동사가 타동사이기 때문에 동사 뒤에 오는 절은 목적어가 된다. show you have는 '동/주/동' 구조로, 접속사 that이 생략된 형태로 본다.

해석 성취는 당신이 단지 가져갈 것이 아니라 줄 것이 있다는 것을 보여 준다.

20

If we / increase the fishery / and take more fish (each year), we must be careful [not to reduce the population] / [below the ideal point] / where it can replace all of the fish / we take out (each year).

우리(가) ~한다면 / 늘린(다면) 어획량을 / 그리고 잡는(다면) 더 많은 물고기를 매년 / 우리 /는 조심해야만 한다 / 줄이지 않도록 개체 수를 / 이상점 이하로 / 대체시킬 수 있는 (이상점) 모든 어류를 / 우리가 매년 잡는 (모든 어류).

해설 ① where it can replace all of the fish와 we take out each year라는 두 개의 절이 아무런 접속사 없이 연결되어 있다. 명사 뒤에 바로 'S + V'가 나온다면, 목적격 관계대명사의 생략을 의심해 보아야 한다. we take out이라는 문장에 목적어가 빠져 있기 때문에, 목적격 관계대명사가 생략되었음을 알 수 있다. 즉, the fish we take out는 '명/주/동' 구조로, 목적격 관계대명사 the fish가 생략된 형태이다.
② 이 문장에서 동사는 must be로, 그 앞에서 끊어 읽는다.
③ 따라서 동사 왼편에 위치한 we가 주어가 된다.
④ 동사가 be동사이기 때문에, 자동사 오른편에 위치한 형용사 careful은 보어가 된다.

해석 매년 어획량을 늘리고 더 많은 물고기를 잡는다면, 매년 잡는 어류를 모두 대체할 수 있는 이상점 이하로 개체 수를 줄이지 않도록 주의해야 한다.

PART 3

손독해 연습

DAY 1 ing와 to ⓡ의 올바른 해석 연습

> **Point 01** 준동사란 동사의 형태를 변화시켜 다른 품사로 사용하는 것을 말하며, 다음 3가지가 있다.
> ① -ing: 동사+-ing
> ② 부정사: to+ⓡ(동사원형)
> ③ p.p.
>
> 동사는 주어 뒤에서 '주어가 ~하다'로 해석되지만 준동사는 더 이상 동사가 아니므로 각각의 사용 품사에 따라 다르게 해석된다.

1. 명사가 되어 「주어/목적어/보어」 역할을 하는 -ing

명사는 문장 내에서 주어 / 목적어 / 보어의 역할을 하기 때문에 -ing 역시 문장 내에서 주어 / 목적어 / 보어의 역할을 할 수 있다. 해석은 '**~하기/~함/~하는 것**'으로 하면 된다.

> She **began** running at age eight in primary school.
>   동사 목적어(동명사)
> 그녀는 8살의 나이에 초등학교에서 달리기를 시작했다.

※ 문장의 (정)동사 앞/뒤의 -ing는 명사로 본다.

TIP
[-ing 명사] 해석
~하기/~함/~하는 것

2. 전치사의 목적어 역할을 하는 -ing

전치사는 반드시 명사를 목적어로 취한다. -ing는 명사 역할을 하므로 전치사 뒤에서 전치사의 목적어로 사용될 수 있다. (to ⓡ은 불가)

주의
[to+ⓡ(동사원형)]의 to부정사 역시 명사 역할을 하여 주어 / 목적어 / 보어로 사용되지만 -ing와 달리 전치사의 목적어로는 사용되지 못한다.
전치사 뒤엔 몡/-ing만 쓴다.

3. -ing의 관용적 용법

① have a hard time (in) -ing ~하는 데 어려움을 겪다(= have difficulty (in) -ing)
② spend + 시간(돈, 노력) -ing ~하는 데 시간(돈, 노력)을 들이다(= spend + 시간 + (in) -ing)
③ keep(stop / prevent / prohibit) Ⓐ from Ⓑ -ing A가 B하지 못하게 막다
④ cannot help -ing = cannot but + ⓡ / have no choice but to + ⓡ
   ~하지 않을 수 없다/~할 수밖에 없다
⑤ go -ing ~하러 가다   ⑥ be busy -ing ~하느라고 바쁘다
⑦ there is no use -ing ~해 봐야 소용없다 ⑧ there is no -ing ~하는 것은 불가능하다
⑨ be worth -ing = be worthy of -ing = It is worth while to + ⓡ ~할 가치가 있다

📖 Point 02 준동사란 동사의 형태를 변화시켜 다른 품사로 사용되는 것을 말하며, 다음 3가지가 있다.

① 동명사: 동사+-ing
② 부정사: to+ⓡ(동사원형)
③ 분사: 동사+-ing(현재분사) / 동사+ed(과거분사)

동사는 주어 뒤에서 '주어가 ~하다'로 해석되지만 준동사는 더 이상 동사가 아니므로 각각의 사용 품사에 따라 다르게 해석된다. 명사로만 사용되는 동명사와는 달리, 부정사는 명사와 형용사, 부사로 사용될 수 있다. 형태는 같아도 각각의 품사로 사용될 때 의미가 달라진다.

4. 명사가 되어 주어/목적어/보어 역할을 하는 to부정사

명사는 문장 내에서 주어 / 목적어 / 보어의 역할을 하기 때문에 to부정사 역시 문장 내에서 주어 / 목적어 / 보어의 역할을 할 수 있다. 이때, '~하기, ~함, ~하는 것'으로 해석한다.

> The simplest solution **is to look up** the word in a dictionary.
>   be동사 보어(to부정사: 찾아보는 것)
> 가장 간단한 해결책은 사전에서 그 단어를 찾아보는 것이다.

TIP
명사로 쓰인 -ing와 to ⓡ은 우리말 해석이 같다. 이는 영어의 문제가 아니라 우리말의 문제이기 때문.

걷다 → 걷기
      걸음
      걷는 것
(동사) (명사)

to ⓡ과 -ing의 해석 '~하기, ~함, ~하는 것'을 입에 잘 배어 있도록 여러 번 읽는다!

5. 형용사가 되어 명사를 수식하는 to부정사

to부정사가 형용사 역할을 하면 명사를 수식할 수 있다. 보통 명사 앞에 오는 형용사와는 달리 to부정사가 형용사 역할을 하며 명사를 수식할 때는 **명사 뒤에 온다**. '~할, ~하는'으로 해석한다.

> Hiking is a great **way to spend** time with your friends and family.
>   명사 형용사(to부정사: 보내는)
> 등산은 친구나 가족들과 시간을 보내는 멋진 방법이다.

6. be to 용법

be동사 뒤에 to부정사가 오면 일반적으로 보어 역할을 하여 '~것, ~기'로 해석되는 경우가 많다. 이때의 to부정사는 명사로 사용된 것이다. 그러나 be동사 뒤에 to부정사가 와서 '예정, 의무, 가능, 의도, 운명'의 의미를 가질 수도 있다. 이런 경우 주로 '~할 것이다/~하려 하다'로 해석한다.

> The order will expire in May, so if it **is to be** continued it will need to be extended.
>   be동사 to부정사(의무)
> 그 지시사항은 5월에 만료될 것이므로, 만약 지속되어야 한다면 연장될 필요가 있을 것이다.

TIP
be to 용법
예정: ~할 것이다
의무: ~해야만 한다
가능: ~할 수 있다
의도: ~하려 하다
운명: ~해야 할 운명이다

Step Up Sentence

-ing를 찾아 ① 주어 / 동사 / 목적어, ② 전치사의 목적어, ③ 관용 표현 중 어느 것으로 쓰였는지 쓰고, 빈칸에 알맞은 해석을 쓰세요.

01 Bike Month / is an opportunity / for people to try riding a bike / for the first time, / learn new skills, / or simply have fun and connect / with new people.

자전거의 달은 / 기회이다 / __사람들이 자전거를 타려고 시도하고__ / __최초로__ /

새로운 기술을 배우고 / __또는 즐거운 시간을 보내고 소통할__ / __새로운 사람들과__

02 Running in the rain / might not be your favorite thing to do, / but there might be a lot of rainy days / / and it is important / to know / how to deal with them.

_____ / 네가 좋아하는 것이 아닐 수도 있다 /

그러나 비가 오는 날이 많을 수도 있다 /

_____ / _____

03 We / are looking forward to having you / at the virtual meeting, / where you will also meet / our new manager.

_____ / _____ / 가상 회의에서 /

_____ / _____

정답 및 해설

01

Bike Month / is an opportunity / for people to try riding a bike / for the first time, /
　　　　　　　　　　　　　　　　　　　　　　　　　목적어
learn new skills, / or simply have fun and connect / with new people.

자전거의 달은 / 기회이다 / 사람들이 자전거를 타려고 시도하고 / 최초로 /
새로운 기술을 배우고 / 또는 즐거운 시간을 보내고 소통할 / 새로운 사람들과

해석 자전거의 달은 사람들이 최초로 자전거를 타려고 시도하고, 새로운 기술을 배우거나 새로운 사람들을 만나 즐거운 시간을 보내고 소통할 수 있는 기회이다.

02

Running in the rain / might not be your favorite thing to do, /
　　주어
but there might be a lot of rainy days /

and it is important / to know / how to deal with them.

빗속에서 달리는 것이 / 네가 좋아하는 것이 아닐 수도 있다 /
그러나 비가 오는 날이 많을 수도 있다 /
그리고 아는 것이 중요하다 / 그것들을 / 어떻게 대처해야 하는지

해석 빗속에서 달리는 것이 네가 좋아하는 것이 아닐 수도 있지만 비가 오는 날이 많을 수도 있으니 그런 날들을 어떻게 대처해야 하는지 아는 것은 중요하다.

03

We / are looking forward to having you / at the virtual meeting, /
　　　　　　　　　　　　　　　　전치사의 목적어
where you will also meet / our new manager.

우리는 / 당신을 만나기를 기대한다 / 가상 회의에서 /
거기에서 당신은 또한 만나게 될 것이다 / 우리의 새로운 매니저를

해석 우리는 당신을 가상 회의에서 만나기를 기대하며, 당신 역시 거기에서 우리의 새로운 매니저를 만나게 될 것이다.

Step Up Sentence

04

By giving a lot of assignments / with a deadline /
you / can train their time management. /
Students / will get used to organizing their time /
according to their most important needs.

_____ / _____

당신은 / 그들의 시간 관리 훈련을 시킬 수도 있게 된다 /

_____ / _____ /

그들의 가장 중요한 필요도에 따라

05

I / had a terrible experience / with my previous dentist, /
which kept me from visiting a dental clinic / for a long time.

나는 / 좋지 않은 경험을 겪었다 / 나의 이전 치과 의사와 /

_____ / 오랜기간 동안

정답 및 해설

04

By giving a lot of assignments / with a deadline /
　　　전치사의 목적어
you / can train their time management. /
Students / will get used to organizing their time /
　　　　　　　　　　　　　전치사의 목적어
according to their most important needs.

> 숙제를 내줌으로써 / 마감 기한과 함께 /
> 당신은 / 그들의 시간 관리 훈련을 시킬 수 있게 된다 /
> 학생들은 / 그들의 시간을 조절하는 것에 익숙해지게 될 것이다 /
> 그들의 가장 중요한 필요도에 따라

해석 마감 기한을 정해 많은 숙제를 내줌으로써 당신은 학생들의 시간 관리 훈련을 시킬 수 있게 된다. 학생들은 그들의 가장 중요한 필요도에 따라 그들의 시간을 조절하는 것에 익숙해지게 될 것이다.

05

I / had a terrible experience / with my previous dentist, /
which kept me from visiting a dental clinic / for a long time.
　　　　　　　　　　　　　관용 표현

> 나는 / 좋지 않은 경험을 겪었다 / 나의 이전 치과 의사와 /
> 이것이 나로 하여금 치과를 방문하지 못하게 했다 / 오랜기간 동안

해석 나는 이전의 치과 의사와 매우 좋지 않은 경험을 겪었는데 이것이 나로 하여금 오랜기간 치과를 방문하지 못하게 했다.

Step Up Sentence

to부정사를 찾아 ① 주어/목적어/보어, ② 형용사 수식, ③ be to 용법 중 어느 것으로 쓰였는지 쓰고, 빈칸에 알맞은 해석을 쓰세요.

06

I / wanted to look at / what's hidden /
behind the apparent impoverishment / of our country.

_____ / _____ / 무엇이 숨겨져 있는지 /

_____ / _____

07

To contrast something / is to look for differences / among two or more elements, /
but to compare / is to do the opposite, / to look for similarities.

_____ / 차이점을 찾는 것이지만 / 둘, 혹은 그 이상의 요소들 사이의 /

_____ / 그 반대를 하는 것 / 즉 유사점을 찾는 것이다

08

One easy way / to increase safety / while shopping at the mall /
is to practice social distancing /
by following recommendations from the government.

손쉬운 방법은 / _____ / 상점에서 쇼핑하는 동안 /

_____ /

정부의 지시를 따름으로써

정답 및 해설

06

I / wanted to look at / what's hidden /
　　　　　　　　　　　　목적어 역할
behind the apparent impoverishment / of our country.

나는 / 보기를 원했다 / 무엇이 숨겨져 있는지 /
명백한 빈곤 뒤에 / 우리 나라의

해석　나는 우리 나라의 명백한 빈곤 뒤에 무엇이 숨겨져 있는지 보기를 원했다.

07

To contrast something / is to look for differences / among two or more elements, /
　　　주어 역할　　　　　　　보어 역할
but to compare / is to do the opposite, / to look for similarities.
　　주어 역할　　　　보어 역할　　　　　보어 역할

무언가를 대조하는 것은 / 차이점을 찾는 것이지만 / 둘, 혹은 그 이상의 요소들 사이의 /
비교하는 것은 / 그 반대를 하는 것 / 즉 유사점을 찾는 것이다

해석　무언가를 대조하는 것은 둘, 혹은 그 이상의 요소들 사이의 차이점을 찾는 것이지만 비교하는 것은 그 반대를 하는 것, 즉 유사점을 찾는 것이다.

08

One easy way / to increase safety / while shopping at the mall /
　　　　　　　명사 way 수식 형용사 역할
is to practice social distancing /
　　보어 역할
by following recommendations from the government.

손쉬운 방법은 / 안전성을 확대할 / 상점에서 쇼핑하는 동안 /
사회적 거리두기를 실천하는 것이다 /
정부의 지시를 따름으로써

해석　상점에서 쇼핑하는 동안 안전성을 확대하는 쉬운 방법은 정부의 지시를 따름으로써 사회적 거리두기를 실천하는 것이다.

Step Up Sentence

09

Employers / have a right / to make changes to their businesses /
and restructure their businesses / in the way /
that they believe / will be the most effective to their customers.

경영자들은 / 권리가 있다 / _____ /

_____ / 방식으로 /

그들이 믿는 / 고객들에게 가장 효과적이라고

10

Charisma / has shortcomings / as a long term source of authority. //
If it is to be continued, /
it / has to be transformed / into a traditional or legal form of authority.

카리스마는 / 단점이 있다 / _____ //

_____ /

_____ / _____ / 전통적인 혹은 법적인 권위의 형태로

정답 및 해설

09

Employers / have a right / to make changes to their businesses /
　　　　　　　　　　　　명사 right 수식 형용사 역할
and restructure their businesses / in the way /
　　　　명사 right 수식 형용사 역할
that they believe / will be the most effective to their customers.

> 경영자들은 / 권리가 있다 / 그들의 사업에 변화를 줄 /
> 그리고 그들의 사업을 재조직할 / 방식으로 /
> 그들이 믿는 / 고객들에게 가장 효과적이라고

해석 경영자들은 그들의 사업에 변화를 주고, 고객들에게 가장 효과적이라고 그들이 믿는 방식으로 그들의 사업을 재조직할 권리가 있다.

10

Charisma / has shortcomings / as a long term source of authority. //

If it is to be continued, /
　　　be to 용법
it / has to be transformed / into a traditional or legal form of authority.
　　　be to 용법

> 카리스마는 / 단점이 있다 / 장기간의 권위의 근본으로서는 //
> 그것이 지속되어야만 한다면 /
> 그것은 / 변화되어야만 한다 / 전통적인 혹은 법적인 권위의 형태로

해석 카리스마는 장기간의 권위의 근본으로서는 단점이 있다. 그것이 지속되어야만 한다면, 그것은 전통적인 혹은 법적인 권위의 형태로 변화되어야 한다.

DAY 2 준동사 부사의 올바른 해석 연습

> **Point 01** to ⓡ(부정사)는 "명사"와 "형용사", "부사"로 모두 사용될 수 있다. 형태는 같아도 자리·위치에 따라 각각의 품사로 사용될 때 의미가 달라진다. 그중에서도 특히 부사로 쓰였을 경우에는 다양한 해석이 가능하므로 자주 쓰이는 표현은 기억해 두자.
>
> <to부정사의 용법>
> ① 명사: ~하기/~함/~하는 것
> ② 형용사: ~ 할(be to ⓡ: ~하려 하다/~할 것이다)
> ③ 부사: ~하기 위하여, ~해서 결국 ~하다(못하다), ~하다니, ~해서

1. 부사 자리의 to ⓡ

to부정사가 [S + V]의 문장 맨 앞/뒤의 부사 자리에 오는 경우, '~하기 위하여'의 의미로 사용되는 경우가 많다. 문장 뒤에서 쓰일 수도 있다.

> **To build** a better world, we need inclusiveness.
> 부사 역할의 to부정사(~하기 위해서)(문장 맨 앞 부사 자리)
> 더 나은 세상을 만들기 위해 우리에게는 포용이 필요하다.

2. only to ⓡ/never to ⓡ

only to ⓡ과 never to ⓡ에서 사용된 to부정사는 앞에서 언급되었던 "~했으나 결국 (단지) ~하다"를 나타낸다.

- only to ⓡ: ~했으나 결국 ~하다
- never to ⓡ: ~했으나 결국 ~하지 **못하다**

> He abandoned painting to study, **only to return** to it years later.
> 부사 역할의 to부정사(~해서 결국 ~하다)
> 그는 공부를 하기 위해 그림을 포기했으나 결국 몇 년 후에 다시 그것(그림 그리기)으로 돌아왔다.

3. enough to/too ~ to

enough to와 too ~ to에서 사용된 to부정사는 ⑲/⑼ 뒤에서 '~하기에'라는 정도의 의미를 나타낸다.

- enough to ⓡ ~: ~하기에 충분히 ~하다
- too ~ to ⓡ: 너무 ~해서 ~할 수 없다(~하기에 지나치게 ~하다)(부정)

> AI is advanced **enough to replace** humans at many tasks.
> 부사 역할의 to부정사(~하기에 충분히 ~하다)
> 인공지능은 많은 업무에서 인간을 대체하기에 충분할 만큼 발전해가고 있다.

TIP
[부사 자리]
to ⓡ, S+V+<O/C
S+V+<O/C, to ⓡ

주의
to 대신에 의미를 강조하기 위해 so as to, 혹은 in order to를 쓰기도 한다.

> **📖 Point 02**
> -ing와 p.p.가 명사의 앞뒤에 쓰여 형용사가 될 수 있다. (-ing: ~하는 몡/p.p.: ~당한/~되어진 몡)
> -ing와 p.p.가 부사 자리에 놓여 분사구문이 될 수 있다. (-ing: ~하면서/~해서, p.p.: ~당해서/~되어져서)

4. 명사를 앞과 뒤에서 수식하는 -ing와 p.p.

-ing/p.p.가 명사 앞이나 뒤에서 명사를 수식하는 형용사로 사용될 수 있다.
- -ing: ~하는 명사
- p.p.: ~된 명사/~당한 명사

> One <u>unexpected</u> **consequence** of the pandemic crisis has been business
>   형용사 역할(과거분사)   명사
> interruption.
> 팬데믹 사태의 한 가지 예상치 못했던 결과는 사업의 중단이다.

주의
-ing/p.p.가 한 단어로 쓰인 경우 주로 명사의 앞에 쓰고, 여러 단어가 같이 쓰인(2단어 이상) 경우는 명사의 뒤에 쓴다.

5. 분사구문 + S + V: 시간, 부대상황, 이유

- -ing: ~하면서/~해서
- p.p.: ~당해서/~되어져서

> **Working in the library**, he can read many books.
>   이유
> 도서관에서 일하기 때문에, 그는 많은 책을 읽을 수 있다.

TIP
-ing나 p.p.가 부사 자리에 위치한 경우

1. -ing/p.p., S+V+$<^O_C$
2. S+V+$<^O_C$, -ing/p.p.
3. S, -ing/p.p., V+$<^O_C$

6. 접속사와 분사구문

부사절 접속사 없이 -ing/p.p.만으로도 다양한 부사절의 의미를 표현할 수 있으나, 상황에 따라 의미를 강조하기 위해 「접속사」를 -ing/p.p.의 앞에 써 주기도 한다.

> Gloves and safety glasses are mandatory **when** <u>working in the lab</u>.
>   접속사   분사구문
> 장갑과 보호 안경은 실험실에서 일하는 동안 필수적이다.

Step Up Sentence

to부정사를 찾고, 의미에 유의하여 해석하세요.

01
To build squads / that will move forward / in a combat environment / where people are dying, / a strong team bond / is required.

분대들 만들기 위해서 / 전진하는 / 전투 상황에도 /

사람들이 죽어가는 / 강한 팀 유대감이 / 요구된다

02
In order to build a new type of product / for a new type of market, / you / have to throw out the old playbook.

_____ / 새로운 형태의 시장을 위한 /

_____ / _____

03
Some COVID-19 patients / go home, / only to come back to the hospital / with a damaged nose, swollen cheeks and so on.

몇몇 코로나 환자들은 / 집으로 가지만 / _____ /

손상된 코와 부은 볼, 기타 등등의 증상을 가지고

정답 및 해설

01

To build squads / that will move forward / in a combat environment / where people are dying, / a strong team bond / is required.

분대를 만들기 위해서 / 전진하는 / 전투 상황에도 / 사람들이 죽어가는 / 강한 팀 유대감이 / 요구된다

해석   사람들이 죽어가는 전투 상황에도 전진하는 분대를 만들기 위해서는 강한 팀 유대감이 요구된다.

02

In order to build a new type of product / for a new type of market, / you / have to throw out the old playbook.

새로운 종류의 상품을 만들기 위해 / 새로운 형태의 시장을 위한 / 당신은 / 낡은 지침서를 버려야만 한다

해석   새로운 형태의 시장을 위한 새로운 종류의 상품을 만들기 위해 당신은 낡은 지침서를 버려야만 한다.

03

Some COVID-19 patients / go home, / only to come back to the hospital / with a damaged nose, swollen cheeks and so on.

몇몇 코로나 환자들은 / 집으로 가지만 / 결국 병원으로 돌아오게 된다 / 손상된 코와 부은 볼, 기타 등등의 증상을 가지고

해석   몇몇 코로나 환자들은 집으로 가지만 결국 손상된 코와 부은 볼, 기타 등등의 증상을 가지고 병원으로 돌아오게 된다.

Step Up Sentence

04

She / began searching for her origins, only to find out /
that her adoption records / had been sealed, / a common practice in the 1960s.

그녀는 / 자신의 출생을 조사하기 시작했으나 / _____ /

그녀의 입양 기록은 / 봉인되어 있음을 / _____

05

Scientists say / there may be dozens of civilizations / in our galaxy /
that are advanced enough to communicate / with us.

과학자들은 말한다 / 수십 개의 문명이 있을 수도 있다고 / 우리의 은하계에 /

_____ / _____

04

She / began searching for her origins, / only to find out /
that her adoption records / had been sealed, / a common practice in the 1960s.

그녀는 / 자신의 출생을 조사하기 시작했으나 / 결국 발견했을 뿐이다 /
그녀의 입양 기록은 / 봉인되어 있음을 / 1960년대의 보통 관례이듯이

해석 그녀는 자신의 출생을 조사하기 시작했으나 결국 그녀의 입양 기록은 1960년대의 보통 관례이듯이 봉인되어 있음을 발견했을 뿐이다.

05

Scientists say / there may be dozens of civilizations / in our galaxy /
that are advanced enough to communicate / with us.

과학자들은 말한다 / 수십 개의 문명이 있을 수도 있다고 / 우리의 은하계에 /
소통할 만큼 충분히 발전한 / 우리와

해석 과학자들은 우리와 소통할 만큼 충분히 발전한 수십 개의 문명이 우리의 은하계에 있을 수도 있다고 말한다.

Step Up Sentence

분사를 찾아 의미에 유의하여 빈칸에 알맞은 해석을 쓰세요.

06
To anticipate the unexpected consequences / of climate change /
it / is critical / that we understand both the direct and indirect effects /
of warming on ecosystems.

_____ / 기후 변화에 대한 /

그것은 / 중요하다 / _____ /

생태계에 미치는 온난화의

07
One unexpected consequence / of social distancing /
is that there's quite a lot of writing / about COVID-19.

_____ / 사회적 거리두기의 /

_____ / 코로나에 대한

08
Working with overseas clients, / an understanding of cultural norms /
is at least as important / as grasping the pivotal business issues /
for the global manager.

_____ / 문화적 기준을 이해하는 것은 /

적어도 ~만큼이나 중요하다 / _____ /

글로벌 매니저들에게

정답 및 해설

06

To anticipate the unexpected consequences / of climate change / it / is critical / that we understand both the direct and indirect effects / of warming on ecosystems.

예상치 못했던 결과를 예측하기 위해서 / 기후 변화에 대한 /
그것은 / 중요하다 / 우리가 직접적 그리고 간접적인 영향을 이해하는 것은 /
생태계에 미치는 온난화의

해석 기후 변화에 대한 예상치 못했던 결과를 예측하기 위해서, 생태계에 미치는 온난화의 직접적 그리고 간접적인 영향을 이해하는 것은 중요하다.

07

One unexpected consequence / of social distancing / is that there's quite a lot of writing / about COVID-19.

한 가지 예상치 못했던 결과는 / 사회적 거리두기의 /
꽤 많은 글들이 있다는 점이다 / 코로나에 대한

해석 사회적 거리두기의 한 가지 예상치 못했던 결과는 코로나에 대한 꽤 많은 글들이 있다는 점이다.

08

Working with overseas clients, / an understanding of cultural norms / is at least as important / as grasping the pivotal business issues / for the global manager.

해외의 고객들과 일할 때 / 문화적 기준을 이해하는 것은 /
적어도 ~만큼이나 중요하다 / 중요한 사업상의 이슈들을 이해하는 것 (만큼) /
글로벌 매니저들에게

해석 해외의 고객들과 일할 때, 글로벌 매니저들에게 문화적 기준을 이해하는 것은 적어도 중요한 사업상의 이슈들을 이해하는 것만큼이나 중요하다.

Step Up Sentence

09
Walking along the train track, /
we / observed the beauty / of the surrounding environment.

_____ /

우리는 / 아름다움을 관찰했다 / _____

10
When giving feedback to their managers, /
employees / should consider their approach, /
including their tone, stance and other nonverbal cues.

_____ /

직원들은 / 그들의 접근 방식을 고려해야만 한다 /

_____

09

Walking along the train track, /
we / observed the beauty / of the surrounding environment.

기차길을 따라 걸으면서 /
우리는 / 아름다움을 관찰했다 / 주변 환경의

해석 기차길을 따라 걸으면서, 우리는 주변 환경의 아름다움을 관찰했다.

10

When giving feedback to their managers, /
employees / should consider their approach, /
including their tone, stance and other nonverbal cues.

그들의 매니저들에게 피드백을 줄 때 /
직원들은 / 그들의 접근 방식을 고려해야만 한다 /
목소리 어조, 태도, 그리고 다른 비언어적 단서들을 포함하여

해석 매니저들에게 피드백을 줄 때, 직원들은 목소리 어조, 태도, 그리고 다른 비언어적 단서들을 포함하여 그들의 접근 방식을 고려해야만 한다.

다양한 형태의 준동사 해석 연습

> **Point 01** -ing/p.p.가 형용사의 자리에서 명사를 수식하는 형용사로 쓰일 수도 있고, 부사구를 이끄는 부사로 사용될 수도 있지만, 그 외에도 다양한 용법들이 있다.

1. 문장 뒤의 분사구문 : ~하다, 그리고 ~하다/~해서 ~되어서

분사구문은 본질적으로 부사 자리에 쓰이므로 문장의 맨 끝에 오는 경우도 있다.

> Amazon is selling facial recognition technology to police, **allowing** them to analyze faces in real-time.
> 분사구문(= and allows)
> 아마존은 경찰에게 안면 인식 기술을 판매하고 있으며 그들이 얼굴을 실시간으로 분석하도록 허락해 준다.

TIP
[S+V]의 주절이 온 후, 콤마와 분사로 연결되는 분사구문이 쓰이는 경우가 많으며 '그리고 ~하다'라고 해석한다. 즉 주절과 분사구문 사이에 and가 있다고 가정하면 의미가 자연스러워진다.

2. with 분사구문

with 뒤에 -ing가 올 경우에는 능동의 의미로, p.p.가 올 경우에는 수동의 의미로 해석해야 한다.

> with + 명사 + -ing/p.p.
> -ing: 명사가 ~한 채로 / 명사가 ~함에 따라 / 명사가 ~하면서
> p.p.: 명사가 ~된 채로 / 명사가 ~됨에 따라 / 명사가 ~되면서

> **With tears running** down her face, she blamed herself bitterly.
> with 분사구문(with + 명사 + 현재분사)
> 그녀의 얼굴에 눈물이 흐르는 채로, 그녀는 자신을 강하게 비난했다.

3. 비인칭 독립분사구문 <숙어로 암기>

Judging from ~로 판단하건대 **Considering that** ~을 고려하면
Providing(Provided) that 만약 ~라면 **Given that** 만약 ~라면
Supposing that 만약 ~라면

> **Considering that** he is in Seoul, it is possible that I saw someone that looked
> 비인칭 독립분사구문(~을 고려하면)
> like him.
> 그가 서울에 있는 것을 고려하면 내가 그처럼 생긴 누군가를 본 것은 가능하다.

📖 **Point 02** 준동사는 동사가 변화하여 다른 품사로 쓰이지만 동사가 가진 기본적인 성격은 변화하지 않는다.
(그래서 준동사라 불린다.)

동사의 세 가지 성격에 맞게 준동사를 해석하는 연습을 해 보자.
① (의미상의) 주어
② 태: 수동태
③ 시제

4 준동사의 (의미상) 주어

준동사는 동사적 성질을 가지므로 이 동작·행위의 주체를 그 앞에 쓴다.

> It is impossible **for me to finish** the work in a day.
>   의미상 주어 + 준동사(to부정사): 내가 끝내는 것
> 내가 하루에 일을 끝내는 것은 불가능하다.

TIP
<의미상 주어의 형태>
· to부정사 앞
  1. 목적격
  2. for 목적격
  3. of 사람
· -ing: 소유격/목적격

※ 문장의 주어가 별도로 존재하므로 **준동사의 주어는 주격으로 쓰지 않는다.** 따라서 형태상으로는 그렇지 않으나 의미상으로 봤을 땐 주어라고 하여, "의미상" 주어라고 부른다.

5 준동사의 태: 수동태의 의미를 갖는 준동사

준동사는 동사적 성질을 갖고 있으므로 수동과 능동의 태를 갖는다. 즉 [be+p.p.]의 수동태 형태를 취하여 수동의 의미를 나타낸다.

- being p.p.
- to be p.p.

> Some radon is likely **to be found** in the atmosphere by the detectors.
>   수동형 to부정사(to be p.p.)
> 약간의 라돈은 감지기에 의해 대기 중에서 발견될 가능성이 있다.

TIP
<수동태의 형태>
· to부정사: to be p.p.
· -ing: being p.p.
· 분사: 과거분사

6 준동사의 시제: 완료 형태

준동사가 [have+p.p.]의 형태를 취하면 글 전체의 동사보다 앞선 사건을 나타낸다. (V-1)

> A Filipino man **was found to have broken** quarantine rules.
>   동사(과거시제) 완료부정사(to have p.p.): 과거 이전 시제(대과거)
> 한 필리핀 남성이 격리 지침을 어겼다는 사실이 발견되었다.

> He **seems to have been** rich when young.
>   현재   완료 형태: (과거)
> 그는 젊었을 때 부자였던 것처럼 보인다.

TIP
<완료시제의 형태>
· to부정사: to have p.p.
· 동명사: having p.p.
· 분사: having p.p. / having been p.p.

Step Up Sentence

분사를 찾아 밑줄을 긋고, 분사/분사구문에 유의하여 빈칸에 알맞은 해석을 쓰세요.

01

Children / develop critical engagement with music, /
allowing themselves to compose, / and to differentiate /
between different genres, styles and the works of great composers.

아이들은 / 음악에 대한 비판적 관계를 발전시킨다 /

스스로가 작곡을 하도록 하면서 / 그리고 구별할 수 있도록 (하면서) /

서로 다른 장르와 스타일, 위대한 작곡가들의 작품들 간에

02

These autonomous vehicles / can be steered / from computers /
hundreds of miles away, /
allowing people to access severe ocean environments.

이러한 자율 자동차는 / 조정될 수 있다 / 컴퓨터로 /

수백 마일 떨어진 곳에서도 /

_____

03

With tears running down his cheeks, / he / told the news conference /
that this is without a doubt, / the most difficult moment of his career.

_____ / 그는 / 뉴스 컨퍼런스에서 말했다 /

_____ / _____

정답 및 해설

01

Children / develop critical engagement with music, /
allowing themselves to compose, / and to differentiate /
between different genres, styles and the works of great composers.

아이들은 / 음악에 대한 비판적 관계를 발전시킨다 /
스스로가 작곡을 하도록 하면서 / 그리고 구별할 수 있도록 (하면서) /
서로 다른 장르와 스타일, 위대한 작곡가들의 작품들 간에

해석 아이들은 음악에 대한 비판적 관계를 발전시키며 스스로가 작곡을 하고 서로 다른 장르와 스타일, 위대한 작곡가들의 작품들을 구별할 수 있게 한다.

02

These autonomous vehicles / can be steered / from computers /
hundreds of miles away, /
allowing people to access severe ocean environments.

이러한 자율 자동차는 / 조정될 수 있다 / 컴퓨터로 /
수백 마일 떨어진 곳에서도 /
사람들로 하여금 가혹한 해양 환경에 접근할 수 있게 해 준다

해석 이러한 자율 주행 차량은 수백 마일 떨어진 곳에서도 컴퓨터로 조종할 수 있어 사람들이 가혹한 해양 환경에 접근할 수 있게 해 준다.

03

With tears running down his cheeks, / he / told the news conference /
that this is without a doubt, / the most difficult moment of his career.

그의 뺨 위로 눈물을 흘린 채로 / 그는 / 뉴스 컨퍼런스에서 말했다 /
이것은 의심할 여지가 없다 / 그의 경력에서 가장 힘든 순간이라고

해석 뺨 위로 눈물을 흘린 채 그는 뉴스 컨퍼런스에서 이것은 의심할 여지가 없이 그의 경력에서 가장 힘든 순간이라고 말했다.

Step Up Sentence

04

When the armistice was declared / in November 1918, /
he / was observed / standing on the steps / overlooking the bottom field /
with tears running down his face.

_____ / _____ /

그는 / 목격되었다 / 계단 위에 서 있는 것이 / 바닥을 내려다보며

_____

05

The US / is facing a lot of criticism /
for not allowing entry / to vaccinated travellers, /
considering that / the US / has significantly higher infection rates and lower vaccination rates.

_____ / _____ /

입국을 허용하고 있지 않는 것에 대해 / 백신을 접종한 여행객들에 대한 /

~을 고려할 때 / _____ / _____

04

When the armistice was declared / in November 1918, /
he / was observed / standing on the steps / overlooking the bottom field /
with tears running down his face.

휴전 협정이 발표되었을 때 / 1918년 11월에 /
그는 / 목격되었다 / 계단 위에 서 있는 것이 / 바닥을 내려다보며 /
그의 얼굴에 눈물을 흘린 채로

해석 휴전 협정이 1918년 11월에 발표되었을 때, 그가 얼굴에 눈물을 흘린 채로 계단 위에서 바닥을 내려다보고 있는 모습이 목격되었다.

05

The US / is facing a lot of criticism /
for not allowing entry / to vaccinated travellers, /
considering that / the US / has significantly higher infection rates and lower vaccination rates.

미국은 / 엄청난 비난에 직면하고 있는 중이다 /
입국을 허용하고 있지 않는 것에 대해 / 백신을 접종한 여행객들에 대한 /
~을 고려할 때 / 미국이 / 상당히 높은 감염률과 낮은 백신 접종률을 갖고 있음을

해석 미국이 상당히 높은 감염률과 낮은 백신 접종률을 갖고 있음을 고려할 때, 미국은 백신을 접종한 여행객들의 입국을 허용하고 있지 않는 것에 대해 엄청난 비난에 직면하고 있는 중이다.

Step Up Sentence

밑줄친 부분의 문법적 성격(의미상의 주어 / 수동태 준동사 / 완료 준동사)을 쓰고 이에 주의하여 빈칸에 알맞은 해석을 쓰세요.

06
For big families, / isolating at home / was a themselves issue, / because it is impossible / for people to isolate away / from the rest of the household.

대가족에게 / _____ / _____ /

_____ / _____ /

가족의 나머지로부터

07
If it is impossible / for you to attend the appointment, / you / must tell the nurse immediately / so that another appointment can be made.

불가능하다면 / _____ /

당신은 / 간호사에게 즉시 말해야 한다 /

_____

08
A speaker / found to be highly intelligible / in one country / was likely to be found so / in another.

화자는 / _____ / _____

_____ / 다른 나라에서도

정답 및 해설

06

For big families, / isolating at home / was a themselves issue, /
because it is impossible / for people to isolate away /
　　　　　　　　　　　　　의미상의 주어
from the rest of the household.

> 대가족에게 / 집에서의 격리는 / 심각한 문제이다 /
> 왜냐하면 불가능하기 때문이다 / 사람들이 격리하는 것은 /
> 가족의 나머지로부터

해석 대가족에게 집에서의 격리는 심각한 문제인데, 왜냐하면 가족의 나머지로부터 사람들이 격리하는 것은 불가능하기 때문이다.

07

If it is impossible / for you to attend the appointment, /
　　　　　　　　　의미상의 주어
you / must tell the nurse immediately /
so that another appointment can be made.

> 불가능하다면 / 당신이 약속에 나오기가 /
> 당신은 / 간호사에게 즉시 말해야 한다 /
> 다른 약속을 잡기 위해

해석 당신이 약속에 나오기가 어렵다면 다른 약속을 잡기 위해 간호사에게 즉시 말해야 한다.

08

A speaker / found to be highly intelligible / in one country /
was likely to be found so / in another.
　　　　수동태 준동사

> 화자는 / 매우 지능이 높은 것으로 여겨지는 / 어떤 한 나라에서 /
> 그렇게 여겨질 가능성이 높다 / 다른 나라에서도

해석 어떤 한 나라에서 매우 지능이 높은 것으로 여겨지는 화자는 다른 나라에서도 그렇게 여겨질 가능성이 높다.

Step Up Sentence

09

The best defense against venomous snakes / is avoidance. //
To avoid a particular animal, /
it is best to know / what it looks like /
and where it is likely to be found.

_____ / 피하는 것이다 //

특정 동물을 피하기 위해서는 /

_____ / 그것이 어떻게 생겼는지 /

_____

10

Through the recent investigation, /
a judge was found to have tried / to bribe prosecutors / in a case /
which involved his family members.

최근의 조사에서 /

_____ / _____ / _____ /

그의 가족 구성원이 연관된

정답 및 해설

09

The best defense against venomous snakes / is avoidance. //

To avoid a particular animal, /

it is best to know / what it looks like /

and where it is likely to be found.
　　　　　　　　　수동태 준동사

독사에 대한 최선의 방어는 / 피하는 것이다 //
특정 동물을 피하기 위해서는 /
아는 것이 최선이다 / 그것이 어떻게 생겼는지 /
그리고 그것이 어디에서 발견될 것 같은지

해석 　독사에 대한 최선의 방어는 피하는 것이다. 특정 동물을 피하기 위해서는 그것이 어떻게 생겼는지, 그리고 그것이 어디에서 발견될 것 같은지를 아는 것이 최선이다.

10

Through the recent investigation, /

a judge / was found to have tried / to bribe prosecutors / in a case /
　　　　　　　　　완료 준동사
which involved his family members.

최근의 조사에서 /
판사가 / 시도했던 것이 밝혀졌다 / 검사에게 뇌물을 주려고 / 한 소송에서 /
그의 가족 구성원이 연관된

해석 　최근의 조사에서 한 판사가 그의 가족 구성원이 연관된 소송에서 검사에게 뇌물을 주려고 했었던 사실이 밝혀졌다.

PART 3 손독해 연습 **221**

DAY 4 동사 알아보기

> **Point 01** 동사를 동사로 알아보아야 그 앞부분을 주어로 처리할 수 있다. 따라서 동사를 알아보는 것은 영어 독해에 있어서 필수적이다. 또한 동사는 앞선 주어에 맞추어 '수'를 표시하고 시제와 태를 표시한다. 이 수/시/태를 순간적으로 읽어낼 수 있어야 독해와 문법을 한 단계 더 끌어올릴 수 있다.
>
> **주어 + 동사 + ….** ① 조동사+동사
> ② 시간의 변형(진행형 / 완료형 / 완료진행형)
> ③ 수동태(be+p.p.)

1. 동사용 접미사

동사의 모양을 결정짓는 접미사들이다. 다만 영어는 우리말과 달리 규칙성이 매우 떨어지므로 이 접미사들은 참고만 하고 개별 단어를 많이 외우는 것이 중요하다.

- **-ize** ~하게 되다, ~와 같아지다
  apologize 사과하다, realize 깨닫다, criticize 비판하다, 비난하다, memorize 기억하다
- **-en** ~하게 만들다
  deepen 깊게 만들다, strengthen 강화하다, enlarge 확대하다, sharpen 날카롭게 하다
- **-fy** ~화 하다
  satisfy 만족시키다, unify 통일하다, 단일화하다
- **-ate** ~를 주다, ~하게 만들다
  communicate 의사소통하다

2. be 동사의 변화 형태

'~이다 / ~가 있다'의 의미로 1형식, 2형식으로 쓸 수 있는 **be 동사의 변화 형태가 나오면 무조건 동사로 간주한다.**

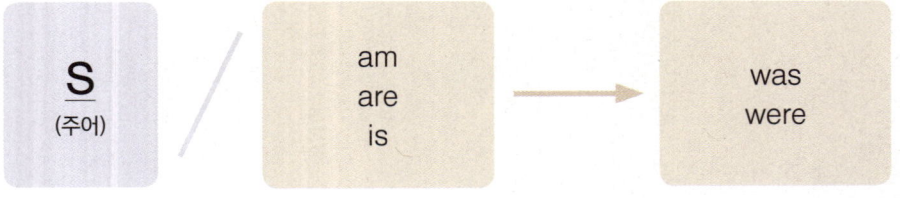

3. 조동사 + ⓡ

조동사는 뒤에 ⓡ을 써서 한꺼번에 동사를 만든다. 영어의 조동사란 동사의 일종으로서 뒤에 항상 준동사(보통 ⓡ)를 함께 써서 의미를 완성하는 동사들이다. 자주 쓰이는 조동사로는 will / shall / can / may / must 등이 있고 다음의 의미로 쓴다.

현재			과거	
will	· ~할 것이다(미래) · ~하려고만 한다(고집 / 의지)	➡	would	· ~할 텐데 / ~일 텐데(현재 / 추측 / 가설) · ~하곤 했다(과거 습관) · 시제일치(will 과거형)
shall	· ~하리라 / ~할지어다	➡	should	· ~해야만 한다(현재 / 의무 / 권고)
can	· ~할 수 있다(가능) · ~할 수도 있다(추측)	➡	could	· ~할 수 있다
may	· ~일는지 모른다 · ~해도 좋다(허락) · May I~? / You may~?	➡	might	· ~일는지 모른다
must	· ~해야만 한다(의무 / 강제) · ~임에 틀림없다(must be + 형)	➡		

- He / must be crazy to say so. (must be가 동사)
  ⓢ　　　ⓥ　　　ⓒ
  그 남자는 미쳤음에 틀림없다. 그렇게 말하다니

- This exhibition will give you an opportunity to explore the life of the artist. (will give가 동사)
  이번 전시회는 당신에게 그 예술가의 삶을 탐험할 수 있는 기회를 제공할 것이다.

기타 조동사
- used to: ~하곤 했다(= would)
- have to: ~해야만 한다(= must, should) } + ⓡ
- had better: ~하는 편이 낫다
- ought to: ~해야만 한다(= should)

- Vendors used to bring small boxes filled with ice cakes. (used to bring이 동사)
  (상인들은 아이스케이크로 가득 찬 작은 박스들을 갖고 오곤 했다.)

- I had better do the dishes before 12 o'clock. (had better do가 동사)
  (나는 12시 정각 이전에 설거지를 하는 편이 낫겠다.)

4 시간 표시

① V-ed (과거)

'V-ed' 모양으로 되어 있는 것은 **동사로 사용된 것으로 간주한다.**

- watered ~에게 물을 주다, 군침 돌다
- placed 두다
- scheduled 계획하다
- experienced 경험하다

- They watered the garden.
  그들이 그 정원에 물을 주었다.

- 10 participants experienced the strange phenomenon in the room.
  10명의 참여자가 방 안에서 그 이상한 현상을 경험했다.

- They placed the earbuds in their ears directly.
  그들은 그들의 귀에 직접 이어폰을 집어넣었다.

② be + -ing (진행시제: ~하는 중)

'be + -ing'의 모양을 **진행시제**라 부르고 '~하는 중'이라고 해석한다.
이 진행시제는 be + (부사)-ing 전체를 그 자체로 동사로 본다.
(참고로 -ing만은 준동사이고 be + -ing 전체를 **진행시제**라 부른다.)

- Minowa is watching TV now. (is watching이 동사)
  Minowa는 지금 TV를 보고 있는 중이다.

- He was driving his car when she called him. (was driving이 동사)
  그녀가 전화했을 때 그는 운전 중이었다.

- The zookeeper is taking good care of the baby bear. (is taking good care of가 동사)
  사육사가 아기곰을 잘 돌보고 있는 중이다.

- Things are going from bad to worse. (are going이 동사)
  사태는 점점 악화되어 가고 있다.

③ have (has / had) + P.P (완료시제)

have + p.p로 쓰인 것은 **완료시제**라 부르며, 완료시제로 나온 것은 동사로 본다.

> **해석TIP** 완료시제의 해석
>
> 완료시제로 등장한 동사는 동반한 부사에 따라, 아래와 같이 해석을 달리한다.
>
> ① **~해 버렸다** (just: 막 / already: 이미 / yet: 아직)
> - He / (has just finished) his homework.
>   ⓢ   ⓥ   ⓞ
>
> ② **~해 본 적 있다 / 없다** (ever: 여태껏 / never: 결코 ~않다 / once: 한 번 / twice: 두 번)
> - He / (has never played) the piano.
>   ⓢ   ⓥ   ⓞ
>
> ③ **쭉 ~해왔다** (since: ~이래로 / for: ~동안 + 시간)
> - He / (has studied) English <since 2000> <for ten years>.
>   ⓢ   ⓥ   ⓞ

(완료시제의 해석은 반드시 반복적으로 연습해 두어야 한다.)

5. be + P.P(수동태)

be + P.P의 형태를 **수동태**라고 부르며 '~당하다 / ~되어지다'의 의미로 해석한다.
수동태의 모양이 주어지면 동사로 본다.

- When Tom arrived home, he was arrested by a policeman.
  Tom이 집에 도착했을 때, 그는 경찰에 의해서 체포되었다.

- Jack was elected chairman.(by them)
  Jack이 (그들에 의해서) 의장에 선출되었다.

- The problem should be solved.(by us)
  그 문제는 (우리에 의해) 해결되어야 한다.

- He was shot by a gangster.
  그는 갱에 의해 총을 맞았다.

- My cat went out and was run over by a car on street.
  내 고양이는 밖으로 나가 길에서 자동차에 의해 치었다.

---

be + -ing: 진행시제
be + p.p: 수동태
have + p.p: 완료시제

(용어가 혼동되면 공부에 크게 방해가 되므로 반드시 암기하고 간다.)

MEMO

Step Up Sentence

알맞은 해석을 쓰세요.

01
The protection / of native landscapes and natural assets /
will often yield / the greatest benefits /
in terms of climate and biodiversity.

___보호는___ / 고유의 경관과 자연 자산에의 /

___종종 낳을 것이다___ / 최고의 혜택을 /

___기후와 생물의 다양성 면에 있어___

02
We / will not yield to / any form of blackmail /
under the pretext / of exercising freedom of expression.

_____ / _____ / 어떠한 협박의 형태도 /

_____ / 표현의 자유를 행사한다는

03
We / have been solving / issues of customers /
in many industries / including oil plants and chemical plants / using our AI.

우리는 / _____ / 고객들의 문제를 /

_____ / 석유 회사와 화학공장을 포함하여 / _____

정답 및 해설

01

The protection / of native landscapes and natural assets /
will often yield / the greatest benefits /
in terms of climate and biodiversity.

보호는 / 고유의 경관과 자연 자산에의 /
종종 낳을 것이다 / 최고의 혜택을 /
기후와 생물의 다양성 면에 있어

해석 고유의 경관과 자연 자산을 보호하는 것은 종종 기후와 생물의 다양성 면에 있어 최고의 혜택을 낳을 것이다.

02

We / will not yield to / any form of blackmail /
under the pretext / of exercising freedom of expression.

우리는 / 묵인하지 않을 것이다 / 어떠한 협박의 형태도 /
핑계하의 / 표현의 자유를 행사한다는

해석 표현의 자유를 행사한다는 핑계하의 어떠한 협박의 형태도 우리는 묵인하지 않을 것이다.

03

We / have been solving / issues of customers /
in many industries / including oil plants and chemical plants / using our AI.

우리는 / 해결해오고 있다 / 고객들의 문제를 /
많은 산업 분야에서 / 석유 회사와 화학공장을 포함하여 / 우리의 인공지능을 사용하여

해석 우리는 우리의 인공지능을 사용하여 석유 회사와 화학공장을 포함한 많은 산업 분야에서 고객들의 문제를 해결해 오고 있다.

Step Up Sentence

04

Nurses / have been solving / issues of patient care / for more than 100 years, / customizing medical equipment / and making new devices / that ensure patient comfort and safety.

간호사들은 / _____ / 환자 돌봄에 있어서의 문제점들을 / 100년 이상 /

_____ / 새로운 기기들을 만들며 /

_____

05

Positive outcomes / from mentoring programs / will not be restricted / to the mentor and mentee / but will benefit / the school and university / as a whole.

_____ / 멘토링 프로그램의 /

_____ / 멘토와 멘토를 받는 대상자에게만 /

_____ / 학교와 대학들에게 / _____

정답 및 해설

04

Nurses / have been solving / issues of patient care / for more than 100 years, /
customizing medical equipment / and making new devices /
that ensure patient comfort and safety.

간호사들은 / 해결해오고 있다 / 환자 돌봄에 있어서의 문제점들을 / 100년 이상 /
의학 장비들을 조율하고 / 새로운 기기들을 만들며 /
환자의 안정과 안전을 보장할 수 있는

해석 간호사들은 의학 장비들을 조율하고 환자의 안정과 안전을 보장할 수 있는 새로운 기기들을 만들며 100년 이상 환자 돌봄에 있어서의 문제점들을 해결해오고 있다.

05

Positive outcomes / from mentoring programs /
will not be restricted / to the mentor and mentee /
but will benefit / the school and university / as a whole.

긍정적 효과는 / 멘토링 프로그램의 /
국한되지 않을 것이며 / 멘토와 멘토를 받는 대상자에게만 /
혜택을 줄 것이다 / 학교와 대학들에게 / 전반적으로

해석 멘토링 프로그램의 긍정적 효과는 멘토와 멘토를 받는 대상자에게만 국한되지 않을 것이며 학교와 대학들에게 전반적으로 혜택을 줄 것이다.

복잡한 주어 해석 연습

> **Point 01** 기본적으로 주어가 되는 것은 명사이지만, 문장(절) -ing/to ⓡ 역시 주어가 될 수 있다. 이 경우 주어가 길어질 수 있으므로 바로 동사를 찾고 끊어 읽어 앞부분을 주어로 처리한다.

1. 동명사 주어 + 동사

동사에 -ing를 붙여 명사로 만들어 주어를 구성한다. '~것, ~기'로 해석한다.

> **Riding a bike** / **is** not a hobby because it is a lifestyle.
> 주어(동명사)   동사
> 자전거를 타는 것은 생활방식이기 때문에 취미가 아니다.

주의
[동사+-ing]는 동명사뿐 아니라 형용사 / 부사 역할을 하는 분사도 될 수 있다.

2. to부정사 주어 + 동사

동사 앞에 to를 붙여 명사로 만들어 주어를 구성한다. '~것, ~기'로 해석한다.

> **To invent something** / **means** to create a new device, or to make a new product.
> 주어(to부정사)   동사
> 무언가를 발명한다는 것은 새로운 도구를 만들거나 새로운 상품을 만드는 것을 의미한다.

주의
to부정사는 명사뿐 아니라 형용사 / 부사의 역할도 할 수 있다.

3. 가주어 it + 동사 + ··· + 진주어(to부정사)

to부정사 주어는 기본적으로 길어지므로 가주어 it을 주어 자리에 쓰고, to부정사 주어를 뒤로 보내 가주어 / 진주어 구문으로 쓰기도 한다. 해석을 할 때는 순서대로 해석하고 it 자리에 진주어(to ⓡ)를 넣고 두 번 해석해 준다. '~것, ~기'로 해석한다.

> **It is** worthwhile **to hear and learn** from other's experiences.
> 주어(가주어)   주어(진주어)
> (그것은 가치있다) 다른 사람들의 경험을 듣고 배우는 것은 가치가 있다.

📖 **Point 02** 동사 왼편에 [접속사+S+V]의 형태가 쓰여 주어가 된다. 마치 명사처럼 쓰였으므로 명사절(주어절)이라고 부른다.
주어절 자리에 쓰이는 접속사는 3가지로, that / whether / Wh-이다.

4 That S`+V/Wh-+(S`)+V`

[That S`+V] / [Wh-+(S`)+V`]가 명사절을 만들어 동사 앞에서 주어로 사용된다. 문장이 주어가 되어 길어지므로 빠르게 동사를 찾아 끊고 앞부분을 주어로 처리한다.

> **What started as a celebration** quickly / **turned** into a fight for survival.
> 　　주어(what+V)　　　　　　　　　　　　동사
> 축하로 시작한 것이 생존을 위한 싸움으로 금세 변했다.

주의
That 뒤에는 완전한 문장이 오지만, What 뒤에는 주어 / 보어 / 목적어 중 하나가 빠진 불완전한 문장이 온다. 따라서 [That+S`+V`+(O`)+(C`)] / [What+(S`)+V`+(O`)+(C`)]라고 해야 명확하다.

TIP
- that은 "~하는 것/~라는 것"(사실)의 의미로 해석하고
- what은 "~것"의 의미로 '사물'의 의미로 해석한다.

5 Whether+S`+V`

[Whether+S`+V`]가 명사절을 만들어 동사 앞에서 주어로 사용된다. 'S`'가 V`하는지 아닌지'로 해석한다.

> **Whether or not the emotion is genuine** / **will be** the deciding factor in this relationship.
> 　　　주어(Whether+S`+V`)　　　　　　　　　동사
> 그 감정이 진실인지 아닌지가 이 관계에서의 결정적 요인이 될 것이다.

TIP
접속사 if 역시 '~인지 아닌지'의 의미를 가지고 있으나 주어 자리에 올 수 없다. (목적어절만 가능)

6 가주어 it+동사+~ 진주어[that+S`+V`]

영어는 긴 주어를 싫어하므로 가주어 it을 주어 자리에 쓰고 명사절 [That+S`+V`]를 뒤로 보내 가주어 / 진주어 구문으로 쓰기도 한다. 진주어를 주어 자리에 넣어 '~것, 기'로 해석한다. to ⓡ과 마찬가지로 두 번 해석한다.

> 　　　　동사
> **It is documented** that the patient had trouble moving.
> 주어(가주어)　　　　　　　주어(진주어)
> (그것은 기록되어 있다) 그 환자가 움직임에 문제가 있었다는 것이 기록되었다.

주의
to ⓡ/that절이 주로 [가주어-진주어]로 쓰이지만 -ing나 [What+(S`)+V`+(O`)+(C`)]의 문장이 진주어로 사용될 경우도 있다.

Step Up Sentence

주어와 동사에 밑줄을 긋고, 빈칸에 알맞은 해석을 쓰세요.

01 Reducing the effects / of climate change / requires / significant investment / in renewable energy sources.

영향을 줄이는 것은 / 기후 변화의 / _요구한다_ /

막대한 투자를 / _재생에너지원에 대한_

02 Increasing the security / of electronic messages / to the recommended level / will sacrifice / the performance of the system.

_____ / 전자 메시지의 /

권장 수준까지 /

_____ / 시스템의 성능을

03 Sometimes / to challenge the status quo / simply means / to propose a new idea / that may be worth exploring.

때로는 / _____ /

그저 의미한다 / _____ / 탐구할 가치가 있을 수 있는

정답 및 해설

01

Reducing the effects / of climate change / requires /
significant investment / in renewable energy sources.

주어(동명사) … 동사

> 영향을 줄이는 것은 / 기후 변화의 / 요구한다 /
> 막대한 투자를 / 재생에너지원에 대한

해석 기후 변화의 영향을 줄이는 것은 재생에너지원에 대한 막대한 투자를 요구한다.

02

Increasing the security / of electronic messages /
to the recommended level /
will sacrifice / the performance of the system.

주어(동명사) … 동사

> 보안성을 올리는 것은 / 전자 메시지의 /
> 권장 수준까지 /
> 희생시키게 될 것이다 / 시스템의 성능을

해석 전자 메시지의 보안성을 권장 수준까지 올리는 것은 시스템 성능을 희생시키게 될 것이다.

03

Sometimes / to challenge the status quo /
simply means / to propose a new idea / that may be worth exploring.

주어(to부정사) … 동사

> 때로는 / 현 상황에 도전한다는 것이 /
> 그저 의미한다 / 새로운 아이디어를 제안하는 것을 / 탐구할 가치가 있을 수 있는

해석 현 상황에 도전한다는 것이 때로는 그저 탐구할 가치가 있을 수 있는 새로운 아이디어를 제안하는 것을 의미한다.

PART 3 손독해 연습 **235**

Step Up Sentence

04

Never to raise a question / means /
never to try the powerful tool / for unlocking new value /
in organizations.

_____ / 의미한다 /

_____ / 새로운 가치를 발견할 수 있는 /

_____

05

It is worthwhile / to build your network of contacts /
because / sometimes /
networking / provides / the most successful job leads.

_____ / 연락망을 구축하는 것은 /

~ 때문에 / 때로는 /

_____ / _____ / 가장 성공적인 직업상의 강점을

정답 및 해설

04

Never to raise a question / means /
　주어(to부정사)　　　　　동사
never to try the powerful tool / for unlocking new value / in organizations.

결코 질문을 던지지 않는다는 것은 / 의미한다 /
강력한 도구를 결코 시도조차 하지 않는다는 것을 / 새로운 가치를 발견할 수 있는 /
조직 내에서

해석 결코 질문을 던지지 않는다는 것은 조직 내에서 새로운 가치를 발견할 수 있는 강력한 도구를 결코 시도조차 하지 않는다는 것을 의미한다.

05

　　　　　　　　　동사
It is worthwhile / to build your network of contacts /
주어(가주어)　　　　　　주어(진주어)
because / sometimes /
networking / provides / the most successful job leads.

그것은 가치가 있다 / 연락망을 구축하는 것은 /
~ 때문에 / 때로는 /
정보망이 / 제공한다 / 가장 성공적인 직업상의 강점을

해석 때로는 정보망이 가장 성공적인 직업상의 강점을 제공하기 때문에 연락망을 구축하는 것은 가치가 있다.

Step Up Sentence

접속사의 의미에 유의하여 해석하세요.

06
Often / what begins /
as an exploration of the unknown /
can lead to tragedy.

종종 / _____ /
미지의 것에 대한 탐구로 /
_____

07
What starts with a few ants / entering your home /
can become a major problem /
if they establish colonies in walls.

_____ / 당신의 집에 들어오는 /
_____ /
만약 그것들이 벽에 집을 짓기 시작하면

08
Whether or not people have accepted his invitation /
is their own choice to make.

_____ /
그들의 결정이다

정답 및 해설

06

Often / what begins /
as an exploration of the unknown /
can lead to tragedy.

종종 / 시작된 것이 /
미지의 것에 대한 탐구로 /
비극을 초래할 수 있다

해석 종종 미지의 것에 대한 탐구로 시작된 것이 비극을 초래할 수 있다.

07

What starts with a few ants / entering your home /
can become a major problem /
if they establish colonies in walls.

몇 마리의 개미와 함께 시작된 것은 / 당신의 집에 들어오는 /
중대한 문제가 될 수 있다 /
만약 그것들이 벽에 집을 짓기 시작하면

해석 당신의 집에 들어오는 몇 마리의 개미와 함께 시작된 것은 만약 그것들이 벽에 집을 짓기 시작하면 중대한 문제가 될 수 있다.

08

Whether or not people have accepted his invitation /
is their own choice to make.

사람들이 그의 초대를 받아들일지 아닐지는 /
그들의 결정이다

해석 사람들이 그의 초대를 받아들일지 아닐지는 그들의 결정이다.

Step Up Sentence

09

Whether the government should regulate /
online platforms and the internet / more broadly /
is worth seriously considering.

_____ /

온라인 플랫폼과 인터넷을 / 더 광범위하게 /

진지하게 고려해볼 가치가 있다

10

It / was well documented /
that the physical activity level / has a strong impact /
on individuals' better quality of life.

그것은 / 잘 연구되어 있다 /

_____ / _____ /

개인의 더 나은 삶의 질에

정답 및 해설

09

Whether the government should regulate /
online platforms and the internet / more broadly /
is worth seriously considering.

정부가 규제해야 할지 아닌지는 /
온라인 플랫폼과 인터넷을 / 더 광범위하게 /
진지하게 고려해볼 가치가 있다

해석 정부가 온라인 플랫폼과 인터넷을 더 광범위하게 규제해야 할지 아닌지는 진지하게 고려해볼 가치가 있다.

10

It / was well documented /
that the physical activity level / has a strong impact /
on individuals' better quality of life.

그것은 / 잘 연구되어 있다 /
신체 활동 수준이 / 강력한 영향을 준다는 것은 /
개인의 더 나은 삶의 질에

해석 신체 활동 수준이 개인의 더 나은 삶의 질에 강력한 영향을 준다는 사실은 잘 연구되어 있다.

DAY 6 수식을 받는 주어 연습

> **Point 01** 주어로 사용되는 명사는 형용사 / 형용사구 / 형용사절의 수식을 받을 수 있다.
> 이 경우, 후치수식이 원칙이며, 하나 이상의 수식어구에 의해 **중복하여 수식을 받기도 한다.**
>
> 주어 + /(수식어구) 동사 + ….
> ① 명/to ⓡ: ~할/~하는 명
> ② 명/-ing: ~하는 명
> ③ 명/p.p.: ┌ ~당한 명
>   └ ~되어진
> ④ 명 전명: ~에 있는/~한 명
> ⑤ 명 + 관계사절: ~하는 명

1. S + [전치사 + 명사] + V

[전치사+명사]가 주어를 수식하는 형용사구로 쓰여 뒤에서 주어를 후치수식하며 '(전치사구)한 / 의 S'라고 해석한다.

> **The loss** (of any family member) / **is** always very hard to cope with.
> 주어   형용사구(전치사+명사)   동사
> 가족 구성원의 상실은 언제나 극복하기가 매우 어렵다.

전명구의 수식을 받는 명사는 뒤에 길게 수식어구가 이어지므로 전명구 앞에서 신속하게 끊어 읽고 동사를 바로 찾아 끊어 읽는다.

명 / 전명(⊕ 수식어구) / V

2. S + [to부정사] + V

to부정사가 형용사로 쓰여 주어 뒤에서 주어를 수식한다. '(to부정사) 할 S'라고 해석한다.

> **The only way** (to know your blood sugar levels) / **is** to test them.
> 주어   형용사구(to부정사)   동사
> 당신의 혈당수치를 알기 위한 유일한 방법은 이를 테스트 하는 것이다.

주의
to부정사가 주어 앞에 먼저 온 후 주어가 오는 경우가 있다. 이 경우 to부정사는 '~하기 위하여'라는 목적의 의미를 갖는 부사구인 경우가 대부분이다.

3 S+[-ing/p.p.]+V | S+[관계대명사절/관계부사절]+V

형용사 역할을 하는 분사가 형용사구를 구성하여 뒤에서 주어를 수식한다.

형용사로 -ing가 오면 '(-ing)하는 S'라는 (능동 / 진행)의 의미, 과거분사인 p.p.가 오면 '(p.p.) 당한 S'라는 수동의 의미로 해석한다. 또한 주어 뒤에서 [관계대명사 / 관계부사+S'+V']의 형용사절이 후치수식하며, '(관계대명사 / 관계부사절)하는 S'로 해석하면 된다.

Hearing loss (caused by noise) / **can occur** in people of any age.
　주어　　　　형용사구(과거분사)　　　동사
소음에 의한 청력손실은 어느 나이의 사람들에게서도 일어날 수 있다.

People (who have weakened immune systems) / **may be** especially at risk for
　주어　　　　　형용사절(관계대명사절)　　　　　동사
infection.
약해진 면역 체계를 가진 사람들은 특히 감염에 취약할 수도 있다.

Step Up Sentence

주어를 수식하는 구와 절을 괄호로 묶고 빈칸에 알맞은 해석을 쓰세요.

01

The loss of memory / worsens / over time /
until it interferes with / most aspects of daily living.

___기억의 상실은___ / 악화된다 / 시간이 지나면서 /

___그것이 침범할 때까지___ / 일상 생활의 대부분 측면들을

02

The loss / of native plant communities / has reduced /
wildlife habitat and the genetic diversity /
necessary for balanced ecosystems.

_____ / _____ / 감소시켜 왔다 /

야생 생물들의 서식지와 유전학적 다양성을 /

_____

03

The only way / to prevent a hangover /
is to avoid alcohol entirely / or to drink in moderation.

_____ / _____ /

완전히 술을 피하는 것이다 / _____

정답 및 해설

01

The loss (of memory) / worsens / over time /
until it interferes with / most aspects of daily living.

기억의 상실은 / 악화된다 / 시간이 지나면서 /
그것이 침범할 때까지 / 일상 생활의 대부분 측면들을

해석 기억의 상실은 그것이 일상 생활의 대부분 측면들을 침범할 때까지 시간이 지나면서 악화된다.

02

The loss / (of native plant communities) / has reduced /
wildlife habitat and the genetic diversity /
necessary for balanced ecosystems.

상실은 / 토종 식물군의 / 감소시켜 왔다 /
야생 생물들의 서식지와 유전학적 다양성을 /
균형 잡힌 생태계에 요구되는

해석 토종 식물군의 상실은 균형 잡힌 생태계에 요구되는 야생 생물들의 서식지와 유전학적 다양성을 감소시켜 왔다.

03

The only way / (to prevent a hangover) /
is to avoid alcohol entirely / or to drink in moderation.

유일한 방법은 / 숙취를 막는 /
완전히 술을 피하는 것이다 / 혹은 절제하며 마시는 것이다

해석 숙취를 막는 유일한 방법은 완전히 술을 피하거나 절제하며 마시는 것이다.

Step Up Sentence

04

The non-English language / spoken by the largest group /
is Asian and Pacific Island languages, /
which is spoken / by 22.25% of the world population.

_____ / _____ /

아시아와 태평양 섬의 언어이다 /

이것은 말해진다 / _____

05

People / who think more about the present / are happier, /
but / people / who spend more time thinking / about the future or about the past /
are less happy.

_____ / _____ / 더 행복하다 /

그러나 / _____ / _____ / _____ /

덜 행복하다

정답 및 해설

04

The non-English language / (spoken by the largest group) /
is Asian and Pacific Island languages, /
which is spoken / by 22.25% of the world population.

> 비영어권 언어는 / 가장 많은 사람들에 의해 쓰이는 /
> 아시아와 태평양 섬의 언어이다 /
> 이것은 말해진다 / 세계 인구의 22.25%에 의해

해석 가장 많은 사람들에 의해 쓰이는 비영어권 언어는 아시아와 태평양 섬의 언어인데, 이것은 세계 인구의 22.25%에 의해 사용된다.

05

People / (who think more about the present) / are happier, /
but / people / who spend more time thinking / about the future or about the past /
are less happy.

> 사람들은 / 현재에 대해 더 많이 생각하는 / 더 행복하다 /
> 그러나 / 사람들은 / 생각하는 데 더 많은 시간을 보내는 / 미래나 과거에 대해 /
> 덜 행복하다

해석 현재에 대해 더 많이 생각하는 사람은 더 행복하며, 미래나 과거에 대해 생각하는 데 더 많은 시간을 보내는 사람은 덜 행복하다.

DAY 7 목적어/보어 해석 연습

> **Point 01** 목적어는 타동사 뒤에 오며, '~을, ~에게'로 해석한다. 명사(구/절)가 목적어가 될 수 있다.
> 보어는 자동사 뒤에 오며, 주어나 목적어의 상태, 속성을 설명하는 말이다. 명사(구/절)나 형용사(구/절)가 보어가 될 수 있다.

1. S+V+to부정사/동명사 목적어/명사절 목적어

동사 뒤에 to부정사와 -ing가 와서 목적어의 역할을 할 수 있다. '~하기를, ~함을, ~하는 것을'로 해석한다.

> The birth rate / **will continue to decline** for years to come.
>   타동사   목적어(to부정사)
> 출생률은 다가올 수년 동안 계속해서 감소할 것이다. (떨어지는 것을 계속할 것이다)

동사 뒤에 명사절 [that / wh- / whether+S+V]가 와서 목적어의 역할을 할 수 있다. '(명사절)을'이라고 해석한다.

> You **should ask whether the given information is necessary to resolving the**
>   동사   목적어(명사절)
> **dispute**.
> 당신은 주어진 정보가 분쟁을 해결하는 데 필요한 것인지 아닌지를 질문해야 한다.

2. 수여동사 구문: S+V+목적어 1+목적어 2

'~을 주다(수여동사)'의 의미를 갖는 동사들은 뒤에 목적어가 2개씩 따라오는 경우가 많다. 이 경우 첫 번째 목적어는 '~에게', 두 번째 목적어는 '~을'이라고 해석한다.

> Terry's grandfather / **bought his grandchildren 3 bikes and 2 skateboards**.
>   수여동사   목적어 1(~에게)   목적어 2(~을)
> Terry의 할아버지는 손자 손녀들에게 3대의 자전거와 2대의 스케이트보드를 사 주셨다.

TIP
- 수여동사
  give(**주다**)
  cook(요리해 **주다**)
  teach(가르쳐 **주다**)
  find(찾아 **주다**)
  buy(사 **주다**)

3. S+V+가목적어 it+목적격보어+진목적어(to부정사/that S+V)

영어는 긴 목적어가 문장의 중간에 오는 것을 싫어한다. 따라서 가목적어 it을 목적어 자리에 넣고, 진목적어인 to부정사 / that절을 뒤로 옮겨 가목적어 / 진목적어 구문으로 쓴다.

> Dental implants make **it** possible **to eat and speak with confidence**.
>   가목적어   진목적어(to부정사)
> 치과 임플란트는 (그것이 가능하게 만든다) 자신감 있게 먹고 말하는 것이 가능하게 만든다.

TIP
가주어의 경우 마찬가지로 it을 먼저 '그것'으로 해석하고 이 가목적어 자리에 진목적어를 넣고 다시 해석한다.

📖 **Point 02** 보어는 동사 뒤에 오며, 주어나 목적어의 상태나 속성을 설명해 주는 말이다.
명사(구/절)나 형용사(구/절)가 보어가 될 수 있다.
S+V+C: S가 C이다 (S = C)
S+V+O+C: S가 V한다 // O가 C한다고 (O = C)

보어의 유무를 결정하는 것은 동사이다. 따라서 목적어와 보어의 유무는 모두 동사에 따라 결정된다.

4 S+V+(주격)보어

동사 뒤에 명사나 형용사가 와서 주어의 상태 / 성격을 보충해 준다. 주어를 보충해 주기 때문에 주격보어가 된다.

One of the main reasons / **is** that he enjoys interacting with the customers.
　　　주어　　　　　　　동사　　　　　　　　보어(명사절)
주요 이유 중 하나는 그가 고객들과 소통하기를 즐긴다는 것이다.

5 S+V+목적어+목적격보어

동사 뒤에 목적어가 먼저 온 후, 명사나 형용사가 와서 목적어의 상태 / 성격을 보충해 준다. 목적어를 보충해 주기 때문에 목적격보어가 된다. 'S+V // 목적어+목적격보어'로 나누어 'S가 V하다 // (목적어)가 (목적격보어) 하는 것을'이라고 해석한다.

When he returned to the city, **he** / **made himself** unseen by the people.
　　　부사절　　　　　　　주어　동사　목적어　목적격보어(분사)
그가 도시로 돌아왔을 때, 그는 스스로 사람들의 눈에 띄지 않게 했다.

Step Up Sentence

목적어를 찾아 밑줄을 긋고 빈칸에 알맞은 해석을 쓰세요.

01
Our students / have continued / to engage /
in rich and diverse learning activities /
including visual arts and inquiry-based projects.

우리의 학생들은 / 계속해 왔다 / __참여하는 것을__ /

풍부하고 다양한 학습 활동에 /

__시각 미술과 질문 기반 프로젝트를 포함하여__

02
Even during difficult times, / we / should continue / moving forward /
and try / to get a life / which we have always dreamt of.

_____ / 우리는 / 계속해야만 한다 / _____

그리고 시도해야만 한다 / _____ / 우리가 항상 꿈꿔온

03
When you book the appointment / with your vet, /
you / should ask / whether you should fast your dog / before the visit.

_____ / 수의사와 /

당신은 / 문의해야만 한다 / _____ / _____

정답 및 해설

01

Our students / have continued / to engage /
in rich and diverse learning activities /
including visual arts and inquiry-based projects.

> 우리의 학생들은 / 계속해 왔다 / 참여하는 것을 /
> 풍부하고 다양한 학습 활동에 /
> 시각 미술과 질문 기반 프로젝트를 포함하여

해석 우리의 학생들은 시각 미술과 질문 기반 프로젝트를 포함한 풍부하고 다양한 학습 활동에 계속해서 참여하고 있다.

02

Even during difficult times, / we / should continue / moving forward /
and try / to get a life / which we have always dreamt of.

> 심지어 어려운 시기 동안에도 / 우리는 / 계속해야만 한다 / 앞으로 전진하는 것을
> 그리고 시도해야만 한다 / 삶을 쟁취하는 것을 / 우리가 항상 꿈꿔온

해석 심지어 어려운 시기 동안에도 우리는 계속해서 앞으로 전진해야 하고 우리가 항상 꿈꿔온 삶을 쟁취하기 위해 노력해야만 한다.

03

When you book the appointment / with your vet, /
you / should ask / whether you should fast your dog / before the visit.

> 진료를 예약할 때 / 수의사와 /
> 당신은 / 문의해야만 한다 / 당신의 개를 굶겨야 하는지 아닌지를 / 방문 전에

해석 수의사와 진료를 예약할 때 방문 전에 당신의 개를 굶겨야 하는지 아닌지 문의해야만 한다.

Step Up Sentence

04 You / also should ask / what the cost will be / when you make your appointment / with our clinic.

당신은 / 또한 문의해야만 한다 / _____ /

_____ / 우리 병원과

05 The best quality / of their work / made it impossible / to choose / which photos to keep for our album.

최고 품질이 / 그들의 작품의 / _____ /

_____ / 어떤 사진을 앨범에 보관해야 할지

정답 및 해설

04

You / also should ask / what the cost will be /
when you make your appointment / with our clinic.

당신은 / 또한 문의해야만 한다 / 비용이 어떻게 될지를 /
예약을 할 때 / 우리 병원과

해석 당신은 또한 우리 병원에 예약을 할 때, 비용이 어떻게 될지를 문의해야만 한다.

05

The best quality / of their work / made it impossible /
to choose / which photos to keep for our album.

최고 품질이 / 그들 작품의 / 불가능하게 했다 /
선택하는 것을 / 어떤 사진을 앨범에 보관해야 할지

해석 그들 작품의 최고 품질이 어떤 사진을 앨범에 보관해야 할지 선택하는 것을 불가능하게 했다.

Step Up Sentence

다음 밑줄 친 부분이 주격보어이면 SC, 목적격보어이면 OC를 쓰고, 빈칸에 알맞은 해석을 쓰세요.

06
One of the main reasons / that we chose whole milk /
was that its high fat and nutrient content is so important /
for the growth of our children.

_____ / 우리가 일반 우유를 선택한 /

_____ /

우리 아이들의 성장에

07
One of the main reasons / that the unemployment rate is so high /
is that more than 29 percent of Montenegro's youth / are not working.

_____ / 실업률이 그렇게 높은 /

_____ / _____

08
Even those / who plan meticulously for their older years / will find /
themselves overwhelmed / by the health care system.

_____ / 노년을 위해 꼼꼼하게 계획을 세운 / 발견하게 될 것이다 /

자신들이 _____ / 의료 보장 제도에 의해

정답 및 해설

06

One of the main reasons / that we chose whole milk /

was that its high fat and nutrient content is so important /
　　　　　　　　　　　　　　　　　　SC
for the growth of our children.

주요 이유 중 하나는 / 우리가 일반 우유를 선택한 /
그것이 가진 높은 지방률과 영양 성분들이 매우 중요해서였다 /
우리 아이들의 성장에

해석 우리가 일반 우유를 선택한 주요 이유 중 하나는 그것이 가진 높은 지방률과 영양 성분들이 우리 아이들의 성장에 매우 중요해서였다.

07

One of the main reasons / that the unemployment rate is so high /

is that more than 29 percent of Montenegro's youth / are not working.
　　　　　　　　　　SC

주요한 이유 중 하나는 / 실업률이 그렇게 높은 /
Montenegro 지역의 청년들 중 29% 이상이 / 일을 하고 있지 않아서이다

해석 실업률이 그렇게 높은 주요한 이유 중 하나는 Montenegro 지역의 청년들 중 29% 이상이 일을 하고 있지 않아서이다.

08

Even those / who plan meticulously for their older years / will find /

themselves overwhelmed / by the health care system.
　　　　　　OC

심지어 사람들조차도 / 노년을 위해 꼼꼼하게 계획을 세운 / 발견하게 될 것이다 /
자신들이 주눅들어 있음을 / 의료 보장 제도에 의해

해석 노년을 위해 꼼꼼하게 계획을 세웠던 사람들조차도 의료 보장 제도에 의해 자신들이 주눅들어 있음을 발견하게 될 것이다.

Step Up Sentence

09 You / should try to keep / yourself motivated towards your goal / even though it is the hardest thing ever.

당신은 / 유지하도록 노력해야만 한다 / _____ /

비록 그것이 가장 어려운 일이라고 할지라도

10 The economic impact of the pandemic / will make / it harder / for them to achieve their financial goals.

_____ / 만들 것이다 / 더 어렵도록 /

_____

정답 및 해설

09

You / should try to keep / yourself motivated towards your goal /
　　　　　　　　　　　　　　　　OC
even though it is the hardest thing ever.

당신은 / 유지하도록 노력해야만 한다 / 당신의 목표를 향해 자신이 동기부여되도록 /
비록 그것이 가장 어려운 일이라고 할지라도

해석　비록 그것이 가장 어려운 일이라고 할지라도 당신의 목표를 향해 자신이 계속 동기부여되도록 노력해야만 한다.

10

The economic impact of the pandemic / will make / it harder /
　　　　　　　　　　　　　　　　　　　　　　　　　　　OC
for them to achieve their financial goals.

전염병의 경제에 끼친 영향은 / 만들 것이다 / 더 어렵도록 /
그들이 재정적 목표에 도달하는 것을

해석　전염병의 경제에 끼친 영향은 그들이 재정적 목표에 도달하는 것을 더욱 어렵게 만들 것이다.

DAY 8 등위접속

1 등위접속

문장 두 개를 하나로 합치는 과정을 「접속」이라고 한다. 접속의 종류는 크게 2가지로 **등위접속과 종속접속**이 있는데, 이 중 등위접속은 and/or/but을 이용해서 문장을 나열하는 구조이다. 이때 반복적인 부분은 생략하는데, 이 생략 부분을 알아보는 것이 매우 중요하다.

> The two parties worked together and solved the difficult problem.
>
> 두 당은 협력했고, 어려운 문제를 해결했다. (생략 구조 The two parties)
>
> This will help them later in life when they are busy studying at the university or working at a company.
>
> 이것은 나중 삶에서 그들을 도울 것이다, 그들이 대학에서 공부하거나 회사에서 일하느라 바쁠 때에. (생략 구조: when they are busy)
>
> The line was shaken but not broken.
>
> 줄은 흔들렸지만 끊기지는 않았다. (생략 구조: The line was)
>
> During the occupation, thousands of Koreans were killed or wounded, while others were drafted to fight for Japan or (to) perform forced labor.
>
> 점령 기간 동안, 수천 명의 한국인들이 죽거나 부상을 입었고, 그동안에 다른 이들은 일본을 위해 싸우거나 강제 노역을 하기 위해 징발되었다. (생략 구조: while others were drafted)

독해에서뿐만 아니라, 문법에서도 3개 이상의 나열구조는 흔하게 나온다. ",and"/",or" 등의 쓰임을 통해 같은 요소가 3개 이상 나열되었음을 알아볼 수 있고, 이때, ",and"/",or" 뒤의 요소가 **마지막 나열구조**임을 알아본다.

TIP

· 3개 이상의 나열

> I sometimes tell my people to go out in the field, visit customers, and attend exhibitions in order to find and develop real information and strategies.
>
> 나는 가끔 내 사람들(팀원들)에게 현장에 나가고, 고객을 방문하며, 전시회에 참석하라고 말한다, 실제 정보와 전략을 찾고 개발하기 위해.

· 3개 나열
to go, visit, attend(반복된 to 생략)

📖 **Point 01** 등위상관접속: 등위접속사와 일부 단어가 함께 쓰인 것을 「등위상관접속」이라 한다. 즉, 「both ~ and」, 「either ~ or」, 「neither - nor」, 「not ~ but」이 그 예이다. 따라서 각 두 단어는 항상 같이 다니므로 both를 보면 뒤의 and를, either를 보면 뒤에서 or를 찾는 습관을 들여야 한다.

2 both A and B, either A or B, neither A nor B

both A and B   A와 B 둘 다
either A or B   A와 B 둘 중 하나
neither A nor B   A, B 둘 다 아닌

접속사
Both you **and** she are responsible for the failure of this project.
  단어   단어
당신과 그녀 둘 다 이 프로젝트의 실패에 책임이 있다.

TIP
등위상관에서도 and, or, but을 중심으로 앞뒤는 같은 요소를 쓴다.
Both A and B
  단어 and 단어
   구 and 구
   절 and 절

3 not only A but also B, B as well as A, not A but B

not A but B   A가 아니라 B이다.
not only A but (also) B   A뿐 아니라 B도
B as well as A   A뿐 아니라 B도

접속사
He **not only** apologized for his mistakes, **but also** corrected them.
        동사구   동사구
그는 자신의 실수에 대해 사과했을 뿐 아니라 그것을 바로잡았다.

4 명령문 + and / or

and와 or는 문장과 문장을 연결하는 등위접속사로 사용되지만 명령문 뒤에서는 별도의 의미를 갖는다.

- 명령문, **and**: ~해라, "그러면" ~할 것이다
- 명령문, **or**: ~해라, "그렇지 않으면" ~할 것이다

Always be honest with yourself, **or** you'll end up regretting it.
        절   접속사   절
언제나 자신에게 정직하라, **그렇지 않으면** 결국 후회할 것이다.

Step Up Sentence

등위접속사에 밑줄을 긋고 병렬로 연결되는 부분에 괄호 표시를 한 뒤, 의미에 유의하여 빈칸에 알맞은 해석을 쓰세요.

01
Regarding equal opportunities, / both the government and the private sector /
cannot provide a solution / because of the limited resources.

동등한 기회와 관련해서 / __정부와 민간 부문 모두__ /

해결책을 제시하지 못한다 / __제한된 자원 때문에__

02
I / finally realised /
I could neither go forward nor backward /
as the motor truck was sliding / all over the icy road.

나는 / 마침내 깨달았다 /

_____ /

_____ / 빙판길을 이리저리

03
He / was / not only the mentor of humans but also their protector /
by giving them / all the arts and sciences as well as the means of survival.

그는 / ~이었다 / _____ /

그들에게 줌으로써 / _____

정답 및 해설

01

Regarding equal opportunities, / both (the government) and (the private sector) / cannot provide a solution / because of the limited resources.

단어 — 단어

> 동등한 기회와 관련해서 / 정부와 민간 부문 모두 /
> 해결책을 제시하지 못한다 / 제한된 자원 때문에

해석 동등한 기회와 관련해서, 정부와 민간 부문 모두 제한된 자원 때문에 해결책을 제시하지 못한다.

02

I / finally realised /
I could neither (go forward) nor (backward) /
as the motor truck was sliding / all over the icy road.

구 — 구

> 나는 / 마침내 깨달았다 /
> 내가 앞으로 가지도 뒤로 가지도 못한다는 것을 /
> 트럭이 미끄러지고 있었기 때문에 / 빙판길을 이리저리

해석 나는 화물 트럭이 빙판길을 이리저리 미끄러지고 있었기 때문에 내가 앞으로 가지도 뒤로 가지도 못한다는 것을 마침내 깨달았다.

03

He / was / not only (the mentor of humans) but also (their protector) /
by giving them / (all the arts and sciences) as well as (the means of survival).

구 — 구
구 — 구

> 그는 / ~이었다 / 인간의 스승일뿐 아니라 그들의 보호자이기도 /
> 그들에게 줌으로써 / 생존 수단뿐 아니라 모든 예술과 과학도

해석 그는 생존 수단뿐 아니라 모든 예술과 과학을 줌으로써 인간의 스승일뿐 아니라 그들의 보호자이기도 했다.

Step Up Sentence

04

Needs theory / recognizes / each individual / prioritizes different needs / and some needs / are not inborn but acquired / in life.

_____ / _____ / 각각의 개인이 / 다른 욕구를 우선시한다는 것을 /

그리고 일부 욕구는 / _____ / 살면서

05

Make sure / you do not make mistakes / in very easy examinations, / or you will totally ruin / difficult ones.

_____ / 실수하지 않도록 / 아주 쉬운 시험에서 /

_____ / 어려운 시험을

정답 및 해설

04

Needs theory / recognizes / each individual / prioritizes different needs /
and some needs / are not (inborn) but (acquired) / in life.
　　　　　　　　　　　　　　단어　　　　　단어

욕구 이론은 / 인정한다 / 각각의 개인이 / 다른 욕구를 우선시한다는 것을 /
그리고 일부 욕구는 / 타고나는 것이 아니라 얻어지는 것이라는 사실을 / 살면서

해석 욕구 이론은 각각의 개인이 다른 욕구를 우선시한다는 것과 일부 욕구는 타고나는 것이 아니라 살면서 얻어지는 것임을 인정한다.

05

(Make sure / you do not make mistakes / in very easy examinations), /
　　　　　　　　　　　　　　　　　　　　　　　절
or (you will totally ruin / difficult ones).
　　　　　　　절

분명히 하라 / 실수하지 않도록 / 아주 쉬운 시험에서 /
그렇지 않으면 너는 완전히 망칠 것이다 / 어려운 시험을

해석 아주 쉬운 시험에서 실수하지 않도록 분명히 하라, 그렇지 않으면 어려운 시험을 완전히 망칠 것이다.

Step Up Sentence

주어와 주어를 수식하는 구를 찾아 괄호로 묶고 빈칸에 알맞은 해석을 쓰세요.

06

The golden opportunity / to demonstrate their competence /
has disappeared / almost overnight.

좋은 기회가 / __그들의 능력을 증명할 수 있는__ /

사라졌다 / 거의 밤사이에

07

His strong resolution / not to forget / the tragic moments of history /
got blurred / as time went by.

그의 강한 다짐은 / _____ / _____ /

흐려졌다 / _____

08

All students / awarded a scholarship / must maintain /
satisfactory academic progress /
during their college years.

모든 학생들은 / _____ / 유지해야만 한다 /

만족스러운 학업 진척을 /

_____

정답 및 해설

06

(The golden opportunity) / (to demonstrate their competence) /
　　주어　　　　　　　　　형용사구(to부정사구)
has disappeared / almost overnight.

좋은 기회가 / 그들의 능력을 증명할 수 있는 /
사라졌다 / 거의 밤사이에

해석 그들의 능력을 증명할 수 있는 좋은 기회가 거의 밤사이에 사라졌다.

07

(His strong resolution) / (not to forget / the tragic moments of history) /
　　주어　　　　　　　　　　형용사구(to부정사구)
got blurred / as time went by.

그의 강한 다짐은 / 잊지 않겠다는 / 역사의 비극적인 순간들을 /
흐려졌다 / 세월이 흐르면서

해석 역사의 비극적인 순간들을 잊지 않겠다는 그의 강한 다짐은 세월이 흐르면서 흐려졌다.

08

(All students) / (awarded a scholarship) / must maintain /
　주어　　　　　형용사구(분사구)
satisfactory academic progress /

during their college years.

모든 학생들은 / 장학금을 받은 / 유지해야만 한다 /
만족스러운 학업 진척을 /
대학 재학 기간 동안

해석 장학금을 받은 모든 학생들은 대학 재학 기간 동안 만족스러운 학업 진척을 유지해야만 한다.

Step Up Sentence

09

The rays of the sun / reflecting off the sea / are very fabulous /
and / I don't think / I will be able to forget / about them.

햇살이 / _____ / 너무 근사하다 /

그리고 / 나는 생각하지 않는다 / _____ / 그것에 관해

10

Empty swings / on the playground / are fenced with tape /
so that / no one uses them / during quarantine and self-isolation /
due to coronavirus / in 2020.

빈 그네들은 / _____ / 테이프가 쳐져 있다 /

그래서 / _____ / 검역과 자가격리 기간 동안 /

코로나바이러스로 인한 / 2020년에

09

(The rays of the sun) / (reflecting off the sea) / are very fabulous /
   주어   형용사구(분사구)
and / I don't think / I will be able to forget / about them.

햇살이 / 바닷물을 반사하는 / 너무 근사하다 /
그리고 / 나는 생각하지 않는다 / 내가 잊을 수 있을 것이라고 / 그것에 관해

해석 바닷물을 반사하는 햇살이 너무 근사해서 나는 그것을 잊지 못할 것 같다.

10

Empty swings / (on the playground) / are fenced with tape /
 주어   형용사구(전치사구)
so that / no one uses them / during quarantine and self-isolation /

due to coronavirus / in 2020.

빈 그네들은 / 놀이터의 / 테이프가 쳐져 있다 /
그래서 / 누구도 그것들을 이용하지 않는다 / 검역과 자가격리 기간 동안 /
코로나바이러스로 인한 / 2020년에

해석 2020년에 코로나바이러스로 인한 검역과 자가격리 기간 동안 놀이터의 빈 그네들은 테이프가 쳐져 있어서 누구도 그것을 이용하지 않는다.

DAY 9 종속절 ① 명사절

> **📖 Point 01**
> 문장 내에서 중요한 역할을 하는 주요 품사는 명사 / 형용사이다.
> 하나의 단어가 이러한 명사 / 형용사 / 부사 역할을 하기도 하지만 두 개 이상의 단어가 만나 같은 역할을 하기도 한다. 이를 구나 절이라고 부른다.
> - 여러 개의 단어가 만나 하나의 품사 구실을 할 때, 그 단어 중 [주어+동사]가 없으면 구, [주어+동사]가 있으면 절(= 문장)이라고 한다.
> - to부정사, 전명구 등은 구이며, [접속사+S+V]로 이루어져 [주어+동사]가 있는 경우는 절이다.
> - [접속사+S+V]로 이루어져 동사의 왼쪽(주어 자리), 혹은 오른쪽(목적어, 보어 자리)에 쓰이는 절을 명사절이라고 부른다.

1 주어 역할을 하는 명사절

동사의 왼쪽에 [접속사+S+V]의 문장이 와서 문장 전체의 (본)동사에 대한 주어 역할을 한다.
이때 [접속사+S+V]는 하나의 묶음으로 해석해야 한다. ((본)동사 앞에서 끊어 읽어 문장 전체를 주어로 처리한다.)

> **What you think to be real** / **is** not necessarily so.
>   주어(명사절)   동사
> 당신이 사실이라고 생각하는 것이 반드시 그런 것은 아니다.

TIP
사용 가능한 접속사
- That / What (~라는 것)
- Whether (~인지 아닌지)
- Wh-

2 목적어 역할을 하는 명사절

타동사의 오른쪽에 [접속사+S+V]의 문장이 와서 타동사에 대한 **목적어 역할**을 한다.
이때 [접속사+S+V]는 하나의 묶음으로 해석해야 한다.

> He / **demonstrated** **if the theory could be put into practice**.
>   동사   목적어(명사절)
> 그는 그 이론이 실행될 수 있는지를 입증했다.

TIP
사용 가능한 접속사
- that / what (~라는 것)
- whether / if (~인지 아닌지)
- Wh-

3 보어 역할을 하는 명사절

자동사의 오른쪽에 [접속사+ S + V]가 와서 그 자동사의 보어로 쓰인다.

The point of the matter / is whether or not the war is justifiable.
　　　　　　　　　　　　　동사　　　　　　　　　보어(명사절)
그 문제의 핵심은 전쟁이 정당화되는지 아닌지이다.

Step Up Sentence

( ) 부분이 문장에서 하는 역할을 쓰고 의미에 유의하여 빈칸에 알맞은 해석을 쓰세요.

01
(What she has just undergone) / with this work / can be / a life-changing experience.

___그녀가 방금 겪은 것은___ / 이 일에서 /

될 수 있다 / ___인생을 바꿀 만한 경험이___

02
(When you are financially dependent) / of your parents / may depend / not on them / but completely on you.

_____ / 부모님으로부터 / 달려있을지 모른다 /

그분들이 아니라 / _____

03
You / must decide / (where you are going) / in the evening, / if you intend to leave / early in the morning.

너는 / 결정해야만 한다 / _____ / 저녁에 /

_____ / 아침 일찍

정답 및 해설

01

(What she has just undergone) / with this work /
　　　　주어(명사절)
can be / a life-changing experience.

그녀가 방금 겪은 것은 / 이 일에서 /
될 수 있다 / 인생을 바꿀 만한 경험이

해석 그녀가 이 일에서 방금 겪은 것은 인생을 바꿀 만한 경험이 될 수 있다.

02

(When you are financially dependent) / of your parents / may depend /
　　　　주어(명사절)
not on them / but completely on you.

언제 네가 재정적으로 독립하는지는 / 부모님으로부터 / 달려있을지 모른다 /
그분들이 아니라 / 전적으로 너에게

해석 언제 네가 부모님으로부터 재정적으로 독립하는지는 그분들이 아니라 전적으로 너에게 달려있을지 모른다.

03

You / must decide / (where you are going) / in the evening, /
　　　　　　　　목적어(명사절)
if you intend to leave / early in the morning.

너는 / 결정해야만 한다 / 어디로 갈 것인지를 / 저녁에 /
만약에 네가 떠날 생각이라면 / 아침 일찍

해석 아침 일찍 떠날 생각이라면, 너는 어디로 갈 것인지를 저녁에 결정해야만 한다.

Step Up Sentence

04 The gardener / tries to find / (where the plants can receive more sunbeams) / along with a slight increase in temperature / to satisfy his new customer.

정원사는 / 알아내려고 노력한다 / _____ /

약간의 온도 상승과 더불어 / 그의 새로운 고객을 만족시키기 위해

05 Most of all, / the issue at this trial / became / (how the accused had the stolen goods hidden away) / beneath the floor.

무엇보다 / _____ / 되었다 /

_____ /

마루바닥 밑에

정답 및 해설

04

The gardener / tries to find / (where the plants can receive more sunbeams) /
　　　　　　　　　　　　　　　　　목적어(명사절)
along with a slight increase in temperature / to satisfy his new customer.

정원사는 / 알아내려고 노력한다 / 어디에서 그 식물들이 더 많은 햇살을 받을 수 있는지 /
약간의 온도 상승과 더불어 / 그의 새로운 고객을 만족시키기 위해

해석 정원사는 새로운 고객을 만족시키기 위해 어디에서 그 식물들이 약간의 온도 상승과 더불어 더 많은 햇살을 받을 수 있는지 알아내려고 노력한다.

05

Most of all, / the issue at this trial / became /

(how the accused had the stolen goods hidden away) /
　　　　　　　　　　보어(명사절)
beneath the floor.

무엇보다 / 이 재판의 쟁점은 / 되었다 /
어떻게 피고인이 훔친 물건을 숨겼는지 /
마루바닥 밑에

해석 무엇보다, 이 재판의 쟁점은 피고가 훔친 물건을 마루바닥 밑에 어떻게 숨겼는지가 되었다.

DAY 10 관계사절 해석 연습

> **Point 01** 형용사는 명사를 수식한다.
> 문장 내에서 [접속사+대명사]의 역할을 하는 관계대명사절과 [접속사+부사]의 역할을 하는 관계부사절이 앞에 있는 명사, 즉 선행사를 수식하는 형용사절의 역할을 한다.
>
> 명사+형용사절 ① 관계대명사절
> ② 관계부사절

1 명사 + 관계대명사절(형용사절)

관계대명사에는 who(whom / whose), which, that이 있다. 관계대명사절이 형용사절의 역할을 하여 앞에 오는 명사, 즉 (선행)명사를 수식한다. 관계대명사절이 나오면 관계대명사부터 시작하여 관계대명사절이 끝나는 곳까지 괄호로 묶은 후, '~한'이라고 관계대명사절을 먼저 해석하면 된다. (정석의 해석 방식)

> **The patient** (that was admitted to hospital yesterday) died today.
> 주어(선행사)   관계대명사절(형용사절)
> 어제 입원한 환자가 오늘 사망했다.

관계사절의 해석에는 다른 방식도 존재한다.
즉, 관계사를 끊어 읽고 "그런데 그 ⑲은/는"을 넣어서 해석하는 방식이다.
이 예문의 경우, '그 환자 "그런데 그 환자는" 어제 병원에 입원했는데, 오늘 죽었다.'로 해석하는 방식이다.

> **● TIP**
>
> ⑲ who / which / that   V+〈O/C〉 : ⑲ 그런데 그 ⑲는/가 -
>
> ⑲ when / where / why   S+V+〈O/C〉 : ⑲ 그런데 ┌ 그곳에서 ┐ (시간)
> │ 그때에 │ (장소)
> └ 그 이유로 ┘ (이유)

2 명사 + 관계부사절(형용사절)

[관계부사 + S + V]가 앞에 온 명사, 즉 (선행)명사를 수식한다. 관계부사절이 나오면 관계부사부터 절이 끝나는 곳까지 괄호로 묶은 후 '~한'이라고 관계부사절을 먼저 해석하면 된다.

> **Boston** (where I attended a conference) was known for seafood.
> 주어(선행사)　　　관계부사절(형용사절)
> 내가 컨퍼런스에 참석한 보스턴은 해산물로 유명했다.
> 보스턴 "그런데 그곳에서" 내가 컨퍼런스에 참석했었는데, (보스턴은) 해산물로 유명했다.

TIP
관계부사: when, where, how, why

3 명사, 관계대명사절(계속적 용법)

관계대명사 앞에 ,(콤마)로 구분이 되어 있는 경우는 앞선 명사, 즉 선행사에 대한 부가적 설명이라고 생각하면 된다. 따라서, 선행사가 사람이라면 '그런데 그는(그녀는)', 선행사가 사물이라면 '그런데 그것은'이라고 해석하면 된다.

> Police / arrested **a man**, who was mistaken for an intruder.
> 　　　　　　　선행사　　관계대명사절(계속적 용법)
> 경찰이 한 남자를 체포했고, 그런데 그는 침입자로 오인되었다.

Step Up Sentence

밑줄 친 선행사를 수식하는 관계사절을 찾아 ( ) 표시하고 빈칸에 알맞은 해석을 쓰세요.

01

The old ship / which a group of skilled engineers had repaired / started sailing, /
but sank / to the bottom of the sea.

낡은 배가 / __한 무리의 숙련된 기술자들이 수리한__ / 항해를 시작했다 /

__하지만 가라앉았다__ / 바다 밑으로

02

Dairy cows / which are put out to the pasture /
will give us nutritional benefits /
not found in those / confined to breeding farms.

젖소들은 / _____ /

우리에게 영양학적 혜택을 줄 것이다 /

_____ / 사육장에 갇힌

03

We / were not notified / of the reason /
why the government is changing / the type of vaccine.

우리는 / 통지받지 못했다 / 이유를 /

_____ / _____

정답 및 해설

01

The old ship / (which a group of skilled engineers had repaired) / started sailing, /
　　　　　　　관계대명사절(형용사절)
but sank / to the bottom of the sea.

낡은 배가 / 한 무리의 숙련된 기술자들이 수리한 / 항해를 시작했다 /
하지만 가라앉았다 / 바다 밑으로

해석　한 무리의 숙련된 기술자들이 수리한 낡은 배가 항해를 시작했지만, 바다 밑으로 가라앉았다.

02

Dairy cows / (which are put out to the pasture) /
　　　　　　관계대명사절(형용사절)
will give us nutritional benefits /
not found in those / confined to breeding farms.

젖소들은 / 초지에서 방목되는 /
우리에게 영양학적 혜택을 줄 것이다 /
그것들에게서 발견되지 않는 / 사육장에 갇힌

해석　초지에서 방목되는 젖소들은 사육장에 갇힌 젖소들에게서 발견되지 않는 영양학적 혜택을 우리에게 줄 것이다.

03

We / were not notified / of the reason /
(why the government is changing / the type of vaccine).
　관계부사절(형용사절)

우리는 / 통지받지 못했다 / 이유를 /
왜 정부가 변경하는지 / 백신 종류를

해석　우리는 정부가 백신의 종류를 변경하는 이유를 통지받지 못했다.

Step Up Sentence

04

Sometimes / I / just want to go back / to those days /
when we were all young and free, /
but time is flying / never to return.

때때로 / 나는 / 그저 돌아가고 싶다 / 그러한 시절로 /

_____ /

그러나 시간은 흘러가서 / 결코 되돌아오지 않는다

05

I / happened to discover / a hidden and inaccessible cave, /
which was full of gigantic crystals.

나는 / 우연히 발견했다 / 숨겨진 접근하기 어려운 동굴을 /

_____

정답 및 해설

04

Sometimes / I / just want to go back / to those days /

(when we were all young and free), /
     관계부사절(형용사절)
but time is flying / never to return.

때때로 / 나는 / 그저 돌아가고 싶다 / 그러한 시절로 /
우리 모두 어리고 자유로웠던 /
그러나 시간은 흘러가서 / 결코 되돌아오지 않는다

해석 때때로 나는 우리 모두 어리고 자유로웠던 시절로 그저 돌아가고 싶지만, 시간은 흘러가서 결코 되돌아오지 않는다.

05

I / happened to discover / a hidden and inaccessible cave, /

(which was full of gigantic crystals).
    관계대명사(계속적 용법)

나는 / 우연히 발견했다 / 숨겨진 접근하기 어려운 동굴을 /
그런데 이것은 거대한 수정으로 가득했다

해석 나는 숨겨진 접근하기 어려운 동굴을 우연히 발견했는데, 이것은 거대한 수정으로 가득했다.

DAY 11 부사절 해석 연습(시간, 조건, 이유)

📖 Point 01 문장의 맨 앞, 맨 뒤의 부사 자리에 쓰여, 「장소, 방법, 시간, 이유, 정도」 등을 나타내는 문장을 부사절이라고 한다. 부사절은 상황에 따라 두 개 이상이 쓰이기도 한다.

부사절 접속사+S'+V', 주절   주절, 부사절 접속사 + S'+V'
     부사절   부사절

1. 부사절 연습 ① 시간

when ~할 때	**while** ~동안	**since** ~이래로
as ~할 때, ~함에 따라	**as soon as** ~하자마자	**once** 일단 ~하면
till / until ~까지	**by the time** ~까지	

                                         부사절 접속사(시간)
We don't know the value of small things (when) we are young.
                  주절   부사절
우리가 어릴 때는 작은 것들의 가치를 알지 못한다.

2. 부사절 연습 ② 조건

if 만약 ~라면 / **unless** 만약 ~이 아니라면	**providing that** 만약 ~라면
on condition that ~한다면, ~라는 조건으로	**as long as** ~하기만 한다면
in case ~하는 경우에는	

                                 부사절 접속사(조건)
There are no rules in cooking (as long as) you are satisfied.
                주절   부사절
네가 만족하기만 한다면 요리에는 규칙이 없다.

주의
since는 '~이래로'라는 시간의 접속사도 되지만 '~때문에'라는 이유의 접속사로도 쓰인다. as 역시 '~할 때, ~ 함에 따라'의 시간의 접속사도 되지만 '~때문에'라는 이유의 접속사로도 쓰인다.

3. 부사절 연습 ③ 이유

because / since / as / now that ~때문에
in that / seeing that ~라는 점에서
considering that / given that ~을 고려하건대

Put children at their ease (since) they do better with less stress.
　　　　주절　　　　　부사절 접속사(이유)　　　　부사절
아이들은 스트레스가 적을 때 더 잘하기 때문에 그들의 긴장을 풀어줘라.

주의
now that, in that, seeing that, given that 등의 접속사는 암기하지 않으면 해석하기에 굉장히 까다로울 수 있다.

Step Up Sentence

빈칸에 알맞은 해석을 쓰세요.

01
Parents / should be around their children /
when they browse websites / or watch videos on Youtube.

부모들은 / 아이들 주변에 있어야 한다 /

__아이들이 웹사이트를 검색할 때__ / 또는 유튜브로 동영상을 볼 때

02
The program records data / to show / who called /
while you were away from your desk.

그 프로그램은 데이터를 기록한다 / 보여주기 위해 / _____ /

_____

03
No man / can claim to be free / in real terms /
unless he is fully in control / of his own destiny.

_____ / _____ / 실제로 /

_____ / 자신의 운명을

정답 및 해설

01

Parents / should be around their children /
　　　　　　주절
when they browse websites / or watch videos on Youtube.
　　　　　　　　　부사절

부모들은 / 아이들 주변에 있어야 한다 /
아이들이 웹사이트를 검색할 때 / 또는 유튜브로 동영상을 볼 때

해석 부모들은 아이들이 웹사이트를 검색하거나 유튜브로 동영상을 볼 때 아이들 주변에 있어야 한다.

02

The program records data / to show / who called /
　　　　　　　주절
while you were away from your desk.
　　　　부사절

그 프로그램은 데이터를 기록한다 / 보여주기 위해 / 누가 전화를 했는지 /
당신이 자리를 비운 동안

해석 그 프로그램은 당신이 자리를 비운 동안 누가 전화를 했는지 보여주기 위해 데이터를 기록한다.

03

No man / can claim to be free / in real terms /
　　　　　　주절
unless he is fully in control / of his own destiny.
　　　　부사절

어떤 사람도 / 자유롭다고 주장할 수 없다 / 실제로 /
만약 그가 완전히 통제하지 못한다면 / 자신의 운명을

해석 만약 자신의 운명을 완전히 통제하지 못한다면 어떤 사람도 실제로 자유롭다고 주장할 수 없다.

Step Up Sentence

04

Most sponsor / will provide the students /
with living expenses and other costs /
on condition that they obtain the scholarship.

대부분의 후원자들은 / 학생들에게 제공할 것이다 /

생활비와 다른 비용을 /

_____

05

Efforts to boost parent involvement / are important /
because children usually do better /
when parents are more engaged.

부모의 참여를 높이려는 노력이 / 중요하다 /

_____ /

_____

정답 및 해설

04

Most sponsors / will provide the students /
                 주절
with living expenses and other costs /

on condition that they obtain the scholarship.
              부사절

대부분의 후원자들은 / 학생들에게 제공할 것이다 /
생활비와 다른 비용을 /
학생들이 장학금을 유지하는 조건으로

해석 대부분의 후원자들은 학생들이 장학금을 유지하는 조건으로 생활비와 다른 비용을 제공할 것이다.

05

Efforts to boost parent involvement / are important /
                 주절
because children usually do better /
            부사절
when parents are more engaged.

부모의 참여를 높이려는 노력이 / 중요하다 /
아이들은 대체로 더 잘해내기 때문에 /
부모가 더 많이 관여할 때

해석 아이들은 부모가 더 많이 관여할 때 대체로 더 잘해내기 때문에 부모의 참여를 높이려는 노력이 중요하다.

DAY 12 부사절 해석 연습(양보, 목적, 결과)

> **Point 01** 앞에서도 보았듯이 하나의 접속사가 두 개 이상의 의미를 갖는 경우가 있다.
> 또한 비슷한 형태의 접속사가 전혀 다른 뜻을 가지기도 한다.
> 다양한 부사절 접속사의 의미에 맞게 부사절을 해석한 후, 주절을 해석하는 연습을 해 보자.

1. 부사절 연습 ① 양보

though / although 비록 ~일지라도
even if / even though 비록 ~일지라도
whereas ~하지만
while ~한 반면에
whether ~ or ~이든 아니든 간에

부사절 접속사(양보)
(Even if) your situation is hopeless, you can get your job back.
　　　부사절　　　　　　　　　주절
비록 너의 상황이 절망적일지라도, 너는 일자리를 되찾을 수 있다.

주의 1
· whereas: 대조의 의미를 가질 수도 있다.
· while: '~하는 동안에'의 시간부사절 접속사로 쓰이기도 한다.
· whether: 명사절을 이끄는 접속사로 주로 쓰이지만 양보의 부사절을 이끌기도 한다.

주의 2
as if / as though: '마치 ~처럼'의 의미를 갖는다.

2. 부사절 연습 ② 목적

that / so that / in order that ~하기 위해서
lest ~ should / for fear that ~ should ~하지 않기 위해서

　　　　　　　　　　부사절 접속사(목적)
Develop enough courage **(so that)** you can stand up again.
　　　주절　　　　　　　　　　　　　　부사절
네가 다시 일어설 수 있기 위해서 충분한 용기를 길러라.

주의
lest ~ should / for fear that ~ should: 자체로써 부정의 의미를 가지고 있으므로 not이 없어도 된다는 점에 유의하자. 조건부사절을 이끄는 unless 역시 마찬가지이다.

3. 부사절 연습 ③ 결과

so ~ that / such ~ that ~해서 ~하다
so that ~ 그 결과 ~하다

부사절 접속사(결과)

The weather was (so) freezing (that) we couldn't go out.
　　　　　　주절　　　　　　　　　　　부사절

날씨가 너무 추워서 우리는 밖에 나갈 수가 없었다.

주의

- **since**: '~이래로'라는 시간의 접속사도 되지만 '~때문에'라는 이유의 접속사로도 쓰인다.
- **as**: '~할 때, ~ 함에 따라'의 시간의 접속사도 되지만 '~때문에'라는 이유의 접속사로도 쓰인다.

Step Up Sentence

빈칸에 해석을 쓰세요.

01
Even though your situation is tolerable enough / today, /
chances are / it will get worse /
unless you're making / conscious changes.

___비록 당신의 상황이 충분히 견딜 만하더라도___ / 오늘은 /

___아마도___ / 상황이 더 나빠질 것이다 /

___당신이 만들지 않는다면___ / 의도적인 변화를

02
The project manager / keeps telling the CEO / that all is well, /
whereas things are getting worse / by the day.

프로젝트 매니저는 / CEO에게 계속 말한다 / _____ /

_____ / 날이 갈수록

03
The whole purpose of saving / is / that you put your money / in savings /
lest you should spend it.

저축의 중요한 목적은 / ~이다 / _____ / 보통 예금에 /

_____

정답 및 해설

01

Even though your situation is tolerable enough / today, /
_{부사절 1}
chances are / it will get worse /
_{주절}
unless you're making / conscious changes.
_{부사절 2}

> 비록 당신의 상황이 충분히 견딜 만하더라도 / 오늘은 /
> 아마도 / 상황이 더 나빠질 것이다 /
> 당신이 만들지 않는다면 / 의도적인 변화를

해석 비록 오늘 당신의 상황이 충분히 견딜 만하더라도, 당신이 의도적인 변화를 만들지 않는다면 아마도 상황이 더 나빠질 것이다.

02

The project manager / keeps telling the CEO / that all is well, /
_{주절}
whereas things are getting worse / by the day.
_{부사절}

> 프로젝트 매니저는 / CEO에게 계속 말한다 / 모두 괜찮다고 /
> 상황이 점점 악화되고 있지만 / 날이 갈수록

해석 프로젝트 매니저는 날이 갈수록 상황이 점점 악화되고 있지만 모두 괜찮다고 CEO에게 계속 말한다.

03

The whole purpose of saving / is / that you put your money / in savings /
_{주절}
lest you should spend it.
_{부사절}

> 저축의 중요한 목적은 / ~이다 / 당신이 돈을 넣는 것 / 보통 예금에 /
> 당신이 그것을 쓰지 않도록

해석 저축의 중요한 목적은 당신이 돈을 쓰지 않도록 그것을 보통 예금에 넣는 것이다.

Step Up Sentence

04
You / must be firm / from the first, /
for fear that he should / take advantage of your weakness.

_____ / _____ / 처음부터 /

_____ / 당신의 나약함을 이용하지

05
A friend of mine / made such a mistake /
that he didn't want / to remember it / at all.

내 친구 한 명이 / _____ /

_____ / 그것을 기억하기를 / 전혀

정답 및 해설

04

You / must be firm / from the first, /
            주절
for fear that he should / take advantage of your weakness.
                      부사절

당신은 / 단호해야만 한다 / 처음부터 /
그가 ~하지 않도록 / 당신의 나약함을 이용하지

해석 그가 당신의 나약함을 이용하지 않도록, 당신은 처음부터 단호해야만 한다.

05

A friend of mine / made such a mistake /
            주절
that he didn't want / to remember it / at all.
           부사절

내 친구 한 명이 / 엄청난 실수를 했다 /
그래서 그는 원하지 않았다 / 그것을 기억하기를 / 전혀

해석 내 친구 한 명이 엄청난 실수를 해서 그는 그것을 기억하기를 전혀 원하지 않았다.

DAY 13 That / Wh-의 다양한 해석 연습

> **Point 01**
> that은 기본적으로 명사를 받는 지시대명사 '저것'이나 명사 앞에서 사용되는 지시형용사 '저 ~'의 의미를 갖는다.
> 그러나 that은 이 외에도 다양한 상황에서 접속사로 사용된다.
> 정확한 독해를 위해서는 각 that이 상황별로 어떠한 접속사로 쓰였는지 구분할 수 있어야 한다.

1. 타동사 뒤에 나오는 that: S + V(타동사) + [that + S' + V']

타동사 뒤에는 반드시 '~을/를'에 해당하는 목적어가 와야 한다. [S+V(타동사)] 뒤에 나온 that은 목적어 역할을 하는 명사절을 이끄는 that이며 '~하는 것을, ~라는 것을'이라는 목적어의 의미로 해석한다.

> He **acknowledged** (**that** **he escaped** from the quarantine facility).
> 타동사   명사절 접속사 주어   동사
> 그는 자신이 검역 시설을 탈출했다고 인정했다.

TIP
이때 that은 생략되는 경우가 많다.
= V S V 구조

2. 명사 뒤에 나오는 관계대명사 that: 명사 + [that ~] + 불완전

관계대명사 that은 선행사인 명사 뒤에 오며, 그 명사를 수식하는 절을 이끈다. 따라서 명사 뒤에 나오는 that은 그 명사를 수식하는 형용사절이므로 '~하는 (명사), ~할 (명사)'의 의미로 해석해야 한다.

> She explained **the errors** **that** she found in the learners' composition.
>   선행사   관계대명사
> 그녀는 자신이 학습자들의 작문에서 발견한 실수들을 설명했다.

주의
관계대명사로 쓰인 that 뒤에는 불완전한 문장이 온다.

3. 정보명사 뒤에 나오는 동격의 that: 정보명사 + [that S' + V'] + <O/C (완전 문장)

정보를 나타내는 명사 뒤에 that이 오는 경우가 매우 많다. 앞에 명사가 오는 것은 동일하나, 이 명사가 「정보명사」이며, 또한 that 뒤의 문장이 문법적으로 완전할 경우 이러한 that을 정보명사에 대한 **구체적 사실을 알려주는** '동격의 that'이라고 부른다.

> I have confirmed **the rumor** / **that** the war criminal arrived in Armenia.
>   정보명사   동격
> 나는 그 전범이 아르메니아에 도착했다는 소문을 확인했다.

TIP
정보명사: fact, suggestion, idea, claim, rumor, opinion, evidence 등
일반명사(사람, 사물) 등은 동격절 that절을 쓸 수 없다.

📖 **Point 02** 의문사는 다양한 접속사로 사용되기 때문에 기본적인 의미만 알고 있으면 해석하기 힘든 경우가 많다. 다양한 쓰임을 정리해 두자.

4 how의 두 가지 의미

how는 '어떻게'와 '얼마나'의 두 가지 의미가 있다. '어떻게'를 의미할 때는 뒤에 [S + V] 의 문장이 오고, '얼마나'를 의미할 때는 뒤에 형용사 / 부사가 온다.

> 명사절 접속사(부사 역할)
> The researcher found out <u>how **immigrants were treated**</u> in small towns.
>   주어   동사
> 그 연구자는 이민자들이 작은 마을에서 어떻게 다뤄졌는지 알아냈다.

주의
how S + V: 어떻게
how (형)/(부): 얼마나

5 what의 세 가지 쓰임

what은 '무엇', '어떤 -명', '~것'이라는 세 가지 의미로 쓴다.
단독으로 '무엇'이라는 의미의 의문대명사로 사용되며, 뒤에 명사가 오면 '어떤 -명'이 라는 의문형용사로도 쓸 수 있다. 하지만 가장 중요한 것은 what이 관계대명사로 사용되는 경우인데 이때는 '~것'이라고 해석한다.

> 명사절 접속사(형용사 역할)
> They discovered <u>what **crimes** the Germans had committed</u> during the war.
>   (의문형용사)   주어   동사
> 그들은 독일인들이 전쟁 동안 어떤 범죄를 저질렀는지 알아냈다.

주의
what과 which 모두 뒤에 명사가 와서 '무슨 / 어느'의 의문형용사로 쓰이지만 뉘앙스가 다르다. 선택의 범위가 한정되어 있지 않을 경우에는 what을, 선택의 범위가 한정되어 있을 때는 which를 쓴다.

6 which의 세 가지 의미

which는 '어느 것', '어느', '~한'의 세 가지 의미를 기억해 두자.
단독으로 '어느 것'이라는 의문대명사로 사용될 수 있으나 what과 마찬가지로 뒤에 명사가 와서 '어느'의 의문형용사 역할도 한다. 또한 명사 뒤에서 관계대명사절을 이끌어 앞의 명사를 수식해주는 역할을 한다.

> 명사절 접속사(목적어 역할)
> Your budget and personal preferences will determine <u>which **you choose**</u>.
>   주어   동사
> 당신의 예산과 개인적인 기호가 당신이 어느 것을 선택하는지를 결정할 것이다.

주의
의문사 who 역시 '누구'라는 의문대명사뿐 아니라 선행사가 사람인 관계대명사절을 이끌어 '~한'이라는 앞의 선행사를 수식하는 역할을 한다.

📖 **Point 03** 전치사+wh-, wh-ever, no matter wh-

7. 전치사+wh-

[전치사+wh-]의 경우, wh-는 전치사 앞에 오는 명사를 수식하는 관계대명사이다. 따라서 [전치사+wh-]절을 괄호로 묶은 후, 그 앞에 오는 명사를 수식하며 '~한'이라고 해석하는 것이 정석이다. 하지만 문장이 길고 복잡하면 '그런데 그 ~'라고 해석하는 것이 훨씬 효율적이다.

by which	그런데 그것에 의해서	on which	그런데 그 위에서
with whom	그런데 그 사람과 함께	in which	그런데 그 안에서
in whose house	그런데 그 사람의 집에서	of which	그런데 그것의
for whom	그런데 그 사람 때문에	for which	그런데 그것 때문에

8. wh-ever 구문 연습

의문사의 경우, 뒤에 -ever가 붙어서 '~든지 간에'의 양보의 의미로 사용될 수 있다.

whoever	누구든지 간에	however	어떻든지 간에
whenever	언제든지 간에	however+형용사/부사	얼마나 ~ 하든지 간에
wherever	어디든지 간에		
whatever	무엇이든지 간에		

주의
why는 ever와 함께 쓰이지 않는다.

9. no matter wh- 구문 연습

[no matter+wh-]는 wh-ever와 같은 양보의 의미가 있다. '~든지 간에'라고 해석한다.

no matter who	누구든지 간에(= whoever)
no matter when	언제든지 간에(= whenever)
no matter where	어디든지 간에(= wherever)
no matter what	무엇이든지 간에(= whatever)
no matter how	어떻든지 간에(= however)
no matter how+형용사/부사	얼마나 ~ 하든지 간에(= however+형용사/부사)

MEMO

Step Up Sentence

밑줄 친 that이 명사절 접속사 / 관계대명사 / 동격 중 어디에 해당하는지 쓰고, 빈칸에 알맞은 해석을 쓰세요.

01

He / acknowledged / <u>that</u> he certainly knew /
<u>that</u> there was a lot of talk / about the Union /
before the election.

그는 / 인정했다 / _자신이 확실히 알고 있었다고_ /

많은 이야기가 있었다는 것을 / _그 조합에 대한_ /

선거 전에

02

The driver / acknowledged / <u>that</u> he gave permission / to a couple /
<u>that</u> ate some snack on the bus / and <u>that</u> they later thanked him.

그 운전사는 / 인정했다 / _____ / 커플에게 /

버스에서 간식을 먹은 / _____

03

She / excused herself / from all the wrongdoings /
<u>that</u> she claimed / she did not know anything about /
until the controversy broke out.

_____ / _____ / 모든 비행에 대해서 /

_____ / 자신이 아무 것도 알지 못했다고 /

_____

정답 및 해설

01

He / acknowledged / that he certainly knew /
　　　　　　　　　　명사절 접속사
that there was a lot of talk / about the Union /
명사절 접속사
before the election.

> 그는 / 인정했다 / 자신이 확실히 알고 있었다고 /
> 많은 이야기가 있었다는 것을 / 그 조합에 대한 /
> 선거 전에

해석 그는 선거 전에 그 조합에 대한 많은 이야기가 있었다는 것을 자신이 확실히 알고 있었다고 인정했다.

02

The driver / acknowledged / that he gave permission / to a couple /
　　　　　　　　　　　　　　명사절 접속사
that ate some snack on the bus / and that they later thanked him.
관계대명사　　　　　　　　　　　　　　명사절 접속사

> 그 운전사는 / 인정했다 / 자신이 허락해주었다고 / 커플에게 /
> 버스에서 간식을 먹은 / 그리고 그들이 나중에 그에게 감사 인사를 했다고

해석 그 운전사는 자신이 버스에서 간식을 먹은 커플에게 허락해주었고 그들이 나중에 그에게 감사 인사를 했다고 인정했다.

03

She / excused herself / from all the wrongdoings /

that she claimed / she did not know anything about /
관계대명사
until the controversy broke out.

> 그녀는 / 변명했다 / 모든 비행에 대해서 /
> 그녀가 주장했던 / 자신이 아무 것도 알지 못했다고 /
> 그 논란이 발생하기 전까지

해석 그 논란이 발생하기 전까지 그녀는 자신이 아무 것도 알지 못했다고 주장한 모든 비행에 대해서 변명했다.

Step Up Sentence

04 The CEO / has actually contacted LAPD / over the wrongdoings /
that she believes / has been happening.

_____ / _____ / 범법행위와 관련해서 /

_____ / 일어나고 있다고

05 What we heard / from witnesses at the hearing / confirmed the evidence /
that he took a bribe / from a Florida businessman.

_____ / 청문회의 증인들에게서 / 증거를 확인했다 /

_____ / 플로리다의 사업가로부터

정답 및 해설

04

The CEO / has actually contacted LAPD / over the wrongdoings /

that she believes / has been happening.
관계대명사

그 CEO는 / LA 경찰에게 실제로 연락했다 / 범법행위와 관련해서 /
그녀가 믿는 / 일어나고 있다고

해석 그 CEO는 자신이 일어나고 있다고 믿는 범법행위와 관련해서 LA 경찰에게 실제로 연락했다.

05

What we heard / from witnesses at the hearing / confirmed the evidence /

that he took a bribe / from a Florida businessman.
동격의 that

우리가 들은 것은 / 청문회의 증인들에게서 / 증거를 확인시켜 주었다 /
그가 뇌물을 받았다는 / 플로리다의 사업가로부터

해석 우리가 청문회의 증인들에게서 들은 것은 그가 플로리다의 사업가로부터 뇌물을 받았다는 증거를 확인시켜 주었다.

Step Up Sentence

의문사를 찾아 밑줄을 긋고 빈칸에 알맞은 해석을 쓰세요.

06 This / has happened / for at least 11 years, / but no one has found out / how they got sick / and came to die.

_이 일은_ / _발생했다_ / 적어도 11년 동안 /

그러나 누구도 알아내지 못했다 / _그들이 어떻게 병에 걸렸는지_ /

그리고 사망하게 되었는지

07 They / booked / a cruise to Alaska / to sail on this Friday, / and then found out / how long it would take / to get to the port.

그들은 / 예약했다 / 알래스카 행 크루즈를 / _____ /

그러고 나서 알아냈다 / _____ / 항구에 가는 데

08 I / took an academic interest / and personality test / at the career center / and discovered / what my parents had been telling me / all along.

_____ / _____ / 그리고 성격 검사를 (받았다) / 직업 센터에서 /

그리고 발견했다 / _____ / 줄곧

06

This / has happened / for at least 11 years, /

but no one has found out / how they got sick /
　　　　　　　　　　　　　　　의문부사
and came to die.

이 일은 / 발생했다 / 적어도 11년 동안 /
그러나 누구도 알아내지 못했다 / 그들이 어떻게 병에 걸렸는지 /
그리고 사망하게 되었는지

해석 이 일은 적어도 11년 동안 발생했지만, 누구도 그들이 어떻게 병에 걸려서 사망하게 되었는지 알아내지 못했다.

07

They / booked / a cruise to Alaska / to sail on this Friday, /

and then found out / how long it would take / to get to the port.
　　　　　　　　　　 의문부사

그들은 / 예약했다 / 알래스카 행 크루즈를 / 이번 금요일에 출항할 /
그리고 나서 알아냈다 / 시간이 얼마나 오래 걸릴지 / 항구로 가는 데

해석 그들은 이번 금요일에 출항할 알래스카 행 크루즈를 예약했고, 그러고 나서 항구로 가는 데 시간이 얼마나 오래 걸릴지 알아냈다.

08

I / took an academic interest / and personality test / at the career center /

and discovered / what my parents had been telling me / all along.
　　　　　　　　 의문대명사

나는 / 학문적 관심이 생겼다 / 그리고 성격 검사를 (받았다) / 직업 센터에서 /
그리고 발견했다 / 나의 부모님이 나에게 말씀해주신 것을 / 줄곧

해석 나는 학문적 관심이 생겨 직업 센터에서 성격 검사를 받고서 나의 부모님이 나에게 줄곧 말씀해주신 것을 발견했다.

Step Up Sentence

09

Medical science / has discovered many things /
about the human body and diseases, /
but never discovered / what disease he suffered from.

의학은 / _____ /

인체와 질병에 관해 /

하지만 결코 알아내지 못했다 / _____

10

In the main study / we / have determined / which the success factors are /
and how they interact / to affect success.

주요 연구에서 / 우리는 / 알아냈다 / _____ /

그리고 어떻게 그것들이 상호작용해서 / _____

정답 및 해설

09

Medical science / has discovered many things /

about the human body and diseases, /

but never discovered / what disease he suffered from.

　　　　　　　　　　　　　　　　　의문형용사

의학은 / 많은 것을 발견했다 /
인체와 질병에 관해 /
하지만 결코 알아내지 못했다 / 어떤 병을 그가 앓는지는

해석 의학은 인체와 질병에 관해 많은 것을 발견했지만, 그가 어떤 병을 앓는지는 결코 알아내지 못했다.

10

In the main study / we / have determined / which the success factors are /

　　　　　　　　　　　　　　　　　　　　　　　　　　　　　　　의문대명사

and how they interact / to affect success.

　　　의문부사

주요 연구에서 / 우리는 / 알아냈다 / 성공 요인이 어느 것인지 /
그리고 어떻게 그것들이 상호작용해서 / 성공에 영향을 미쳤는지

해석 주요 연구에서 우리는 성공 요인이 어느 것인지, 그리고 어떻게 그것들이 상호작용해서 성공에 영향을 미쳤는지 알아냈다.

Step Up Sentence

빈칸에 해석을 쓰세요.

11

Clinton / has avoided / any public response / to mistakes made in that race, /
in which she started / as a frontrunner /
and ended up / as a loser.

클린턴은 / 피해왔다 / _대중의 어떤 반응도_ / 그 경선에서 저지른 실수에 대한 /

그 안에서 그녀는 시작했다 / 가장 유력한 우승 후보로 /

그리고 결국 끝났다 / 패배자로

12

A personal failure / that the President acknowledged / was wrong, /
for which he accepted / complete responsibility.

개인적 실패는 / _____ / 잘못된 것이었는데 /

_____ / 전적인 책임을

13

Our maternity industry / believes / it has done its job well /
if a healthy baby is born / to a healthy mother /
and whatever happens thereafter / is not a concern of its.

우리의 출산 산업은 / 믿는다 / _____ /

건강한 아기가 태어난다면 / 건강한 어머니에게서 /

_____ / 자신의 걱정거리가 아니라고

11

Clinton / has avoided / any public response / to mistakes made in that race, /

in which she started / as a frontrunner /
관계대명사절

and ended up / as a loser.

클린턴은 / 피해왔다 / 대중의 어떤 반응도 / 그 경선에서 저지른 실수에 대한 /
그 안에서 그녀는 시작했다 / 가장 유력한 우승 후보로 /
그리고 결국 끝났다 / 패배자로

해석 클린턴은 그 경선에서 저지른 실수에 대한 대중의 어떤 반응도 피해왔는데, 그 경선에서 그녀는 가장 유력한 우승 후보로 시작했고 결국 패배자로 끝났다.

12

A personal failure / that the President acknowledged / was wrong, /

for which he accepted / complete responsibility.
관계대명사절

개인적 실패는 / 대통령이 인정한 / 잘못된 것이었는데 /
그것에 대해 그는 받아들였다 / 완전한 책임을

해석 대통령이 인정한 개인적 실패는 잘못된 것이었는데, 그것에 대해 그는 전적인 책임을 받아들였다.

13

　　　　　　S　　　　　　　　　V
Our maternity industry / believes / it has done its job well /

if a healthy baby is born / to a healthy mother /

and whatever happens thereafter / is not a concern of its.
　　　　명사절

우리의 출산 산업은 / 믿는다 / 자신이 맡은 일을 잘 해냈다고 /
건강한 아기가 태어난다면 / 건강한 어머니에게서 /
그리고 그 이후에 일어난 일은 무엇이든지 간에 / 자신의 걱정거리가 아니라고

해석 우리의 출산 산업은 건강한 아기가 건강한 어머니에게서 태어난다면 자신이 맡은 일을 잘 해냈으며 그 이후에 일어난 일은 무엇이든지 간에 자신의 걱정거리가 아니라고 믿는다.

Step Up Sentence

14
Whoever your company is targeting, /
it / is essential / that you first develop a plan /
for your business to implement.

_____ /

그것은 / 필수적이다 / 당신이 계획을 먼저 세우는 것이 /

_____

15
No matter how hard / your life is, /
if you can imagine / a different one, /
it / somehow seems / to pull you through.

_____ / 당신의 삶이 /

_____ / 다른 것을 /

그것은 / 어떻게든 보인다 / 당신을 회복시킬 것으로

정답 및 해설

14

Whoever your company is targeting, /
　　부사절
it / is essential / that you first develop a plan /
for your business to implement.

당신의 회사가 겨냥하는 사람이 누구든지 간에 /
그것은 / 필수적이다 / 당신이 계획을 먼저 세우는 것이 /
당신의 회사가 수행할

해석　당신의 회사가 겨냥하는 사람이 누구든지 간에, 당신의 회사가 수행할 계획을 먼저 세우는 것이 필수적이다.

15

No matter how hard / your life is, /
　　부사절
if you can imagine / a different one, /
it / somehow seems / to pull you through.

아무리 힘들더라도 / 당신의 삶이 /
만약 당신이 상상할 수 있다면 / 다른 것을 /
그것은 / 어떻게든 보인다 / 당신을 회복시킬 것으로

해석　당신의 삶이 아무리 힘들더라도, 만약 다른 삶을 상상할 수 있다면 그것은 어떻게든 당신을 회복시킬 것으로 보인다.

DAY 14 비교표현과 가정법 해석 연습

> **Point 01** 형용사와 부사에는 원급 / 비교급 / 최상급이 있다.
> 이 세 가지 형태를 사용하는 관용적 구문을 알아보도록 하자.

1. 원급 비교

원급 비교는 as ~ as와 함께 쓰이며 '꽤 ~다, ~만큼 ~다'라고 해석한다.
- A is as 형용사 / 부사의 원급 as B: A는 B만큼 ~하다

> She combined the characteristics of leader **as completely as** Lincoln.
>   부사의 원급 비교
> 그녀는 지도자의 특성을 링컨만큼 완벽하게 결합했다.

TIP
- as ~ as
  as ~ as에서
  앞선 as는 부사(꽤)
  뒤의 as는 접속사(~만큼)

TIP
A와 B를 서로 비교하는 것으로 이때 A와 B는 병렬관계를 이루어 동일한 형태가 온다.

TIP
so ~ as는 부정문하고만 쓴다. (no, not, never 등)

2. 비교급 비교

비교급 비교는 than과 호응하여 쓰이며 '~보다 더 ~한'이라고 해석한다.
- A 형용사 / 부사의 비교급 than B: A는 B보다 더 ~하다

> It turns out that there is something **more magnificent than** nature.
>   형용사의 비교급 비교
> 알고 보니 자연보다 더 장엄한 무언가가 존재한다.

TIP
- no less than ~만큼이나
- no more than 겨우(= only)
- nothing less than 그야말로
- nothing more than
  단지 ~에 불과한
- not more than(= at most)
  기껏해야
- not less than(= at least) 최소한

3. 최상급 구문

최상급은 '가장 ~하다'를 의미하므로 뒤에 '~중에, ~안에'를 의미하는 어구와 자주 사용된다. 반드시 오는 것은 아니며 생략되기도 한다.
- 형용사 / 부사의 최상급+in ~/of ~: ~에서/~중에서 가장 ~하다

> This is **the latest** list of **the most popular** tourist attractions in the world.
>   형용사의 최상급   형용사의 최상급
> 이것은 세상에서 가장 인기 있는 관광지의 최신 목록이다.

📖 **Point 02**   비교급과 최상급을 사용하여 관용적으로 사용되는 표현들이 있다. 명확하게 암기하지 않으면 해석이 어려울 수 있으니 반드시 암기하도록 하자.

4. the 비교급, the 비교급

- the 비교급, the 비교급: 더 ~할수록 더 ~하다

> **The more** concentrated you are, **the more** underperformance happens.
>   the 비교급   the 비교급
> 네가 집중하면 할수록, 더 많은 성과 부진이 발생한다.

[the 비교급] 이후의 동사가 be동사나 get동사인 경우, 생략되는 경우가 많다.

5. 최상급 대용 표현

'가장 ~하다'를 나타낼 경우, 최상급 대신 원급이나 비교급을 사용하여 최상급의 의미를 나타낼 수 있다.

- 부정주어 + 원급비교 / 비교급 비교
- 비교급 비교 + any other 단수명사

> **Nothing** is **more precious than** independence and liberty.
>   부정주어   비교급 비교
> 독립과 자유가 가장 중요하다.

6. 비교급 관용 표현

- A is no more B than C is D: A가 B가 아니듯 C도 D가 아니다
- A no more ~ than B: A가 ~가 아닌 것은 B가 ~가 아닌 것과 같다
- know better than to: ~할 정도로 어리석지는 않다
- would rather A than B: B하느니 차라리 A하겠다

> A whale is no more a fish than a horse is.
>   A   V   C   S   V
>   양자부정
> 말이 물고기가 아니듯 고래도 물고기가 아니다.

TIP
would rather A than B에서 A와 B는 문법적 형태가 동일한 병렬구조가 되어야 한다.

> **Point 03** '내일 비가 온다면'이라는 우리말 표현을 일반 조건절로 표현했다면, '비가 올지 안 올지 모르겠지만 온다면'의 의미가 되지만 가정법으로 표현했다면 '안 올 것 같지만 만약에라도 온다면'의 의미가 있다. 즉, 가정법은 가정하는 상황이 실제로 일어나지 않을 것이라는 강한 의심의 의미를 가지고 있는 것이다.

7 If 가정법

- 가정법 과거완료: If+주어+had p.p., 주어+조동사의 과거형+have p.p.
  : ~했다면 ~했을 텐데 (안 했음)
- 가정법 과거: If+주어+동사의 과거형, 주어+조동사의 과거형
  : ~라면 ~할 텐데 (현재 안 하고 있음)
- 가정법 미래: If+주어+were to/should+동사원형, 주어+조동사의 과거형 ~
  : ~라면 ~할 텐데 (절대 안 할 것 같음)

TIP
- 가정법 과거완료: 과거에 일어나지 않았던 상황을 가정
- 가정법 과거: 현재에 일어나지 않을 상황을 가정
- 가정법 미래: 미래에 일어나지 않을 것 같은 상황을 가정

8 I wish 가정법

I wish 가정법은 과거에 일어나지 않았던 사실과 현재에 일어나지 않은 사실에 대한 아쉬움을 나타낸다.

- I wish+주어+had p.p.: ~였다면 좋았을 텐데 (과거 사실에 대한 아쉬움)
- I wish+주어+동사의 과거형: ~라면 좋을 텐데 (현재 사실에 대한 아쉬움)

> **I wish** my mother **were** alive, but I am mourning her death.
> 가정 표현   주어   동사의 과거형
> 어머니가 살아계신다면 좋을 테지만, 나는 그녀의 죽음을 애도하고 있다.

9 as if / as though 가정법

as if / as though 가정법은 '마치 ~처럼'으로 해석하는데, 그것이 아니라는 사실이 분명함에도 그렇게 한다는 의미를 담고 있다.

- as if / as though+주어+had p.p.: 마치 ~였던 것처럼 (과거에 그것이 아니었음이 분명함)
- as if / as though+주어+동사의 과거형: 마치 ~처럼 (현재 그것이 아님이 분명함)

> A lie which is believed to be true will affect you **as if it were** true.
>   주어
>   가정 표현 동사의 과거형
> 사실로 믿어지는 거짓말은 당신에게 마치 사실인 것처럼 영향을 미칠 것이다.

주의
가끔 even if / even though와 헷갈리는 경우가 있다.
even if / even though는 가정법이 아니라 양보의 부사절을 이끄는 접속사로 '비록 ~임에도 불구하고'로 해석한다.

MEMO

Step Up Sentence

원급 / 비교급 / 최상급 표현에 밑줄을 긋고 빈칸에 알맞은 해석을 쓰세요.

01

I / have found the place / where the water is / as shimmering as a diamond / and the sand is / as soft as a cotton candy.

나는 / 장소를 발견했다 / 수면이 / __다이아몬드만큼 반짝이는__ /

그리고 모래가 / __솜사탕만큼 부드러운__

02

I'm not always / as diligent as I should be / and / by the time I get around to / cleaning the stove top / the dish detergent was completely empty.

내가 항상 ~하지는 않다 / _____ /

그리고 / 내가 관심을 가질 무렵에는 / 가스레인지 위를 청소하는 데 /

_____

03

Most people / think of fish / as less intelligent / than pigs, cows, chickens and other land animals.

대부분의 사람들은 / 물고기를 생각한다 /

_____ / 돼지, 소, 닭, 그리고 다른 육생동물들보다

정답 및 해설

01

I / have found the place / where the water is / as shimmering as a diamond / and the sand is / as soft as a cotton candy.

> 나는 / 장소를 발견했다 / 수면이 / 다이아몬드만큼 반짝이는 /
> 그리고 모래가 / 솜사탕만큼 부드러운

해석 나는 수면이 다이아몬드만큼 반짝이고 모래가 솜사탕만큼 부드러운 장소를 발견했다.

02

I'm not always / as diligent as I should be /
and / by the time I get around / to cleaning the stove top /
the dish detergent was completely empty.

> 내가 항상 ~하지는 않다 / 내가 그래야 하는 것만큼 성실한 /
> 그리고 / 내가 관심을 가질 무렵에는 / 가스레인지 위를 청소하는 데 /
> 주방 세제가 완전히 떨어졌다

해석 나는 그래야 하는 것만큼 항상 성실하지는 않아서 가스레인지 위를 청소하는 데 관심을 가질 무렵에는 주방 세제가 완전히 떨어졌다.

03

Most people / think of fish /
as less intelligent / than pigs, cows, chickens and other land animals.

> 대부분의 사람들은 / 물고기를 생각한다 /
> 지능이 더 떨어진다고 / 돼지, 소, 닭, 그리고 다른 육생동물들보다

해석 대부분의 사람들은 물고기가 돼지, 소, 닭, 그리고 다른 육생동물들보다 지능이 더 떨어진다고 생각한다.

Step Up Sentence

04

New York Harbor / became more brilliant / than Broadway / last night / as the biggest and most colorful fireworks display / in the city's history / exploded.

뉴욕 항구는 / _____ / _____ / 어젯밤에 /

_____ / 그 도시의 역사상 / 터지면서

05

Action by G20 countries / will largely determine / whether we can avoid / the most dangerous impacts / of climate change.

G20 국가들의 조치가 / _____ /

우리가 피할 수 있을 것인지를 / _____ / 기후 변화의

정답 및 해설

04

New York Harbor / became more brilliant / than Broadway / last night /
as the biggest and most colorful fireworks display / in the city's history / exploded.

뉴욕 항구는 / 눈부시게 되었다 / 브로드웨이보다 더 / 어젯밤에 /
가장 크고 가장 다채로운 불꽃놀이가 / 그 도시의 역사상 / 터지면서

해석 그 도시 역사상 가장 크고 다채로운 불꽃놀이가 터지면서 지난 밤 뉴욕 항구는 브로드웨이보다 더 눈부시게 되었다.

05

Action by G20 countries / will largely determine /
whether we can avoid / the most dangerous impacts / of climate change.

G20 국가들의 조치가 / 대체로 결정할 것이다 /
우리가 피할 수 있을 것인지를 / 가장 위험한 영향을 / 기후 변화의

해석 G20 국가들의 조치는 우리가 기후 변화의 가장 위험한 영향들을 피할 수 있을 것인지를 대체로 결정할 것이다.

Step Up Sentence

비교급이나 최상급 관용 표현에 유의하여 빈칸에 알맞은 해석을 쓰세요.

06
The more serious / your accident, /
the greater / your need / for an adequate settlement /
to compensate you / for your injuries and damages.

___더 심각할수록___ / 당신의 사고가 /

___더 커진다___ / 당신의 필요성이 / 적절한 합의의 /

___당신에게 보상하기 위한___ / 당신의 부상과 피해에 대해

07
The more creative activity / the city generates, /
the more creative resources / are attracted to it /
and / the more creative activity / it generates, / and / so the cycle goes on.

_____ / 시가 만들어 낼수록 /

_____ / 그것에 매력을 느낀다 /

그리고 / 더 많은 창작 활동을 / 시가 만들어 내게 된다 / 그리고 / _____

08
Why did Albert Einstein say that /
nothing / can be faster / than light / in the universe?

왜 알버트 아인슈타인은 말했는가 /

_____ / _____ / _____ / 우주에서

정답 및 해설

06

The more serious / your accident, /
the greater / your need / for an adequate settlement /
to compensate you / for your injuries and damages.

> 더 심각할수록 / 당신의 사고가 /
> 더 커진다 / 당신의 필요성이 / 적절한 합의의 /
> 당신에게 보상하기 위한 / 당신의 부상과 피해에 대해

해석 당신의 사고가 더 심각할수록, 당신의 부상과 피해를 보상하기 위한 적절한 합의의 필요성이 더 커진다.

07

The more creative activity / the city generates, /
the more creative resources / are attracted to it /
and / the more creative activity / it generates, / and / so the cycle goes on.

> 더 많은 창작 활동을 / 시가 만들어 낼수록 /
> 더 많은 창작의 인적 자원이 / 그것에 매력을 느낀다 /
> 그리고 / 더 많은 창작 활동을 / 시가 만들어 내게 된다 / 그리고 / 순환이 그렇게 지속된다

해석 그 시가 더 많은 창작 활동을 만들어 낼수록, 더 많은 창작의 인적 자원이 그것에 매력을 느끼고 시가 더 많은 창작 활동을 만들어 내게 되고, 그렇게 순환이 지속된다.

08

Why did Albert Einstein say that /
nothing / can be faster / than light / in the universe?

> 왜 알버트 아인슈타인은 말했는가 /
> 어떤 것도 / 더 빠를 수 없다고 / 빛보다 / 우주에서

해석 왜 알버트 아인슈타인은 우주에서 어떤 것도 빛보다 더 빠를 수 없다고 말했을까?

Step Up Sentence

09 Texas produces / more electricity / than any other state, /
generating / almost twice as much / as the next largest generating state.

텍사스는 생산한다 / 더 많은 전력을 / _____ /

발생시킨다 / _____ / 그 다음으로 가장 많이 발생시키는 주보다

10 The media / may know no more / than the public do / about UFOs, /
but the U.S. government does / because of technological advances.

언론은 / 더 많이 알지 못할지도 모른다 / _____ / UFO에 관해서 /

_____ / 기술의 발전 때문에

정답 및 해설

09

Texas produces / more electricity / than any other state, /
generating / almost twice as much / as the next largest generating state.

텍사스는 생산한다 / 더 많은 전력을 / 다른 어떤 주보다 /
발생시킨다 / 거의 두 배나 많이 / 그 다음으로 가장 많이 발생시키는 주보다

해석 텍사스는 다른 어느 주보다 더 많은 전력을 생산해서, 그 다음으로 가장 많이 발생시키는 주보다 거의 두 배나 많이 발생시킨다.

10

The media / may know no more / than the public do / about UFOs, /
but the U.S. government does / because of technological advances.

언론은 / 더 많이 알지 못할지도 모른다 / 대중이 아는 것보다 / UFO에 관해서 /
하지만 미국 정부는 알고 있다 / 기술의 발전 때문에

해석 UFO에 대해서는 언론도 대중이 아는 것보다 더 많이 알지 못할 지도 모르지만, 미국 정부는 기술의 발전 때문에 (UFO에 대해 더 많이) 알고 있다.

Step Up Sentence

다음 가정법이 쓰인 동사를 찾아 밑줄을 긋고 빈칸에 알맞은 해석을 쓰세요.

11
If the Government / had supported the bill /
the community / could have had some confidence /
in the costing for each campaign / going forward.

만약 정부가 / __그 법안을 지지했다면__ /

위원회는 / __약간의 확신을 가질 수 있었을 텐데__ /

각 캠페인의 비용 산출이 / 진척된다는 데에

12
McConnell / says / he would support Donald Trump /
if he were to win / the Republican nomination / in 2024.

맥코넬은 / 말한다 / _____ /

_____ / 공화당의 공천을 / 2024년에

13
I wish / she were able to take care of patients / instead of standing /
in the hallway in the clinic / spending time in small talk.

좋을 텐데 / _____ / 서 있는 대신에 /

병원 복도에서 / _____

11

If the Government / had supported the bill /
the community / could have had some confidence /
in the costing for each campaign / going forward.

만약 정부가 / 그 법안을 지지했다면 /
위원회는 / 약간의 확신을 가질 수 있었을 텐데 /
각 캠페인의 비용 산출이 / 진척된다는 데에

해석 만약 정부가 그 법안을 지지했더라면 위원회는 각 캠페인의 비용 산출이 진척된다는 데에 약간의 확신을 가질 수 있었을 텐데.

12

McConnell / says / he would support Donald Trump /
if he were to win / the Republican nomination / in 2024.

맥코넬은 / 말한다 / 그가 도널드 트럼프를 지지할 것이라고 /
만약 그가 획득한다면 / 공화당의 공천을 / 2024년에

해석 맥코넬은 도널드 트럼트가 2024년에 공화당의 공천을 받는다면 그를 지지할 것이라고 말한다.

13

I wish / she were able to take care of patients / instead of standing /
in the hallway in the clinic / spending time in small talk.

좋을 텐데 / 그녀가 환자들을 돌볼 수 있다면 / 서 있는 대신에 /
병원 복도에서 / 잡담으로 시간을 보내면서

해석 그녀가 병원 복도에 서서 잡담으로 시간을 보내는 대신에 환자들을 돌볼 수 있다면 좋을 텐데.

Step Up Sentence

14   I wish / the committee had selected /
some of the wonderful nonfiction picture books / published in 2019.

좋았을 텐데 / _____ /

훌륭한 논픽션 그림책 몇 권을 / 2019년에 출간된

15   Mahatma Gandhi says / live / as if you were to die tomorrow /
and learn / as if you were to live forever.

마하트마 간디는 말한다 / 살라고 / _____ /

그리고 배우라고 / _____.

14

I wish / the committee had selected /
some of the wonderful nonfiction picture books / published in 2019.

좋았을 텐데 / 위원회가 선정했더라면 /
훌륭한 논픽션 그림책 몇 권을 / 2019년에 출간된

해석 위원회가 2019년에 출간된 훌륭한 논픽션 그림책 몇 권을 선정했더라면 좋았을 텐데.

15

Mahatma Gandhi says / live / as if you were to die tomorrow /
and learn / as if you were to live forever.

마하트마 간디는 말한다 / 살라고 / 당신이 마치 내일 죽을 것처럼 /
그리고 배우라고 / 당신이 마치 영원히 살 것처럼

해석 마하트마 간디는 마치 내일 죽을 것처럼 살고 영원히 살 것처럼 배우라고 말한다.

DAY 15 도치 구문 해석 연습

> **Point 01** 다양한 유형의 부정어가 들어간 문장을 정확하게 해석하는 연습을 해 보자.

1 부정어 구문 연습

다음의 부정어가 들어가는 구문은 '(누구도 / 어떤 것도) ~하지 않다'의 부정문으로 해석해야 한다.

- no, no one, nobody, none, nothing

> **Nothing could save** her from destruction.
> 부정어(어떤 것도) 구할 수 없었다.
> 어떤 것도 파멸로부터 그녀를 구할 수 없었다.

TIP
우리말에는 부정주어, 부정목적어가 없으므로 영어의 "부정주어", "부정목적어"는 서술어를 부정하여 해석한다.

2 부분 부정 구문 연습

전체의 의미를 나타내는 다음의 형용사나 부사들이 부정어구와 쓰일 경우, 전체를 부정하는 것이 아니라 '모두가 ~한 것은 아니다'라는 부분 부정의 의미를 갖는다.

- both, all, every, always, completely, necessarily, entirely + not / no

> Gold medals at Olympics are **not entirely** made of gold.
> 부정어구 + 부분 부정
> 올림픽의 금메달은 전체가 금으로 만들어진 것은 아니다.

주의
- not all 모두 다 ~한 것은 아니다
- not both 둘 다 ~한 것은 아니다
- not always 항상 ~한 것은 아니다
- not entirely 완전히(모두 다) ~한 것은 아니다

not ~ either는 neither의 의미로 '둘 다 ~하지 않다'는 전체 부정의 의미를 갖는다.

3 기타 부정어구 연습

완전한 부정의 의미를 갖는 것은 아니지만, 부정의 뜻을 갖는 부사들을 준부정어라고 한다. 이들은 분명 부정의 의미를 가지므로 부정부사(not / never)와 함께 쓰이지 않아도 부정의 의미로 해석해야 한다.

- seldom, hardly, scarcely, rarely: 거의 ~하지 않다
- few, little: 거의 ~가 없다

> We **seldom discover** that people are mentally deranged until it is too late.
> 준부정어 (발견하지 못한다)
> 우리는 (시기가) 너무 늦을 때까지 사람들이 정신적으로 혼란한 상태인지를 거의 발견하지 못한다.

주의
a few / a little [긍정]
few / little [부정]

📖 **Point 02** 평서문에서 [주어+동사]의 위치가 바뀌어 [동사+주어]로 사용된 문장을 '도치 구문'이라고 부른다.
도치가 일어날 경우, 도치된 동사의 종류에 따라 도치의 형태가 달라질 수 있다.

- be / 조동사 도치 → be / 조동사 + 주어
- 일반동사 도치 → do / does / did + 주어 + 일반동사의 동사원형

4 부정어 + 동사 + 주어

부정부사 혹은 부정목적어가 의미 강조를 위해 문장의 맨 앞으로 올 경우 [조주동]의 도치가 일어난다.

No / Not / Never
Little / Nor / Neither
Hardly / Scarcely   + ┌ be + S
Rarely / Seldom   ├ 조동사 + S + 동사원형(조주동)
So / Such   └ do / does / did + S + 동사원형
Only + 부사절

TIP
도치가 일어난 경우, 해석은 도치되지 않은 경우와 동일하게 한다. be의 경우 이 be동사를 그대로 도치한다. (be동사는 조동사 기능을 가짐)

Never can he believe in what he thinks unreasonable.
부정어구   도치 (조주동)
그는 자신이 비합리적이라 여기는 것을 결코 신뢰할 수가 없다.

5 So/Neither + 동사 + 주어: ~도 역시 그러하다/그러하지 않다

so와 neither가 도치 구문과 쓰여 '~도 역시 그러하다 / 그러하지 않다'는 의미로 사용된다.

So / Neither + ┌ be + S
                ├ 조동사 + S + 동사원형
                └ do / does / did + S + 동사원형

6 CVS 도치: 형용사/분사 + V + S

2형식 문장에서 주어와 보어의 자리가 바뀐 것을 CVS 도치라고 한다. 이때 보어인 C의 자리에는 보어가 될 수 있는 형용사나 p.p./-ing가 온다.

Related (to the additional demand from Asia) **is the global economic crisis.**
C(보어)   전치사구   V   S
세계의 경제 위기는 아시아로부터의 추가적 요구와 관련이 있다.

주의
-ing의 경우 명사 주어와 혼동 주의!
-ing 주어: ~하기/~함/~하는 것
-ing 형용사: ~하는

Step Up Sentence

다음 밑줄 친 부분에 유의하여 빈칸에 해석을 쓰세요.

01

It / is evident / that the striking increase / in child labor /
is not entirely the result / of economic need or exploitation.

이것은 / 명백하다 / 눈에 띄는 증가가 / 아동 노동의 /

전적으로 결과가 아님이 / 경제적 요구 또는 착취의

02

The economic and political challenges / that Europe faces /
are not entirely the result / of political incompetence or ill-adapted institutions.

_____ / 유럽이 직면하고 있는 /

_____ / _____

03

Young people / seldom discover / that they are remarkably near-sighted /
until about the age of puberty /
when they begin to use their eyes / in earnest.

_____ / _____ / 그들이 심하게 근시가 되었다는 것을 /

사춘기의 나이가 될 때까지는 /

_____ / _____

정답 및 해설

01

It / is evident / that the striking increase / in child labor /
is <u>not entirely</u> the result / of economic need or exploitation.

이것은 / 명백하다 / 눈에 띄는 증가가 / 아동 노동의 /
전적으로 결과가 아님이 / 경제적 요구 또는 착취의

해석 아동 노동의 눈에 띄는 증가가 전적으로 경제적 요구, 혹은 착취의 결과물이 아님은 명백하다.

02

The economic and political challenges / that Europe faces /
are <u>not entirely</u> the result / of political incompetence or ill-adapted institutions.

경제적이고 정치적인 문제들이 / 유럽이 직면하고 있는 /
전적으로 결과물인 것은 아니다 / 정치적 무능력 또는 잘못 적용된 제도의

해석 유럽이 직면하고 있는 경제적이고 정치적인 문제들이 전적으로 정치적 무능력이나 잘못 적용된 제도의 결과물인 것은 아니다.

03

Young people / <u>seldom discover</u> / that they are remarkably near-sighted /
until about the age of puberty /
when they begin to use their eyes / in earnest.

청소년들은 / 거의 발견하지 못한다 / 그들이 심하게 근시가 되었다는 것을 /
사춘기의 나이가 될 때까지는 /
그들이 자신의 눈을 사용하게 되는 / 본격적으로

해석 청소년들은 자신의 눈을 본격적으로 사용하게 되는 사춘기의 나이가 될 때까지는 그들이 심하게 근시가 되었다는 것을 거의 발견하지 못한다.

Step Up Sentence

04

In addition, / the victims / seldom discover /
that they were the victims of identity theft /
and thus some victims / do not report their victimisation / to the police.

게다가 / _____ / _____ /

그들이 신원 도용의 희생양임을 /

_____ / _____ / _____

05

We / did everything / we could / with help from neighbours and the fire department, /
but nothing could save our house.

_____ / _____ / _____ / 이웃들과 소방서로부터의 도움을 받아 /

_____

04

In addition, / the victims / seldom discover /
that they were the victims of identity theft /
and thus some victims / do not report their victimisation / to the police.

게다가 / 희생자들은 / 거의 발견하지 못한다 /
그들이 신원 도용의 희생양임을 /
따라서 몇몇 희생자들은 / 그들의 피해를 신고하지 않는다 / 경찰에게

해석 게다가 희생자들은 그들이 신원 도용의 희생양임을 거의 발견하지 못하며 따라서 몇몇 희생자들은 그들의 피해를 경찰에게 신고하지 않는다.

05

We / did everything / we could / with help from neighbours and the fire department, /
but nothing could save our house.

우리는 / 모든 것을 시도했다 / 우리가 할 수 있는 / 이웃들과 소방서로부터의 도움을 받아 /
하지만 어떤 것도 우리 집을 구하지는 못하였다

해석 우리는 이웃들과 소방서의 도움을 받아 할 수 있는 모든 것을 시도했지만 어떤 것도 우리 집을 구하지는 못하였다.

Step Up Sentence

빈칸에 알맞은 해석을 쓰세요.

06 Never can the government involuntarily deprive a person / of citizenship, /
no matter how serious / the crime he committed is.

__정부는 절대로 누군가에게서 뜻하지 않게 박탈해서는 안 된다__ / 시민권을 /

__아무리 심각하든지 간에__ / __그가 저지른 범죄가__

07 Never can the power of stone and wood / over human emotion /
been so vividly on display /
as in Paris last month.

_____ / 인간의 감정에 대한 /

_____ /

지난달 파리에서만큼이나

08 At that time, / all the areas of France / had over 14,000 different laws /
and so did the other countries / in Europe.

그 당시 / 프랑스의 전 지역은 / _____ /

_____ / _____

정답 및 해설

06

Never can the government involuntarily deprive a person / of citizenship, /
no matter how serious / the crime he committed is.

정부는 절대로 누군가에게서 뜻하지 않게 박탈해서는 안 된다 / 시민권을 /
아무리 심각하든지 간에 / 그가 저지른 범죄가

해석 그가 저지른 범죄가 아무리 심각하더라도 간에 정부는 절대로 뜻하지 않게 누군가의 시민권을 박탈해서는 안 된다.

07

Never can the power of stone and wood / over human emotion /
been so vividly on display /
as in Paris last month.

돌과 나무의 힘이 ~했던 적은 없다 / 인간의 감정에 대한 /
생생하게 전시된 (적은 없었다) /
지난달 파리에서만큼이나

해석 인간의 감정에 대한(스며드는) 돌과 나무의 힘이 지난달 파리에서만큼이나 생생하게 전시된 적은 없었다.

08

At that time, / all the areas of France / had over 14,000 different laws /
and so did the other countries / in Europe.

그 당시 / 프랑스의 전 지역은 / 14,000개가 넘는 다양한 법률을 가지고 있었으며 /
그리고 다른 나라들도 마찬가지였다 / 유럽의

해석 그 당시 프랑스의 전 지역은 14,000개가 넘는 다양한 법률을 가지고 있었으며 유럽의 다른 나라들도 마찬가지였다.

Step Up Sentence

09

In a very short period of time /
the security forces of the country and its institutions / collapsed /
and so did the government.

단기간에 /

그 국가의 안보력과 국가제도가 / 붕괴되었다 /

_____

10

Related to the increasing production process / of goods and services /
is the rapid growth of the economy.

_____ / 상품과 서비스의 /

_____

정답 및 해설

09

In a very short period of time /
the security forces of the country and its institutions / collapsed /
and so did the government.

단기간에 /
그 국가의 안보력과 국가제도가 / 붕괴되었다 /
그리고 정부 역시 마찬가지였다

해석 단기간에 그 국가의 안보력과 국가제도가 붕괴되었으며 정부 역시 마찬가지였다.

10

Related to the increasing production process / of goods and services /
is the rapid growth of the economy.

생산 과정의 증가와 연관이 있다 / 상품과 서비스의 /
경제의 빠른 성장은

해석 경제의 빠른 성장은 상품과 서비스 생산 과정의 증가와 연관이 있다.

DAY 16 기타 특수 구문 해석 연습

📖 **Point 01**   몇몇 도치 구문들은 특수 표현을 암기하지 않으면 독해가 까다로울 수 있다.
다음 구문들을 익히고 연습해 두도록 하자.

1. No sooner 구문

No라는 부정어가 맨 앞에 왔으므로 No sooner 뒤에 도치가 일어난다. 뒤에 나오는 접속사 than과 호응하고 '**~하자마자 ~하다**'로 해석된다.

> No sooner had he seen me than he ran away. 그가 나를 보자마자 (그가) 도망쳤다.
> No sooner had S p.p. ~ than S` V` (과거동사)
> = Hardly / Scarcely had S p.p. ~ when / before S` V` (과거동사)
> = As soon as S+V(과거동사) ~, S`+V` (과거동사)

2. Not until 구문

Not이라는 부정어가 맨 앞에 왔으므로 Not until 뒤에 도치가 일어난다. 이때, 주의할 점이 있는데 Not until 뒤에는 부사구나 부사절이 모두 올 수 있고 부사절에서는 도치가 일어나지 않으며, 이어지는 주절에서 도치가 일어난다는 것이다. '**~하고 나서야 ~했다**'라고 해석한다.

> Not until + [시간의 부사구 / S + V의 부사절] + 주절(도치)

> **Not until** you warned me **did I realize** the danger.
>   do / does / did + S + 일반동사 원형
> 당신이 나에게 경고를 하고 나서야 나는 위험을 알아차렸다.

3. 가정법의 if 생략 도치

If로 시작하는 가정법에서 If가 생략될 경우 주어와 동사의 순서가 바뀌어 사용된다. 평서문인데도 had / 조동사 should(would) / were가 문장의 제일 앞에 사용되었다면 가정법으로 해석해 보자.

> Had + S + p.p. ~ + 주절
> Were + S ~ + 주절
> Should / Would + S + 동사원형 ~ + 주절

TIP
조주동 패턴 문장
1. 의문문
2. 가정법 if 생략 구문

📖 **Point 02** 강조: 문장의 특정 어구를 강조하기 위해 사용하는 강조의 표현들이 있다.
생략: 문장을 간략하게 하기 위해 반복되는 어구를 생략하는 경우가 있다.

4 It ~ that 강조 구문

명사(구/절)와 부사(구/절)를 강조할 때는 It ~ that 강조 구문을 사용한다. '바로 ~이다'라고 강조하여 해석하면 된다.

It is [명사(구/절) / 부사(구/절)] + that ~

> 강조 구문
> **It** was **intellectual liberty that** our social system endangered.
>   명사(강조 대상)
> 우리의 사회 제도가 위험에 빠뜨린 것은 바로 지적 자유였다.

주의
강조되는 어구와 호응하여 that 대신에 who/which/when/where 등이 사용되기도 한다.

5 do/does/did + ⓡ

동사 앞에 do/does/did가 보인다면 동사를 강조하는 구문이다. '정말로 ~ 하다'라고 해석하면 된다.

• do / does / did + 동사원형

> The rights of privacy **do prevent** the government from spying on citizens.
>   강조 동사   동사
> 사생활 보호 권리는 정부가 시민을 감시하는 것을 정말로 막는다.

6 반복되는 주어와 동사의 생략

주어나 목적어, 보어로 사용된 명사 또는 동사가 문장 안에서 반복될 때 이를 생략하고 쓰는 경우가 있다. 혹시 불완전한 형태의 문장처럼 보인다면, 앞에서 반복된 어구가 생략된 것이 아닌지 확인해 보도록 하자.

• 명사 / 동사 ~ and / but / or (명사 / 동사) ~

> **One child lives** in Delhi and **the other** (child) (lives) in Beijing.
>   주어   동사   주어(반복된 명사 생략) 동사 생략
> 한 아이는 델리에 살고 다른 아이는 베이징에 산다.

Step Up Sentence

빈칸에 알맞은 해석을 쓰세요.

01
No sooner had the company started trading / in February 1969, / than there was a downturn in construction in the Island.

그 기업이 거래를 시작하자마자 / 1969년 2월에 /

하강세를 겪게 되었다 / _건설업이_ / 그 섬에서

02
No sooner had the U.S. attempted to withdraw / from Iraq and Afghanistan, / than America's hands / became full / with new diplomatic problems / in Syria and Ukraine.

_____ / 이라크와 아프가니스탄으로부터 /

_____ / _____ / _____ / _____ /

시리아와 우크라이나에서의

03
Not until the doctor confirmed / that she had just fallen asleep, / did he breathe a sigh of relief.

_____ / 그녀가 단지 잠이 든 것이라고 /

_____

정답 및 해설

01

No sooner **had** the company started trading / in February 1969, /
than there was a downturn / in construction / in the Island

그 기업이 거래를 시작하자마자 / 1969년 2월에 /
하강세를 걷게 되었다 / 건설업이 / 그 섬에서

해석 1969년 2월 그 기업이 거래를 시작하자마자 그 섬에서의 건설업이 하강세를 걷게 되었다.

02

No sooner **had** the U.S. attempted to withdraw / from Iraq and Afghanistan, /
than America's hands / became full / with new diplomatic problems /
in Syria and Ukraine.

미국이 철수를 시도하자마자 / 이라크와 아프가니스탄으로부터 /
미국의 손은 / 가득차게 되었다 / 새로운 외교 문제들로 /
시리아와 우크라이나에서의

해석 미국이 이라크와 아프가니스탄으로부터 철수를 시도하자마자 미국의 손은 시리아와 우크라이나에서의 새로운 외교 문제들로 가득차게 되었다.

03

Not until the doctor confirmed / that she had just fallen asleep, /
did he breathe a sigh of relief.

의사가 확인하고 나서야 / 그녀가 단지 잠이 든 것이라고 /
그는 안도의 숨을 쉬었다

해석 그녀가 단지 잠이 든 것이라고 의사가 확인하고 나서야 그는 안도의 숨을 쉬었다.

Step Up Sentence

04

Not until the government agreed / to restart processing their visa applications / were negotiators able to convince / the strikers to call off their protest

_____ / 비자 신청 과정을 재개하는 데 /

_____ / 파업 참가자들로 하여금 시위를 철회하도록

05

Should he be elected / for another four-year term, / I will expect / democracy, free speech and the right / to disagree with authority / to disappear.

_____ / 또 다른 4년간의 임기에 / 나는 예상한다 /

_____ / _____ / _____

정답 및 해설

04

Not until the government agreed / to restart processing their visa applications / were negotiators able to convince / the strikers to call off their protest.

정부가 동의하고 나서야 / 비자 신청 과정을 재개하는 데 /
협상가들은 설득할 수 있었다 / 파업 참가자들로 하여금 시위를 철회하도록

해석 정부가 비자 신청 과정을 재개하는 데 동의하고 나서야 협상가들은 파업 참가자들로 하여금 시위를 철회하도록 설득할 수 있었다.

05

Should he be elected / for another four-year term, / I will expect / democracy, free speech and the right / to disagree with authority / to disappear.

만약 그가 당선된다면 / 또 다른 4년간의 임기에 / 나는 예상한다 /
민주주의, 언론의 자유, 그리고 권리가 / 권력에 반대할 수 있는 / 사라질 것이라고

해석 만약 그가 또 다른 4년간의 임기에 당선된다면 나는 민주주의, 언론의 자유, 그리고 권력에게 반대할 수 있는 권리가 사라질 것이라고 예상한다.

Step Up Sentence

강조되는 단어에 밑줄을 긋거나, 반복되어 생략된 어구를 쓴 다음 빈칸에 알맞은 해석을 쓰세요.

06
It was only in the nineteenth century /
that Europeans came to have the power /
to influence / all areas of the globe.

___겨우 19세기였다___ /

유럽인들이 힘을 가지게 된 것은 /

___영향을 미칠___ / 세계의 모든 지역에

07
It was the identity / of the mysterious man / in the iron mask /
that made all the audience disappointed.

바로 정체였다 / _____ / 철가면을 쓴 /

_____

08
This book / will explain / what does make you ill /
and why everything / you think / you know about disease / is wrong.

이 책은 / 설명할 것이다 / _____ /

그리고 왜 모든 것이 / 당신이 생각하는 / _____ / 잘못된 것인지를

06

It was only in the nineteenth century /
that Europeans came to have the power /
to influence / all areas of the globe.

겨우 19세기였다 /
유럽인들이 힘을 가지게 된 것은 /
영향을 미칠 / 세계의 모든 지역에

해석 유럽인들이 세계의 모든 지역에 영향을 미칠 힘을 가지게 된 것은 겨우 19세기였다.

07

It was the identity / of the mysterious man / in the iron mask /
that made all the audience disappointed.

바로 정체였다 / 의문의 남자의 / 철가면을 쓴 /
모든 관객을 실망시킨 것은

해석 모든 관객을 실망시킨 것은 바로 철가면을 쓴 의문의 남자의 정체였다.

08

This book / will explain / what does make you ill /
and why everything / you think / you know about disease / is wrong.

이 책은 / 설명할 것이다 / 무엇이 당신을 정말로 아프게 만드는지 /
그리고 왜 모든 것이 / 당신이 생각하는 / 당신이 질병에 대해 알고 있다고 / 잘못된 것인지를

해석 이 책은 무엇이 당신을 정말로 아프게 만드는지와 당신이 질병에 대해 알고 있다고 생각하는 모든 것이 왜 잘못된 것인지를 설명할 것이다.

Step Up Sentence

09 By focusing / on our defending organization /
we / do prevent the opposing team / from creating attacking opportunities.

_____ / 우리의 방어 구조에 /

_____ / _____ / 공격 기회를 만들지 못하도록

10 During this period of rapid change / the people / began to gain convenience, /
but lose many other things.

이 급격한 변화의 시대에 / 사람들은 / _____ /

_____

정답 및 해설

09

By focusing / on our defending organization /
we / do prevent the opposing team / from creating attacking opportunities.

집중함으로써 / 우리의 방어 구조에 /
우리는 / 상대팀을 정말로 막는다 / 공격 기회를 만들지 못하도록

해석 방어 구조에 집중함으로써 우리는 상대팀이 공격 기회를 만들지 못하도록 정말로 막는다.

10

During this period of rapid change / the people began / to gain convenience, /
but lose many other things.
the people began to

이 급격한 변화의 시대에 / 사람들은 / 편리함을 얻기 시작했다 /
하지만 수많은 다른 것들을 잃어버리기 시작했다

해석 이 급격한 변화의 시대에 사람들은 편리함을 얻기 시작했지만, 수많은 다른 것들을 잃어버리기 시작했다.

DAY 17 삽입, 동격, 양보

> **Point 01** 부가적 설명을 위해 문맥과 직접적 관련이 없는 어구를 문장 중간에 넣는 것을 삽입이라 한다.
> 동격은 삽입의 한 종류로 명사구의 의미를 보충하기 위해 명사구 옆에 오는 어구를 말한다.
> 또한 양보 구문은 '~할지라도' '~이지만'의 의미를 갖는다.

1. S + V의 삽입

의미를 보충하기 위하여 I think, I suppose, I expect 등의 간단한 [S + V]의 어구를 문장 중간에 삽입할 수 있다. 삽입절이 보이면 괄호로 묶어 해석한다.

> But there are other statistics **that** (I think) **are** even more interesting.
>   관계대명사삽입절   동사
> 그러나 내가 훨씬 더 흥미롭다고 생각하는 다른 통계 자료들이 있다.

주의
강조되는 어구와 호응하여 that 대신에 who/which/when/where 등이 사용되기도 한다.

2. 주어/목적어/보어 동격어구

동격어구는 앞에 나온 명사(주로 주어, 목적어, 보어)를 보충하기 위해 삽입되는 어구로 '~인 (명사)'로 해석하면 된다.

> 명사, 동격어구, 동사 ~
>   ① 명사, 명사구
>   ② 관계대명사절
>   ③ 분사구

주의
동격(~인/~라는) 표현
- 명, 명
- 명 of 명
- 명, or 명
- 명 that S + V + O/C

ex) the city of Seoul
    서울이라는 도시
    that fact that he is honest
    그가 정직하다는 사실

> **Einstein**, the greatest scientist of our time, **developed** the theory of relativity.
>   주어   동격어구   동사
> 우리 시대의 가장 위대한 과학자 아인슈타인이 상대성 이론을 만들어 냈다.

3. 양보절

다음의 양보 구문은 반드시 암기해 두어야 해석이 가능하다. '비록 ~이지만'으로 해석하면 된다.

- 명, 형, 부 + as / (though) + S + V: 비록 ~이지만

>   양보 구문
> **Coward** as **she was**, she bravely saved a child from drowning in water.
>   명사   주어 동사
> 비록 겁쟁이였지만, 그녀는 물에 빠진 아이를 용감하게 구해냈다.

📖 **Point 02**   기타 생략을 통한 구문들을 알아보자.

4 V+S'+V'

접속사 that은 목적어절, 보어절에서 생략이 가능하며 [V+S'+V']의 공식이 성립한다. [S'+V']를 '~하는 것'으로 해석하도록 한다.

• say / think / believe / know + (that) + S' + V'

>   명사절접속사 생략
> We **think** (that) **all stress is bad**, but that is simply not the case.
>   동사   명사절(목적어 역할)
> 우리는 모든 스트레스가 나쁘다고 생각하지만, 그것은 단지 사실이 아니다.

5 명사 + (관계대명사/관계부사) + S' + V'(몡/SV)

[명사+S'+V']의 구조는 명사와 [S'+V'] 사이에 관계대명사/관계부사가 생략된 형태이다. 해석할 경우 관계대명사/관계부사를 구분할 필요는 없으며 명사 뒤의 [S'+V']가 앞의 명사를 수식하는 형태로 해석하면 된다.

>   관계대명사 생략
> This is the song about **the person** (who / that) **you can't forget** about.
>   선행사   주어   동사
> 이것은 당신이 도저히 잊지 못하는 사람에 대한 노래이다.

Step Up Sentence

삽입절, 동격어구, 양보절에 밑줄을 긋고 빈칸에 알맞은 해석을 쓰세요.

01 She / stood by him / and that is the attitude / I expect / he will show / to his young players / who might be successful / but vulnerable too.

___그녀는___ / ___그를 변함없이 지지했다___ / 그리고 그것은 태도이다 / ___내가 기대하는___ /

그가 보여줄 것이라고 / 그의 어린 선수들에게 /

___성공적일 수 있는___ / 하지만 상처받기도 쉬운

02 Doing / what people expect / you will do / might be safe, / but it will not help / you stand out / in the crowd.

하는 것은 / _____ / 당신이 할 것이라고 / _____ /

하지만 도움이 되지 않을 것이다 / _____ / 사람들 속에서

03 Virginia Woolf, / a pioneer of modern literature, / composed / masterful novels, essays and reviews.

버지니아 울프는 / _____ /

작성했다 / 거장다운 소설과 에세이, 비평을

📘 **정답 및 해설**

01

She / stood by him / and that is the attitude / I expect / <u>삽입절</u>
he will show / to his young players /
who might be successful / but vulnerable too.

그녀는 / 그를 변함없이 지지했다 / 그리고 그것은 태도이다 / 내가 기대하는 /
그가 보여줄 것이라고 / 그의 어린 선수들에게 /
성공적일 수 있는 / 하지만 상처받기도 쉬운

해석 그녀는 그를 변함없이 지지했는데 그것은 성공적이지만 상처받기도 쉬울 수 있는 어린 선수들에게 그가 보여줄 것이라고 내가 기대하는 태도이다.

02

Doing / what people expect / you will do / might be safe, / <u>삽입절</u>
but it will not help / you stand out / in the crowd.

하는 것은 / 사람들이 기대하는 것을 / 당신이 할 것이라고 / 안전할 것이다 /
하지만 도움이 되지 않을 것이다 / 당신이 돋보이게 하는 데 / 사람들 속에서

해석 당신이 할 것이라고 사람들이 기대하는 행동을 하는 것은 안전하겠지만, 당신이 사람들 속에서 돋보이게 하는 데 도움이 되지 않을 것이다.

03

Virginia Woolf, / a pioneer of modern literature, / <u>동격어구</u>
composed / masterful novels, essays and reviews.

버지니아 울프는 / 현대 문학의 선구자인 /
작성했다 / 거장다운 소설과 에세이, 비평을

해석 현대 문학의 선구자인 버지니아 울프는 거장다운 소설과 에세이, 비평을 작성했다(썼다).

Step Up Sentence

04

The harpsichord, / a forerunner of the piano, / has been revived / in recent years / for the authentic performance / of baroque music.

하프시코드는 / _____ / 부활되었다 /

최근에 / _____ / 바로크 음악의

05

Brave and self-sacrificing though he is, / the former justice of the Supreme Court / is totally unfit / for the political arena.

_____ /

전 대법관은 / _____ / 정계에

정답 및 해설

04

The harpsichord, / a forerunner of the piano, / has been revived /
　　　　　　　　　동격어구
in recent years / for the authentic performance / of baroque music.

하프시코드는 / 피아노의 전신인 / 부활되었다 /
최근에 / 진정한 공연을 위해 / 바로크 음악의

해석　피아노의 전신인 하프시코드는 진정한 바로크 음악 공연을 위해 최근에 부활되었다.

05

Brave and self-sacrificing though he is, /
　　　　　　　양보절
the former justice of the Supreme Court / is totally unfit / for the political arena.

비록 그는 용감하고 헌신적이지만 /
전 대법관은 / 전혀 맞지 않는다 / 정계에

해석　비록 그는 용감하고 헌신적이지만, 전 대법관은 정계에는 전혀 맞지 않는다.

Step Up Sentence

빈칸에 알맞은 해석을 쓰세요.

06 I / think / the relationship / between a genuine painting and a forgery / is like / that between an edible mushroom and a poisonous one.

<u> 나는 </u> / <u> 생각한다 </u> / 관계가 / <u> 진짜 그림과 위작 사이의 </u> /

~와 같다고 / <u> 식용 버섯과 독버섯 사이의 관계 </u>

07 We / believe / most students are fluent / in their own language, / but they are unable / to write in it.

_____ / _____ / 대부분의 학생들이 유창하다고 / _____ /

하지만 그들이 하지 못한다고 / _____

08 By Mozart's time / the construct / we call "sonata form" / in some degree / invaded nearly every genre.

_____ / 구조는 /

_____ / 어느 정도 / 거의 모든 장르를 침입했다

정답 및 해설

06

I / think / (that) the relationship / between a genuine painting and a forgery /
is like / that between an edible mushroom and a poisonous one.

나는 / 생각한다 / 관계가 / 진짜 그림과 위작 사이의 /
~와 같다고 / 식용 버섯과 독버섯 사이의 관계

해석 내가 생각하기에 진짜 그림과 위작 사이의 관계는 식용 버섯과 독버섯의 관계와 같다.

07

We / believe / (that) most students are fluent / in their own language, /
but they are unable / to write in it.

우리는 / 믿는다 / 대부분의 학생들이 유창하다고 / 그들의 모국어에 /
하지만 그들이 하지 못한다고 / 모국어로 글을 쓰는 것을

해석 우리는 대부분의 학생들이 모국어에 유창하지만, 모국어로 글을 쓰지는 못한다고 믿는다.

08

By Mozart's time / the construct / (which / that)
we call "sonata form" / in some degree / invaded nearly every genre.

모차르트의 시대에 / 구조는 /
우리가 '소나타 형식'이라고 부르는 / 어느 정도 / 거의 모든 장르를 침입했다

해석 모차르트의 시대에, 우리가 '소나타 형식'이라고 부르는 구조가 거의 모든 장르를 어느 정도 침범(점령)했다.

Step Up Sentence

09 The employee / we have hired / for our new project / is a good start / but we will need / to make some changes / to it.

직원은 / _____ / 새로운 프로젝트를 위해 / _____ /

하지만 우리는 필요할 것이다 / _____ / 그것에

10 We / need to categorize / the types of deceptive claims / used in the ads / and also to identify / the type of humor used.

_____ / _____ / 기만적인 주장의 유형을 / _____ /

그리고 또한 확인할 필요가 있다 / 사용된 유머의 유형을

정답 및 해설

09

(who / that)
The employee / we have hired / for our new project / is a good start / but we will need / to make some changes / to it.

직원은 / 우리가 채용한 / 새로운 프로젝트를 위해 / 좋은 출발이다 /
하지만 우리는 필요할 것이다 / 몇 가지 변화를 줄 / 그것에

해석 우리가 새로운 프로젝트를 위해 채용한 직원은 좋은 출발이지만, 프로젝트에 몇 가지 변화를 줄 필요가 있을 것이다.

10

We / need to categorize / the types of deceptive claims / used in the ads / and also to identify / the type of humor used.

우리는 / 분류할 필요가 있다 / 기만적인 주장의 유형을 / 광고에서 사용된 /
그리고 또한 확인할 필요가 있다 / 사용된 유머의 유형을

해석 우리는 광고에서 사용된 기만적인 주장의 유형을 분류할 필요가 있고 (거기서) 사용된 유머의 유형도 확인할 필요가 있다.

MEMO